슬픈 조선

2

NIKKAN HEIGOU

by KATANO Tsugio

Text copyright ⓒ KATANO Tsugio 2010.
Korean Translation Copyright ⓒ AURUM Publishing Corp., 2020.
This Korean edition is published by arrangement with SAIRYUSHA Co., Ltd.
All rights reserved.

이 도서의 한국어판 저작권은 대니홍 에이전시를 통한 저작권사와의 독점 계약으로 도서출판 아우룸에 있습니다. 저작권법에 의해 한국 내에서 보호를 받는 저작물이므로 무단전재와 복제를 금합니다.

슬픈 조선

2

1910-2010

아우룸

머리말

조선 왕조의 국호가 대한제국으로 바뀌고, 고종이 순종으로 대체되고, 일본의 조선 지배가 심해지는 한반도가 이 책의 무대다.

하지만 '일한병합'에 이르기까지는 개국을 강요하고, 자주의 나라를 표방함으로서 청나라와의 이반을 획책하고, 내분을 이용해서 청일전쟁과 러일전쟁을 일으켜 조선을 종속시키려는 일본의 주도면밀한 식민지화 정책이 있었다.

독자는 전사前史에 이어 항일의병과 의거, 대중운동과 국제 네트워크가 꾸준히 형성되고, 이어 '일제 36년'에 종지부를 찍는 광복의 날을 맞기까지의 행보를 이 책에서 실감할 수 있을 것이다.

차 례

머리말　_7

제4장 일본의 조선 지배 시작

　　　비극의 황제 순종: 고조되는 항일의병투쟁　　_12
　　　이토 히로부미 암살: "의사" 안중근　　_38
　　　일한병합조약　　_61
　　　조선 멸망　　_87

제5장 일제 36년

　　　고종의 죽음　　_118
　　　3·1독립운동: "열사" 유관순　　_149
　　　반일무장투쟁: 의열단의 혼　　_183
　　　어느 조직의 구도: 상해임시정부　　_223
　　　우국지사들: 이봉창과 윤봉길　　_256
　　　창씨개명: 황국신민화로의 어리석은 실책　　_283
　　　광복의 날　　_306

마치며

관련 연표 _322

해설: 1910년의 전철 _346

대담: 베일을 벗은 또 하나의 역사 _354

주요 참고문헌 _377

후기: 새로운 백 년을 향해 _382

제4장

일본의 조선 지배 시작

비극의 황제 순종: 고조되는 항일의병투쟁

고종의 양위식

대한제국 황제 고종이 황태자 이척李坧에게 국정 대리를 용인한 것은 1907년 7월 18일 심야였다.

이척은 순종純宗이다. 순종은 조선 왕조 27대 국왕에 해당한다. 하지만 고종 시대에 제정帝政으로 바뀌었기 때문에 국왕이라는 칭호는 붙지 않는다. 따라서 순종은 2대 황제가 된다.

헤이그 특사 사건의 책임을 통감부로부터 추궁당한 고종은 황태자가 섭정하는 것을 분명히 승인했다. 그렇다고 자신의 제위까지 물러나겠다고 표명한 것은 아니다. 고종은 어디까지나 제위를 붙들고 늘어져 조금이라도 일본의 침식을 저지시켜 볼 작정이었다.

그러나 통감부는 이토 히로부미伊藤博文의 생각에 따라 고종이 퇴위를 각오할 수 있는 방침을 강력히 정했다. 이토는 대한 정부에도 그렇게 판단할 수 있도록 지시를 내렸다. 통감부로서는 누가 뭐래도 고종을 퇴위시켜 훼방꾼을 제거해버리고 싶었기 때문이다.

　다음 날 7월 19일 이른 아침 대한 정부는 고종의 양위를 발표했다. 고종의 양위 소문은 이미 전날 밤에 시중으로 흘러나갔다. 그 소문의 현실적 토대인 한성은 야단법석이 되었다.

　한성의 민중은 대한문 앞 광장으로 속속 모여들었다. 광장은 5,000명이 넘는 군중으로 메워졌다. 광장의 군중은 해가 떨어져도 움직이려 하지 않았다.

　이 광경을 목격한 일본인이 있다. 〈오사카마이니치신문〉 특파기자 나라사키 간이치楢崎觀一다. 나라사키 기자는 이 광경을 일지에 다음과 같이 기록했다.

　　군중은 모두 땅바닥에 꿇어앉아 막무가내로 움직이지 않았다. 군중 속에서 변사처럼 보이는 여러 사람이 번갈아 일어나 비장한 목소리, 격한 어조로 한바탕 강개慷慨 연설을 했고, 혹자는 국가 존망의 시기에 조석으로 촉구해 한국의 황제를 단념하는 양위를 하지 못하게 해야 한다고 외쳤으며, 또 어떤 사람은 현재의 내각은 일본과 내통해 오백 년 사직을 위태롭게 하고 있다고 설파했다. 이어 각신閣臣을 거론하며 주살해야 한다고 외치자 청중은 우레 같은 박수와 노여움이 섞인 갈채로 열렬히 맞았다.

　　이날 밤, 마침 상현달이 중천에 맑게 떠올랐고, 청백의 광선은 격앙된 군중의 머리 위를 흐르고 감정이 절정에 오른 사람들의 얼굴을 물들여 비장하고 처참하기 짝이 없다…….

　이윽고 군중이 광장에 넘쳐흘렀다. 광장에 들어갈 수 없는 군중은 가로의 도처에 무리를 이루었다. 가로의 군중은 움직이기 시작했다. 움직이면서 사람들은 돌이나 몽둥이를 손에 들었다. 군중은 폭도로 보였다.

대한 정부는 군중을 폭도로 규정했다. 폭도는 빨리 단속해야만 했다. 그런데 정부 각료들은 조선 정부군을 출동시키는 데 의혹을 가지고 있었다. 그 능력에 문제가 있다는 것이 표면상의 이유였다. 하지만 진짜 이유는 정부군 병사가 폭도로 바뀌는 것을 우려하고 있었기 때문이다.

어쩔 수 없이 대한 정부는 고종에게 칙령을 내리게 해 다급히 법무대신 조중응趙重應을 통해 폭도 진압을 통감부에 의뢰하기로 했다. 이토가 이 요청을 받아들였다.

때를 놓치지 않고 이토는 조선주차군 사령관 하세가와 요미시치長谷川好道 대장에게 지령을 내려 일본군을 남대문과 서대문을 통해 성내로 들여보냈다. 성내에서는 헌병대와 경찰대도 출동시켰다. 일본군과 관헌은 일거에 군중을 해산시킬 기세였다.

남대문에서 성내로 들어간 일본군은 왕궁을 점령하고 성내의 요소요소에 수비병을 배치했다. 게다가 시내를 순회하기 시작했다.

또 일본군 별동대는 용산에 있는 조선 정부군의 화약고로 급히 달려가 그것을 지켰다. 거기에는 화약과 탄환이 있다. 그것이 정부군 손에 넘어가기라도 하면 큰일이 벌어질 것이다. 일본군의 화약고 점령은 정부군이 반란에 대한 긴급 조치였다.

한편 서대문에서 성내로 들어간 포병대는 6문의 야포를 남산 기슭의 왜성대 위에 끌어올려놓고 정확히 조선 정부군을 조준하고 있었다. 포는 언제라도 발사할 수 있는 태세였다.

게다가 시중에서 출동한 헌병대와 경찰대는 당장 남대문 앞 군중을 제거하기 시작했다. 일본 관헌의 진압은 군중도 용서하지 않았다.

이에 비해 군중은 투덜투덜 일본의 횡포를 비난하면서 돌을 던지고 몽둥이를 휘둘렀다. 광장의 여기저기서 사람 패는 소리와 함께 유혈의 참사가 일어났다.

고이데 우메타로小出梅太郎 순사도 날아온 돌에 얼굴을 맞아 중상을 입었다. 그 순간 일본군과 관헌의 행동에 광기가 더해졌다. 군중을 향하고 있던 총이 이어 불을 뿜었다. 갑자기 조선인 몇 명이 피투성이가 되었다. 이 발포는 군중의 분노에 기름을 끼얹었다. 그 분노의 불꽃은 밤이 되자 점점 더 번졌다.

날이 밝으면 7월 20일이다. 전날 밤부터 시작된 소란은 지금도 계속되고 있다.

이날 전동의 정부군 시위대 병사 40여 명이 병영을 탈주해 군중에 가세했다. 그리고 군중을 향해 쏘는 일본군과 관헌에 맞서 거꾸로 발포했다. 이 총격전으로 일본인 경찰관 3명이 총에 맞아 죽었고 여러 명이 중경상을 입었다.

또 황제의 양위에 절대적으로 반대했던 동우회 회원들은 강태현姜泰鉉과 송영근宋榮根 등을 중심으로 결사대를 조직해 군중과 함께 종로 대로로 달려가 일본 경찰서와 주재소, 파출소를 습격했다. 이완용李完用 총리대신의 저택을 불질러버린 것도 이 결사대다. 이병무李秉武 군부대신의 집을 때려 부수고 일진회一進會 기관지를 발행하던 국민신문사를 깨부순 것도 이 일당이었다. 이때 이완용은 약삭빠르게 일본인 거리의 일본인 전용 구락부로 숨어들어가 난을 피했다. 이병무도 일본군 병사들의 보호를 받아 어딘가로 잠적해버렸다.

소동이 한창일 때 고종의 양위식이 오전 10시부터 경운궁慶運宮에서 강행되었다. 물론 다급히 이루어지는 이 양위식은 모두 통감부의 의향에 따라 준비되고 있었다.

양위식에 참석하는 대한 정부 각료들은 이중 삼중의 일본군에 둘러싸여 연이어 왕궁에 도착했다. 일본에서는 하야시 다다스林董 외무대신, 이토 히로부미 통감, 통감부 간부들이 모습을 나타냈다. 그런데 고종과 순종의 모습이 보이지 않았다. 그럼에도 행사는 왕궁의 한 방에서 약간의 관계자만 참석한 가운데 그대로 진행되었다. 통감부 입장에서는 형식만 갖추어지면 그것으로 충분하다. 일본 측 참석자들은 모두가 내심으로는 흐뭇해하고 있었다.

이날 궁내부대신 박영효朴泳孝가 체포되었다. 박영효는 귀족 출신이라는 점도 있어 갑신정변에서 살아남아 고종에게 중용되고 있었다. 이 중신은 고종의 양위를 절대 반대했다.

고종의 양위를 피할 수 없게 되었을 때 박영효는 정부군 시위대 부령 어담魚潭이나 참령 이갑李甲, 임재덕林在德 등과 모의를 했다. 양위식 당일 왕궁으로 시위대를 들이밀어 대신들을 모두 살해해버리려는 계획이 그것이었다. 군병을 사용할 때에는 황위를 보위한다는 대의명분이 필요하다. 민중도 여기에 호응할 터였다.

그런데 이 모의는 사전에 총리대신 이완용에게 탐지되었다. 이완용은 이토에게 통보했다. 이토는 왕궁의 경계를 더 엄중하게 시켰다. 게다가 치안을 방해했다는 이유로 박영효 일당 모두를 체포하도록 지시했다. 정부군의 무기와 탄약이 간발의 차이로 일본군에게 넘어가 시위대 출동이 좌절된 것이 치명상이었다.

결국 박영효는 제주도로 방출되었다. 어담 이하의 동지들도 전원 투옥의 쓰라림을 맛보았다. 고종의 양위를 저지하려던 운동은 완전히 수포로 돌아갔다.

아무튼 양위식은 끝나고 고종은 퇴위했다. 이토가 조선 왕실을 해체하려고 획책한 첫 번째가 이것이었다. 당시 일본인들은 조선 왕실을 이왕가李王家라고 불렀다.

고종이 왕위를 물러나자 궁궐의 이름이 내려졌다. 덕수궁德壽宮이었다. 말하자면 지금까지는 경운궁이라 불리던 왕궁을 고종의 장수를 기원하는 덕수궁으로 고쳐 불렀던 것이다. 따라서 이후의 고종은 '덕수궁 고종 이태황제'라 불리게 되었다.

고종 이태황제는 이 궁궐의 이름대로 덕수궁 안에서 은거하기로 결정되었다. 이 경우도 은거라고 하면 듣기 좋지만 실은 유폐다. 덕수궁 경비는 한층 엄격해졌다. 이토가 획책한 조선 왕실 해체의 두 번째가 이것이었다.

한편 황위를 물려받은 순종은 황후 윤비尹妃 등과 함께 덕수궁을 나와 이궁인 창덕궁昌德宮으로 거처를 옮겼다. 이 시점부터 창덕궁이 정궁이 된다. 이토가 획책하는 조선 왕실 해체의 세 번째가 바로 이런 것이다. 아무튼 순종은 이 정궁에서 성혼한 지 6개월밖에 안 되는 윤비와 가슴 부푸는 날들을 보내게 될 터였다. 윤비는 겨우 열세 살 새색시지만 순종에게는 가련한 황후이고 조선 왕실에는 밝은 내일이 기대되는 국모이기도 했기 때문이다.

정미7조약

그런데……, 어쩌면 이 세상에는 나쁜 별이 있는지도 모른다. 적어도 순종은 그 별 아래서 태어났다. 그런 탓인지 새로운 황제에게는 힘에 부쳐 감당하기 어려울 만큼 많은 고뇌가 있었다.

먼저 순종은 여느 사람들만큼 건강이 좋지 않았다. 소위 독차사건의 후유증으로 순종의 옥체는 심상치 않았다. 그 사건은 9년 전인 1898년 9월 12일에 일어났다.

그날 저녁 고종은 훗날 순종이 되는 황태자 이척, 궁내부대신 이재순李載純 등의 근신들과 환담을 나누며 시간을 보냈다. 거기에 궁녀가 커피를 들여왔다. 당시 커피는 매우 귀한 음료였다.

고종은 커피를 입으로 가져갔다. 그런데 이상한 냄새를 느껴 마시지 않았다. 이척은 단숨에 마셨다. 잠시 후 이척은 심한 복통을 일으켰다. 곧바로 궁중전의 안상호安商鎬가 불려왔다. 그가 달려왔을 때 이척은 심한 통증으로 절도했다.

안상호는 이척을 토하게 했다. 어떤 검은 오액汚液이 나왔다. 커피에 독이 들어 있었기 때문이다. 전의의 응급 처치로 이척은 간신히 목숨을 건졌지만 이빨이 빠져 한때는 폐인처럼 되었다. 그 후 이척의 몸은 허약해지기 시

대한제국의 마지막 황제 순종

작했다.

 사건 직후 곧 궁중요리장 공홍식孔洪植과 요리사 김종화金鍾和가 붙잡혔다. 두 사람은 밤새 심한 심문을 받았다. 그 결과 러시아어 통역관이었던 친러파 김홍륙金鴻陸이라는 요인의 꼬드김에 넘어갔다는 자백을 받았다. 김홍륙은 조선 주재 러시아 공사 베베르C. Wäber에게는 귀중한 보배였지만 후임 스페이에르A. de Speyer 대리공사, 또 그 후임인 마투니네N. G. Matunine 공사와는 친하지 않았다. 김홍륙의 과욕 탓으로 알려져 있다. 그래서 김홍륙은 마투니네 공사가 고종에게 말해 통역 관직에서 쫓겨났다. 그런 원한을 가지고 있던 김홍륙은 고종 암살을 꾸몄다.

 아무튼 순종의 몸 상태는 심상치 않다. 게다가 깊은 고뇌가 순종을 괴롭혔다. 어머니에 대한 기억과 배다른 형제들과의 상극이 그것이었다.

 순종의 어머니는 명성황후明成皇后, 즉 민비閔妃다. 민비는 12년 전에 일본인 폭한들에게 참살되었다. 그때 22세의 왕세자였던 순종은 고종의 등 뒤에서 일본인들의 잔학 행위를 보고 있었다. 청년 때의 기억은 34세인 지금도 지워지지 않고 남아 있었다. 오히려 해가 갈수록 심해지고 있었다. 순종은 일본인이 하여간 두려웠다.

 이 순종에게는 두 명의 배다른 형제가 있었다. 의왕 이강李堈과 영왕 이은李垠이다.

 지금 황태자의 존칭은 일본에서는 친親자를 넣어 의친왕義親王, 영친왕英親王이라는 식으로 부르는 것이 통례다. 그리고 휘諱에 척坧, 강堈, 은垠처럼 같은 부수를 사용하는 것은 같은 세대의 혈통을 나타내는 조선 왕실의 특유한 관습이었다. 순종은 5년 뒤에 배다른 여동생 덕혜 옹주를 보게 된다. 덕혜 옹주는 뒤에 쓰시마 소가宗家의 주인인 소 다케유키宗武志에게 시집가서 기이한 운명에 처하게 된다. 이태황제, 즉 고종이 59세 때에 얻은 딸이 이 덕혜 옹주였다.

덕혜 옹주에 대해서는 뒤에서 별도로 다룬다. 순종에게 괴로움의 씨앗은 무엇보다 황제의 동생 의왕이었다. 의왕에게는 행실에 문제가 있었다.

의왕의 어머니는 측실의 장 상궁이다. 정실의 민비는 장 상궁이 고종의 총애를 받는 것을 극단적으로 싫어했다. 그래서 장 상궁은 의왕을 출산할 때 민비의 눈을 피해 마을에서 떨어진 산속에서 몰래 낳았다. 그리고 의왕은 어머니의 갈등을 한 몸에 받고 자랐다. 자연히 성격은 비뚤어졌다. 그 탓인지 의왕에게는 황제의 동생으로 있을 수 없는 몸가짐이 눈에 띄었다. 방탕이 그것이었다.

꽃미남처럼 생긴 의왕은 갑자기 유명해졌다. 훗날 1915년에 의왕이 꽃미남이라는 것이 전 세계에 알려졌다.

그해 조선총독부가 주최하는 조선물산박람회가 한성에서 열렸다. 경복궁 경회루慶會樓에서 열린 연회식에는 조선인, 일본인, 외국인 사절 등 많은 사람들이 참석했다. 경회루는 연못 속에 떠 있듯 지어진 대연회장이다. 그 식장의 전면에는 오른쪽에 일본 황족 대표로 간인노미야 고토히토閑院宮載 인친왕이 자리했고, 왼쪽에는 조선 황족 대표로 의왕義王이 앉았다.

당시 간인노미야 인친왕은 영국 황태자 콘노트Connaught 전하와 함께 세계의 황실 가운데서도 단정하고 잘생긴 황태자로 이름이 높았다. 그런데 단상에 나란히 앉아 있는 간인노미야 인친왕과 의왕을 보고 비교한 외국인 사절들은 의왕의 기품 있는 모습에 놀랐다. 간인노미야 인친왕은 단정하기는 했지만 피부는 좀 검고 체격도 약간 왜소했다. 한편 의왕은 피부도 흰데다가 훤칠한 모습은 수려한 기품을 띠고 있었다.

이 무렵 대한제국은 이미 멸망하고 있었다. 연회장의 조선인들은 국가는 일본의 폭력에 졌지만 황제 아들의 용모와 기품에서는 일본에 이겼다고 내심 손뼉을 치며 기뻐했다.

그러나 순종 즉위를 전후한 시기에 의왕의 방탕은 심했다. 부득이 고종과 순종은 황위 계승자로서 의왕을 단념하고 그 아우인 영왕을 황태자로 책봉했다. 당시 영왕 이은李垠은 열한 살이었다. 1907년 8월 7일의 일이었다. 이 후계자 선정은 자못 부자연스럽다는 비난을 면할 수 없었다.

순종의 고뇌는 황태자가 된 영왕과 관련된 부분도 있었다. 일본이 대한국 황태자를 인질로 잡고 있는 분위기가 있었기 때문이다. 그리고 이 분위기는 이토에 의해 곧바로 현실이 되었다.

이토가 순종에게 영왕의 일본 유학을 꺼내기 시작한 것은 그해 8월 상순이었다. 이때 이토는 일시 일본에 귀국했다. 영왕의 일본 유학을 메이지 천황에게 아뢰고 정식으로 재가를 받았다. 대규모 인질 납치 사건의 개막이었다.

게다가 이토는 메이지 천황의 황태자 요시히토嘉의 조선 행차를 주청했다. 요시히토는 훗날의 다이쇼大正 천황이다. 이토는 대한국 황태자를 불문곡직하고 일본으로 데려가기 위해 일본 황태자를 조선에 가게 하는 장치를 만들어둘 속셈이었다.

메이지 천황은 처음에는 요시히토의 조선행을 반대했다. 조선의 치안이 좋지 않다는 것이 이유였다.

일본의 황태자가 대한국을 방문한 기념사진. 앞쪽 가운데가 이후의 다이쇼 천황이다.

그런데 이토는 신명을 걸고라도 경호를 하겠다고 호언장담을 해 자신이 통과시켰다. 메이지 천황도 이토의 잔머리는 따라갈 수 없었다. 결국 메이지 천황은 아리스가와노미야 다케히토有栖川宮威도 동행한다는 조건을 달아 이토에게 칙허를 했다. 이 칙허를 받은 이토는 신임 부통감 소네 아라스케曾禰荒助와 함께 일단 조선의 근무지로 돌아갔다.

10월 3일 이토는 소네를 데리고 순종을 알현했다. 그 자리에서 이토는 일본 황태자 방한을 아뢰고 아울러 영왕의 일본 유학에 대한 구체적인 방책을 제시했다. 이토가 꾀하는 조선 왕실 해체의 네 번째가 이 유학에 관한 방책이었다.

10월 16일 요시히토 일행이 한성에 도착했다. 이 일행에게는 아리스가와노미야 외에 육군대장 가쓰라 다로桂太郎, 해군대장 도고 헤이하치로東鄉平八郎, 동궁무관장 육군중장 무라키 마사미村木雅美, 시종직간사 이와쿠라 도모사다岩倉具定, 궁내차관 하나부사 요시모토花房義質 등이 동행했다. 이 일행의 방한으로 영왕의 일본 유학은 거절할 수 없게 되었다.

결국 영왕은 그해 12월 5일 이토를 따라 한성을 출발해 일본을 향했다. 겨우 열한 살밖에 안 된 아이의 해외 유학에 대해 아무도 뭐라고 말하지 못했다. 너무 고의적인 듯했다.

이토 히로부미에 의해 일본으로 끌려간 영왕 이은

영왕의 일본 유학이 인질임을 간파한 것은 반일계 신문 〈대한매일신보〉였다. 이 신문은 12월 초순부터 영왕의 일본 유학 보도에 매달렸다. 그것에 따르면 영왕의 일본 유학은 10년, 6개월은 무관학교에 취학……조선 황태자는 일본 유학 중에도 이태황제와 순종 황제의 안부를 묻기 위해 자주 귀국한다……황태자는 내년 6월 여름 방학을 이용해 잠깐 귀국한다……라고 보도했다. 물론 인질로서의 신경을 딴 데로 돌리고 그에 대한 예방책을 친 것이다.

무엇보다 고종 이태황제나 영왕의 어머니 엄비嚴妃도 영왕의 일본 유학에는 크게 반대했다. 특히 엄비는 이토가 영왕의 일본 유학에

조선 왕실 일가. 왼쪽부터 영왕, 순종, 고종, 윤비, 덕혜 옹주

대해 말을 꺼내기 시작했을 때, 영왕은 대한국 황족의 학습원인 수학원修學院에 들어가기 때문에 유학은 전혀 필요치 않다고 딱 잘라 말했다. 하지만 그것은 결코 막을 수 없는 일임을 알고 엄비는 이토에게 1년에 한 번은 반드시 귀국시켜 준다는 약속을 받아냈다. 거기에는 하나뿐인 자식을 인질로 보내는 어머니의 절절한 마음이 스며 있었다.

그런데 실제는 당초의 약속과는 다르게 돌아가고 있었다. 영왕이 처음 귀국한 것은 그로부터 3년 7개월 뒤였다. 그것도 어머니 엄비가 사망한 사흘 뒤의 일이다. 그래서 영왕은 어머니의 임종을 지켜보지도 못했다. 이것이 인질이 아니고 대체 무엇이란 말인가? 열네 살밖에 안 된 타국의 황태자에 대한 일본의 처사는 분명 인간의 도리가 아니었다.

즉, 고종 이태황제는 영왕을 일본으로 보낼 때 딱 한 가지만큼은 주지시켰다.

"일본에 가더라도 슬플 때나 기쁠 때나 절대 내색하지 말거라……."

영왕의 일본에서의 인질 생활은 거의 평생에 걸쳐 있었다. 실로 56년간에 이르는 긴 세월이었다. 그간 영왕은 아버지 말씀을 잘 지켰다. 영왕은 어떤 압력이나 어려움도 참고 견디며 결코 희로애락을 표정에 나타내지 않았다. 일본 황족의 공주 나시모토노미야 마사코梨本宮方子를 아내로 맞은 뒤에도 그것은 조금도 변함이 없었다.

순종의 고뇌는 다른 데도 있었다. 끊이지 않는 일본의 강요가 새로운 황제를 위협하는 최대의 괴로움이었다. 통감부가 설치된 이래 일본의 강요는 점점 노골적이었다. 이 강요의 선두에는 원수라고도 할 수 있는 이토가 있었다.

양위식 직후 이토는 박영효의 모반 사건을 구실로 대한 정부 내정의 취약함을 조이고 또 조였다. 내정이 이처럼 부실한 것은 총리대신 당신에게 책임이 있다며 이완용을 밀어붙였다. 이토가 대한 정부의 시정 전반에 걸친 감독권을 탈취하려는 것이 눈에 훤히 보였다.

실제로 일본의 요구는 양위식으로부터 나흘 지난 7월 24일에 표면화되었다. 일본에서는 '제3차 한일협약', 조선에서는 '정미7조약'이라 불리는 새로운 협약이 그것이었다.

일본의 협약안이 제시되자 이완용은 즉각 내각 회의를 열었다. 그런데 각료들은 누구 한 사람 일언반구의 의견도 말하지 않았다. 이어 이완용은 순종의 재가를 받았다. 순종도 어떻게 할 수 없었다. 말 많은 고종에 비해 젊고 허약한 새로운 황제는 아무래도 다루기 쉬웠다.

이 협약은 글자나 자구 하나 고치지 않고 만 하루도 걸리지 않아 결말이 났다. 대한 정부는 순종의 신체처럼 종잡을 수 없을 정도로 망가지고 있었다.

아래는 그 전문이다.

제1조 대한국 정부는 시정 개선에 관해 통감의 지도를 받는다.
제2조 대한 정부의 법령 제정 및 중요한 행정상의 처분은 미리 통감의 승인을 얻는다.
제3조 대한국의 사법 사무는 보통 행정 사무와 구별한다.
제4조 대한국 고등 사관의 임면은 통감의 동의를 얻어서 한다.
제5조 대한국 정부는 통감이 추천하는 일본인을 대한국 관리에 임명한다.
제6조 대한국 정부는 통감의 동의 없이 외국인을 관리로 고빙하지 않는다.
제7조 메이지 37년 8월 22일 조인한 한일협약 제1항은 폐지한다.

이상의 증거로 아래 이름을 적은 두 사람은 일본국 정부로부터의 위임을 받아 본 협약에 기명 조인한다.

메이지 40년 7월 24일
　　　　　　　　　대일본국통감　이토 히로부미
광무 11년 7월 24일
　　　　　　　　　대한국내각총리대신　이 완 용

이토의 득의에 찬 표정이 눈에 선하지 않는가? 사실 이토는 득의의 징짐에 서 있었다. 내용상 을사조약에 뒤지지 않는 정미7조약이 어떤 저항도 받지 않고 조인되었기 때문에 볼이 느슨해져도 무리는 아니다. 게다가 이번 경우는 조인 당사자이기도 했다. 이토는 적어도 표면적으로는 조선 전부를 장악했다고 생각하고 있었다.

뒤에 통감부는 이 협약의 제5조 문항에 따라 대한 정부의 각 부서에 일본인 관리를 보냈다. 궁내부 차관에 고미야 미호마쓰小宮三保松, 내부 차관에 기우치 주시로木內重四郞, 법부 차관에 구라토미 유자부로倉富勇三郞, 탁지부 차관에 아라이 겐타로荒井賢太郞, 학부 차관에 다와라 마고이치俵孫一, 농상공부 차관에 오카 기시치로岡喜七郞 외에 경시 총감에 마루야마 시케토시丸山重俊, 경무국장에 마쓰이 시게루松井茂, 총세무사서에 나가하마 세이조浜盛三 등이 그 사람들이다.

차관 및 관리에 임명된 일본인들은 매우 충실히 대한국의 행정권이나 사법권, 경찰권 등을 일본인 손에 넣을 수 있도록 노력에 노력을 거듭했다. 마루야마 경시 총감은 즉각 큼직한 서대문형무소를 짓기 시작했다. 물론 봉급을 비롯한 경비는 모두 대한 정부의 부담이다. '한일의정서'로 확립된 소위 '고문정치顧問政治'에 한계를 느껴 새로 시작한 '차관정치次官政治'가 그것이었다.

고조되는 항일의병투쟁

그런데 이토에게도 몹시 불안한 것이 하나 있었다. 조선군 해산은 정미7조약과는 별도로 비밀 협정으로 합의에 이르렀다.

무엇보다 통감부는 지금까지 이런저런 이유를 달아 조선군 병사의 수를 줄이려고 해왔다. 그것은 군사비 절약이 주요 목적이었는데, 이 시기에도 전체의 삼분의 이에 해당하는 1만 5,200명의 군병이 남아 있었다. 그중 한성에는 9,600여 명이 있었다. 그들을 강제적으로 해산시켜 대한국에서 조선군 병사를 없애버리겠다는 것이 이토의 생각이었다. 조선군 해산이 난제 중의 난제였다.

　조선군 해산은 순종을 위협해 조칙을 내리게 하는 데서부터 시작했다. 이 역할을 맡은 사람은 이토와 하세가와에게 교사된 총리대신 이완용과 군부대신 이병무였다. 그러나 순종은 이에 대한 중요성을 잘 인식하지 못하고 있었던 듯하다. 순종은 이완용과 이병무가 말하는 대로 어떤 의문도 없다는 듯이 조칙을 내렸다. 황제의 조칙을 손에 넣은 이토는 하세가와, 이완용, 이병무에게 서로 의논하게 해서 더 면밀한 잔꾀를 짜냈다.

　8월 1일이 되었다.
　이날은 날이 새기 전부터 비가 세차게 내렸다. 비가 내리는 가운데 조선군 각 부대 장교들에게 오전 8시까지 조선주차군 사령관 관저에 집합하라는 비상소집이 내려졌다. 이 관저는 하세가와의 공관이기도 했다. 조선군 장교들은 무슨 일인지 의아해하면서도 각 부대에 배속된 일본군 장교를 따라 속속 관저에 집합했다. 시위대 혼성여단장 양성환梁成煥도 그 속에 있었다.
　장교들은 한 방에 모였다. 거기에 군부대신 이병무와 하세가와가 나타났다. 동시에 관저는 완전 무장한 일본군 병사들에 의해 이중 삼중으로 포위되었다.
　이병무는 단상에 올라가 갑자기 순종의 조치을 읽었다. 조선군 해사을 명하는 조식이었다. 조선인 장교들에게는 참으로 아닌 밤중에 홍두깨였다. 장교들에게 충격이 선해졌다. 그것을 하세가와가 제어했다. 하세가와는 장교들을 둘러보고 "제군들은 대상에서 제외다!"라고 말했다. 물론 어영부영 넘어가려는 구실에 지나지 않는다. 하지만 장교들의 동요는 식을 줄 몰랐다.

한편 장교들도 여기서는 아무리 해도 그것은 헛된 짓임을 관저를 둘러싸고 있는 분위기로 알 수 있었다. 양성환 여단장은 일반 병사들 전원을 훈련원 광장에 모이게 하라는 하세가와의 지시를 받아들였다. 훈련원 광장은 동대문 근처에 있는 연병장이다. 이 광장에 병사들을 집합시키는 명목은 맨손 훈련과 함께 은급을 지급한다는 것이었다. 물론 그 발상이 병사들에게 무기를 소지하지 못하게 하기 위한 생각에서 나온 것임은 말할 필요도 없다.

오전 10시 훈련원 광장에 많은 병사들이 모였다. 그 수는 2,000명을 넘었다. 훈련원 광장도 매우 많은 일본군 병사들에게 둘러싸였다. 일본군 병사들은 조선군 병사들에게 총을 겨누고 있었다. 조선군 병사들을 향해 군부협판 한진창韓鎭昌이 큰소리로 군대 해산 명령을 고했다. 바로 그때 마치 진파와도 같은 술렁거림이 일었다. 조선군 병사들은 속은 것을 알았다.

한진창은 더 큰 소리로 해산에 따른 은급을 지급한다고 말했다. 그것으로 동요를 무마할 작정이었다. 은급은 하사관이 80원, 1년 이상의 병졸은 50원, 1년 미만의 병졸은 25원이었다. 작은 돈도 아니었다. 그러나 동요는 진정되지 않았다.

병사들은 은급을 받자마자 지폐를 땅바닥에 확 집어던졌다. 찢어서 짓밟는 병사도 있었다. 이어 병사들 다수가 군모나 군복을 벗어버리고 견장을 뜯어버렸다. 어떤 병사는 손에 무기가 없음을 발을 동동 구르며 분해했다.

훈련원 광장의 소란은 곧 도성에도 알려졌다. 전동에 영문營門이 있는 시위대 1연대장 박승환朴昇煥도 소란을 알았다. 이날 박승환

조선군 해산에 반대해서 자결한 박승환

은 말할 수 없는 불길함을 예감하고 관저에서의 소집에도 가지 않고 광장의 집합도 잠시 보류했다. 그 박승환 휘하에 세 번씩이나 호출이 왔다. 그러나 박승환은 병이 났다고 둘러대고는 끝내 움직이지 않았다. 부하들도 대장에게 줄을 섰다. 1연대에 인접한 2연대장 오의선吳義善도 박승환의 거동에 줄을 섰다.

박승환은 민비 암살 이후 일본군에 복수할 기회를 노리고 있었다. 때를 봐서 조선군을 이끌고 일본군과 싸울 작정이었던 듯하다. 부하들도 대장의 속마음을 간파하고 있었다.

그런데 조선군이 해산되면 복수할 꿈이 사라진다. 박승환은 뜻을 이루지 못한 책임을 느꼈다. 군인으로서 명예를 잃은 것도 참을 수 없었다. 박승환은 죽음으로써 나라에 몸 바칠 각오를 했다.

얼마 지나지 않아 박승환은 자신을 호출하러 온 일본인 장교와 부하들이 지켜보는 가운데 총으로 관자놀이를 겨냥해 방아쇠를 당겼다. 관자놀이에서 선혈이 솟구쳤다 일본인 장교는 비명을 질렀다. 나라를 위한 저절한 죽음이었다. 이때 박승환 39세였다. 그의 품에는 "군인으로서 나라를 지키지 못하고 신하로서 충성을 다하지 못했으니 만 번 죽어도 애석하지 않다"라고 적힌 유서가 있었다.

박승환의 자살은 목격자들의 입을 통해 병사들에게 알려졌다. 병사들은 흥분했다. 대장의 죽음에 흥분한 병사들은 큰소리로 울부짖으며 무기고로 쇄도했다. 그리고 무기고에서 총기를 꺼내 황급히 신변을 지켰다. 그 무렵에는 일본군 병사들이 병영을 포위하기 시작하고 있었다.

2연대장 오의선도 박승환의 자결에 충격을 받았다. 오의선은 1연대장의 죽음을 견습참위 남상덕南相悳에게 알렸다. 다시 남상덕의 입을 통해 박승환의 죽음이 2연대 병사들에게 전해졌다. 2연대 병사들도 흥분의 도가니가 되었다. 이 병사들도 무장을 했다.

그곳으로 훈련대 광장의 병사들이 가세했다. 무장한 병사들은 대략 600명이 되었다. 그 총은 어디까지나 구식인데다 탄약도 조금밖에 없었지만 타오르는 열기로 넘쳤다. 병사들은 통감부를 습격해 박승환의 한을 풀어줄 작정이었다.

그러나 일본군도 1연대와 2연대의 움직임을 묵묵히 지켜보고만 있지 않았다. 일본군은 조선군 병영을 포위하고 있던 고리를 좁혔다. 삽시간에 격렬한 총격전이 벌어졌다. 그 고리를 조선군 병사들이 돌파했다.

조선군 병사들은 비가 내리자 곧장 종로통으로 쏟아져나가 남대문쪽을 향했다. 통감부는 그 인근의 남산 기슭에 있다. 그런데 일본군은 통감부로 통하는 대로와 남대문으로 이어지는 성벽 위에 3문의 기관포를 설치해놓고 조선군 병사들을 기다리고 있었다. 그리고 그곳에 조선군 병사들이 나타나자 그들을 향해 최신식 기관포를 쏘아댔다. 조선군 병사들은 픽픽 쓰러졌다. 질퍽거리는 땅의 곳곳이 피로 얼룩졌다.

조선군 병사들의 탄환은 늦게 태워졌다. 탄환이 비에 젖어 발화되

조선군 병사와 일본군 병사의 전투를 전하는
1907년 8월 4일 자 프랑스 일간지 〈르 푸티 주르날〉의 스케치 채색화

지 않았던 것이다. 만사가 끝이다. 조선군 병사들은 인가로 숨어들어 갔다. 그리고 재빨리 군복을 벗어던졌다.

일본군 병사들은 인가를 이 잡듯이 샅샅이 조사해 거기에 총을 숨겨둔 자나 의심스러운 자를 발견하면 불문곡직하고 바로 사살했다. 두 손을 들고 투항하는 자에게 만큼은 총검으로 찌르지 않고 거칠게 밧줄로 묶었다. 결국 이날의 백병전과 탐색으로 남상덕 견습참위 이하 68명이 사살되었고, 100여 명이 중상을 입었으며, 500여 명이 포박되었다. 그런데 일본군을 향한 저항은 여기서 끝나지 않았다.

2, 3일 뒤에 각지의 파견 부대가 해산되었다. 이 해산과 동시에 거의 전국적으로 일본군에 대한 저항이 일어났다. 특히 강화도 파견 부대의 저항이 놀라웠다.

해산을 강제당한 강화도 파견대 병사 600여 명은 지홍윤池弘允과 연기우延基羽, 유명계柳明啓 등 장관들의 지휘 아래 총기를 들고 일어나 강화군수이자 일진회 간부이기도 한 정경수鄭景洙의 집을 급습해 매국노를 살해했다. 일진회 회원들은 예외 없이 통감부와 유착되어 있었다. 그래서 통감부를 두둔하는 언사를 해서 국민을 속였다. 국민을 속인 매국노는 주살해야 했다. 또 일진회 회원과 결탁되어 있는 경관의 주재소를 습격해 일본인 순사 1명을 박살냈다.

이윽고 강화 부대는 강화도 전역을 제압하고 한성으로의 진입을 획책했다. 일부는 강화도를 떠나 통진으로 상륙했다. 강호로 유명한 강화 부대와 한성의 정예가 일체화되면 일본군에게 큰 타격을 줄 수 있다. 그리고 이 결기가 전국적인 도화선이 될 것임은 분명했다.

강원도 원주에서는 대대장 대리 김덕제金德濟와 원주 파견대 특무

장교 민긍호閔肯鎬가 이끄는 1개 부대가 강화 부대의 결기에 호응해 봉기했다. 옛 조선군 병사들의 봉기에 고장의 민간인들도 손을 놓지 않았다. 민간인들도 결기해 의병이 되었다. 원주에서 결기한 의병은 1,500여 명을 넘었다. 원주 의병군도 경찰지서나 우체국, 군청을 비롯한 일본인 주거를 습격해 모조리 때려 부쉈다.

곧바로 원주 의병군은 김덕제 부대와 민긍호 부대로 나누어 행동에 들어갔다. 두 부대는 산악 지대를 누비면서 강원도에서 충청도로, 경기도 동부로 활동 범위를 넓혔다. 그 행동은 신출귀몰해 종잡을 수가 없었다. 그리고 이 지방만이 아니라 각지에서 원주 의병군에게 촉발된 새로운 의병군을 연이어 탄생시키고 있었다. 전해산全海山, 이강년李康秊, 신돌석申乭石, 기삼연奇三衍, 이인영李麟榮, 허위許蔿, 박준성朴準成, 박여성朴汝成, 심남일沈南一, 이은찬李殷贊, 강기동姜基東, 중고록重高錄, 김봉기金鳳基, 조인환曺仁煥, 권준權俊, 왕회종王會鍾, 지용기池龍起, 이인재李寅在, 이언용李彦用, 신창현申昌鉉, 차도선車道善, 김수민金秀民, 김동수金東秀, 김동식金東植…… 이 의병장들과 함께 봉기한 의병군은 헤아릴 수 없을 만큼 많다. 유생도 의병장이 되었다. 평민도 의병장으로 일어났다. 물론 옛 조선군 출신의 의병장도 있었다. 그리고 의병장이든 병졸이든 가리지 않고 망해가는 조국을 되살리겠다는 일념으로 목숨을 걸고 열심히 싸웠다.

그러나 일본군은 강력한 토벌군을 각 방면에 급파해 진입에 나섰다. 강화 부대와는 갑곶진 부근에서 격전했다. 강화 부대는 싸움에서 패해 섬 전역으로 흩어졌다. 그들을 일본군과 일진회 회원들이 필사적으로 수색했다. 하지만 지홍윤이나 연기우, 강기동 등이 이끄는 의병군을 찾아낼 수는 없었다.

변변찮은 무장 의병부대에는 소년도 섞여 있었다.

토벌군은 원주 의병군에게도 애를 먹었다. 바람처럼 나타났다가 바람처럼 사라져버렸기 때문이다. 의병군이 한성을 진공할 것이라는 정보도 있었다. 사실 허위가 이끄는 의병 부대는 동대문 밖 12킬로미터까지 육박했다.

그래서 일본군은 대토벌군을 경기도와 충청북도 일대에 투입했다. 토벌군과 의병군은 맞닥뜨리는 곳에서 접전했다. 그런데 많은 경우 의병군이 참패했다. 무기의 우열과 탄약의 보유량이 승패를 결정지었다. 허위가 이끄는 의병부대는 되밀렸고, 원주 출신의 의병장 민긍호도 충주에서 식사하던 장소를 저격당해 목숨을 잃었다.

그런데 각 군의 장졸들은 가는 곳마다 혈전을 했지만 패했다. 그 뒤 그들은 전장을 탈출해 조선 북부의 각 지역과 중부 산악 지대로 흩어졌다. 두만강을 넘어 중국 북동부, 소위 만주의 간도 지방으로 숨어들어간 병사나 중부 태백산맥 속으로 들어간 병사도 적지 않다. 이면

붙잡힌 의병들은 국사범으로 공개된 장소에서 집단 처형되었다.

에는 이들 각지에서 항일의병전쟁이 전개될 공산이 컸다.

항일의병군을 취재한 캐나다인 신문기자 맥켄지F. A. MacKenzie는 조선 북부 현지에서 목격한 광경을 아래와 같이 기록으로 남겼다. 맥켄지는 영국신문 〈데일리메일〉 특파원으로 외국인이라는 입장을 이용해 정력적으로 취재에 임하고 있었다.

> 6명이 마당으로 들어왔다. 그들은 모두 18세에서 25세 정도의 젊은이들이었다. 총명하고 얼굴이 잘생긴 한 젊은이는 아직 옛 조선군 제복을 입고 있었다. 다른 한 사람은 옛 조선군 바시늘 입고 있었나. 다른 두 사람은 남루한 조선옷을 입고 있었다. 가죽신을 신은 사람은 아무도 없었다. 허리에는 면으로 만든 수제품 탄띠를 차고 있었는데 그 절반 정도가 채워져 있었다.
>
> 두 번째 사람이 들고 있던 옛 조선군 라이플총은 구식으로, 당

시의 가장 후진 것이었음을 보여주는 표본인 듯했다. 세 번째 사람도 마찬가지였다. 또 한 사람이 들고 있던 작은 엽총은 무해하다는 증표가 붙은 그런 무기였는데 아버지가 자식에게 준 듯한 것이었다.

우리는 무기가 필요하다고 그들은 말했다. 우리는 최대한 용감함을 견지하고 있지만 탄약은 거의 없다고도 말했다.

조선군 해산 후 통감부와 조선주차군 사령부는 옛 조선군 의병을 반일 폭도로 규정했다. 그리고 본국으로부터의 증원군과 조선에 주둔중인 일본군, 경계부대를 총동원해 대대적인 대규모 토벌작전을 감행했다. 아래는 조선주차군 사령부가 《조선폭도토벌지》에 발표한 1907년부터 1910년까지 4년에 걸친 기록이다.

살해 17,779명, 부상 3,706명, 포로 2,139명······.

살해된 의병은 청일전쟁 때 일본 병사가 사망한 수를 웃돈다. 부상자와 포로에 비해 살해된 희생자가 많았던 것은 얼마나 가차가 없었는지를 말해주는 증거다.

그리고 붙잡힌 의병들은 본보기로 일반인들이 지켜보는 공개적인 장소에서 집단 처형되었다. 교수형에 의한 집단 학살이었다.

이토 히로부미 암살: "의사" 안중근

개별적인 암살 활동

1908년이 되었다. 조선 각지를 뒤흔든 항일의병투쟁은 지금도 계속되고 있다. 그런데 일본군의 대대적인 토벌작전 전개에 밀려 그 활동은 점차 쇠퇴일로를 걷고 있었다.

먼저 뛰어난 의병장이 급격히 줄었다. 일본군에 잡혀 처형되었기 때문이다. 옥중에서 의문사한 사람도 적지 않았다. 전투 중에 전사한 사람도 많았다.

이강년과 이인영, 허위, 이은찬, 김수민 등은 포로가 된 뒤 총살이나 교수형, 또는 옥사로 세상을 떠났다. 전해산과 심남일, 김동수 등은 전투를 하다가 사망했다. 항일의병투쟁은 갈림길에 접어들고 있었다.

조선 민족의 기질은 격하다. 그 격렬한 민족의식은 항일의병투쟁이 일제의 무력으로 억제되었다고 해서 웅크리고 있었던 것은 결코 아니다. 집단적인 의병투쟁이 어려워지면 다음은 개인적인 암살 활동으로 옮겨갈 것은 눈에 훤히 보였다.

암살의 목적은 유해한 요인을 살해하는 데 있었다. 당연히 조선의 암살자들도 요인을 겨냥했다. 겨냥한 것은 대한 정부의 외부 고문 스티븐스D. W. Stevens였다.

스티븐스는 4년 전인 1904년 한일의정서로 일본이 조선의 외교권을 빼앗았을 때 일본 정부에 의해 조선에 들어와 있었다. 이 미국인은 본래 일본 정부의 외교 고문이었다. 따라서 미국의 국익과 함께 일본의 국익에도 생각이 미치고 있었다. 그런 탓도 있어서 스티븐스는 일본의 방침을 웃도는 과격한 발언으로 대한국을 소멸시키는 데 힘을 들였다.

스티븐스는 조선 민족에게는 독립 국가로서 나라를 운영해갈 능력이 없다고 계속해서 지껄였다. 일본의 통치를 받는 것도 당연하다는 논법이다. 그저 난폭한 주장일 뿐이다. 이런 폭론이 조선인의 민족 감정을 자극했다. 특히 지적인 암살자들은 스티븐스의 언동을 몹시 싫어했다.

그해 3월 초 스티븐스는 휴가를 위해 조선을 떠나 미국의 샌프란시스코로 돌아갔다. 스티븐스는 그곳에서도 폭론을 전개했다. 지역의 각 신문에 일본의 정당성을 지지하는 견해를 서술한 것이다. '일본이 조선을 보호하게 되면서 조선에 유익한 것이 많아졌다. 일본이 조선을 통치하는 것은 미국이 필리핀을 통치하는 것과 같다. 조선에 신정부가 조직되고 난 뒤부터 거기에 참가할 수 없게 된 정계 인사들은 일본에 반대하고 있지만 농민들이나 일반인들은 정부의 학대를 예전처럼 받지 않기 때문에 일본인을 반기고 있다.' 등등이다. 태반이 사실과 다르다. 스티븐스는 거짓말을 늘어놓았다.

이 담화기사가 보도되자 샌프란시스코에 거주하는 재미 조선인들의 노여움은 절정에 달했다. 샌프란시스코에는 재미 조선인 교포들로 구성된 '공립협회'라는 결사가 있다. 이 공립협회 회원인 정재관鄭在寬과 최유섭崔有涉 등 4명이 스티븐스에게 내용의 진의를 추궁하는 항의를 하게 되었다.

3월 22일 정재관 등은 스티븐스가 묵고 있는 호텔로 찾아가 신문에 진실과 다른 발언을 한 이유가 뭐냐고 따져 물었다. 스티븐스는 다음과 같이 말했다.

"조선에 이완용 같은 충신이 있고, 또 이토가 있는 것은 조선과 동양의 행복이다. 내가 조선의 상황을 보건대 고종 이태황제의 실덕이 심하고 국민 상하는 우매하며 독립할 자격이 전혀 없다. 즉 일본이 조선을 탈취하지 않았으면 이미 러시아에 병합되었을 것이다."

말이 끝나기 무섭게 정재관은 노발했다.

"그럴 리 없다!"

정재관은 얼굴이 새빨개져 호통치며 스티븐스에게 다짜고짜 대들었다. 그것을 최유섭 등이 현명하게 말렸다. 정재관은 다른 손으로 의자를 덜렁 들어 스티븐스에게 냅다 집어던졌다. 그사이에 최유섭 등이 정재관을 밖으로 데리고 나갔다. 그것을 보면서 스티븐스는 조선인이 무슨 일을 할 수 있겠어, 라며 중얼거렸다.

다음 날 3월 23일 오전 스티븐스는 워싱턴으로 가기 위해 오클랜드 역을 향했다. 이 미국인은 아무런 경계를 하지 않았다. 스티븐스가 오클랜드 역 구내에 들어섰을 때 한 동양인 남자가 접근했다. 남자는 느닷없이 권총을 꺼내 스티븐스의 얼굴을 향해 방아쇠를 당겼다. 그런데 불발이었다. 이 남자는 전명운田明雲이라는 조선인이었다. 스티븐스와 전명운은 맞붙어 싸우게 되었다.

거기에 또 다른 동양인 남자가 나타났다. 이 남자도 장인환張仁煥이라는 조선인이었다. 장인환은 느닷없이 권총을 뽑아 뒤엉켜 싸우고 있는 두 사람을 향해 연거푸 총을 발사했다. 한 발은 전명운에게 맞았고 다른 한 발은 스티븐스에게 명중했다. 주위에서 비명이 들렸다.

전명운과 장인환은 이전부터 스티븐스의 암살을 계획하고 있었다. 그렇다고 두 사람이 함께 모의한 것은 아니다. 마침 그곳에서 두 사람은 우연히 만났다. 전명운이 총에 맞은 것도 그 때문이었다.

전명운과 스티븐스는 병원으로 옮겨졌다. 전명운의 상처는 의외로 가벼웠다. 그런데 스티븐스는 손을 쓸 수 없을 만큼 상처가 심했다. 스티븐스는 과다출혈로 이틀 뒤에 죽었다.

한편 장인환은 현지 경찰에게 체포되었다. 전명운도 상처가 아문 뒤에 구속되었다. 재판 결과 전명운에게는 금고 95개월, 장인환에게는 금고 25년이라는 판결이 내려졌다. 이것이 스티븐스를 암살한 대가였다.

스티븐스 암살 사건은 미국은 물론 조선에서도 대대적으로 보도되었다. 특히 〈대한매일신보〉가 기사를 자세히 보도했다. 이 신문 기사에서는 두 사람이 암살자가 아니라 시종 애국정신을 관철한 '의사義士'로 취급되었다. 그리고 이 기사는 많은 독립운동가들과 암살자들의 혼을 뒤흔들었다. 독립운동가와 암살자들은 의사가 되어 나라를 구하는 일에 의욕을 열렬히 불태웠다.

이 무렵 러시아령 연해주에 훗날 조선 제일의 의사로 칭송받게 되는 남자가 있었다.

연해주는 시베리아 동남쪽 끝에 위치하는데, 흑룡강과 우수리강, 동해로 에워싸인 지역이다. 그 지역에는 블라디보스토크나 포크라니치나야, 노보키예프스크 등의 도시가 있다. 당시 이런 도시에는 조선에서 쫓겨간 의병장이나 의병, 독립운동가들이 국경인 두만강을 넘어 망명하고 있었다. 안중근도 그 한 사람이었다.

안중근, 보통은 응칠應七이라 부른다. 등에 북두칠성 같은 일곱 개의 점이 있기 때문이다. 안중근은 경건한 가톨릭 신자였다. 그래서 안다묵安多默이라는 세례명을 사용하는 경우도 있었다. 자신의 다변을 구속하기 위해 이 세례명을 선정했다.

스티븐스 암살 사건이 일어나던 해 6월 하순 연해주에서 의병군이 조직되었다. 김두성金斗星 대장, 이범윤李範允 대장이 이끄는 의병군이 그것이었다. 이 의병군에게 안중근은 참모중장으로 맞아들여졌다. 그리고 안중근은 300여 명의 부하와 함께 두만강을 넘어 조국 함경북도 지방으로 출격했다. 물론 일본군 침략을 실력으로 저지하기 위한 출격이었다.

함경북도로 들어간 안중근 부대는 경흥군과 회령군 등의 도처에서 일본군 토벌대와 접전했다. 일본군 수비대와도 싸웠다. 안중근 부대는 낮에는 야산에 숨었다가 밤이 되면 행동을 일으켜 일본군과 싸웠다.

어느 교전에서는 의병군에게 여러 명의 사상자가 발생했다. 그런데 그 대신 안중근 부하들이 일본군 병사와 상인 4명을 잡아왔다. 일본군은 의병을 인정사정 가리지 않고 참살한다. 그것을 알고 있는 일본인 포로들은 공포에 떨고 있었다.
 그러나 안중근은 일본군 병사들을 죽이지 않았다. 대신 안중근은 포로들에게 다음과 같이 차근히 설명해주었다.

 자네들은 일본인이다. 일본인이라면 왜 메이지 천황의 뜻을 지키려 하지 않는가! 일본이 러시아와 전쟁을 시작했을 때 선전 포고에서 동양의 평화를 유지하고 대한국의 독립을 확실히 한다고 하지 않았는가! 그런데 자네들 일본군은 오늘날 침략을 자행하고 있다. 이게 역적이 아니고 무엇이란 말인가?

일본군 병사들은 어리둥절해했다. 그런데 안중근이 말하는 바는 이해할 수 있었다.

 오늘날 자네들이 이처럼 눈으로 봐두어야 할 것은 모두 이토 히로부미의 잘못된 정책 때문이다. 이토는 메이지 천황의 뜻을 지키지 않고 시종 권력을 갖고 놀면서 일본과 대한국의 생령을 헤아릴 수 없을 만큼 살해하고 있다.

일본군 병사들이 고개를 끄덕였다. 안중근은 일본군 병사가 그것을 이해하자 빙긋이 웃었다. 나아가 "자네들은 나라를 어지럽히는 불충한 무리를 소멸해야 한다. 그러면 10년이 지나지 않아 동양의 평화를 이룰 수 있을 것이다"라는 말을 덧붙였다
 당연히 안중근은 무명의 일본군 포로들이 이토 등 일본의 불충한 대신들에게 저항하리라고는 털끝만큼도 기대하지 않았다. 다만 자신

의병장 당시의 안중근

이 지녀온 신념을 설명했을 뿐이다. 포로를 죽이는 것은 간단했다. 그런데 죽이지 않고 신념을 들려주는 것이 어려웠다. 안중근은 굳이 어려운 길을 택했다.

이윽고 안중근은 포로들을 석방했다. 그때 일본군 포로들은 총기류를 가지고 돌아가지 않으면 군율에 따라 처벌받게 된다고 했다. 안중근은 부하에게 일본군 병사들에게 총을 돌려주라고 했다. 이어 의병의 포로가 된 사실을 발설하지 말라는 당부의 말도 잊지 않았다.

며칠 뒤 안중근 부대는 또다시 일본 토벌군과 교전을 벌였다. 의병군에게 잡혔던 일본군 병사들이 정보를 빼돌린 듯하다. 일본군은 대부대를 투입했다. 이 교전은 일찍이 경험하지 못한 결전이 되었다.

결국 안중근 부대는 일본군의 압도적인 화력 앞에 참패를 당했다. 의병 대부분은 전사하거나 포로가 되었고 나머지는 뿔뿔이 흩어졌다. 안중근도 간발의 차이로 사선을 벗어나 7일 주야에 걸쳐 흙탕물을 훌쩍거리며 국경을 넘어 러시아령으로 도망쳐 나왔다. 이때 안중근은 의병투쟁의 한계를 느꼈다.

해가 바뀌었다. 1909년이다. 안중근은 노보키예프스크의 가리라는 마을에서 새해를 맞았다.

그해 1월 31일 안중근은 김기용金基龍과 황기순黃起順, 박봉석朴鳳錫 등 동지 12명과 몰래 모임을 가졌다. 동지들 중에는 이발사와 농부도 있다. 물론 그중 누군가가 의병장이었다. 이 모임은 새로운 투쟁 방침을 모색하기 위한 밀회였다.

그러나 안중근 동지들은 몹시 침체하여 나아가지 못하는 상태에 빠져 있었다. 나라에서 멀리 떠나 있기 때문이기도 했다. 정확한 정보도 적었다. 활동자금도 부족했다. 따라서 일동에게는 초조함과 불만의 색채가 농후했다. 투쟁을 향한 의지에도 어지러움이 느껴졌다.

안중근은 민감했다. 동지들의 결속이 무엇보다 중요하다. 물론 개개인의 투쟁 의욕도 불러일으켜야 한다. 안중근은 결단했다.

안중근은 일동을 훑어보고 나라에 몸 바치는 맹세를 분명히 하기 위해 손가락을 자르겠다고 선언했다. 동지들은 경악했다. 하지만 안중근은 괘념치 않았다.

안중근은 작은 칼을 꺼내 왼손 약손가락 첫 번째 마디에 대고 과감하게 그었다. 마디가 떨어져 나갔다. 안중근은 피가 흐르는 손가락을 잡고 품에서 꺼낸 태극기 여백에 '대한독립'이라는 네 글자를 썼다. 묵으로 이름도 써넣었다. 뒤에 안중근은 이 결속을 '단지동맹斷指同盟'이라 불렀다. 안중근의 의지는 강철처럼 굳었다.

분명히 안중근은 언젠가 이 손가락 없는 손으로 일본의 요인을 잡아보겠다고 마음에 다짐했다. 그런데 그 손이 일본 제일의 대물인 이토를 쓰러뜨리게 될 줄은 신만 알고 있었다.

만주 경략을 꿈꾸는 이토 히로부미

그 무렵 일본에서도 분명한 결의를 마음에 새긴 인물이 있었다. 다름 아닌 이토였다. 그리고 이 새로운 해는 이토에게 참으로 운명이 찾아온 해이기도 했다.

그해 5월 25일 이토는 통감직 사임을 메이지 천황에게 청원했다. 이토에게는 조선 식민지화의 대업은 성공했다는 자부심이 있었다. 뒷일은 후임자에게 맡겨도 대충 굴러갈 것이다. 이토의 눈은 이미 조선에서 만주로 옮겨가 있었다. 이토에게 결단을 내리게 한 것은 지난 4월 10일에 합의한 대한對韓 정책에 대한 큰 방침의 결정에 의한 바가 컸다.

그날 도쿄 아자부 레이난자카에 있는 이토의 저택에서 가쓰라 다로 총리대신, 고무라 주타로 외무대신, 이토 히로부미 통감이 얼굴을 마주했다. 세 수뇌는 비밀회의를 했다. 거기서 도출된 큰 방침이 대한국은 적당한 시기에 병합한다는 '대한 정책'의 확정이었다.

세 수뇌의 비밀회의를 소정의 양식에 따르면서 초안을 정리한 것은 외무성 정무국장 구라치 데쓰키치倉知鐵吉였다. 세 수뇌의 뜻을 삭제하지 않고 초안을 만드는 일에는 큰 어려움이 따랐다. 구라치는 그 어려움을 다음과 같이 써서 남겼다.

> 당시 우리 관민 사이에 한국 병합에 대한 논의가 많지 않아 병합 사상思想이 아직 명확하지 않았고, 혹은 한일 양국이 대등하게 합일合—하는 사상으로 생각하는 사람이 있었습니다. 또는 오스트리아·헝가리 같은 국가를 만드는 의미로 해석하는 사람도 있었습니다. 따라서 용이도 합방合邦 또는 합병合倂을 사용하기도 하지만, 나는 한국이 완전히 폐멸되어 제국 영토의 일부가 된다는 뜻을 분명히 함과 동시에, 그 어조가 너무 과격하지 않은 용어를

찾고 싶었습니다. 고심은 했지만 끝내 적절한 용어를 찾지 못했습니다. 그래서 당시에 일반적으로 사용하던 용어 중에서 선택하는 것이 타당하다고 여겨 '병합倂合'이라는 용어를 사용했습니다. 이후의 공문서에는 항상 '병합'이라는 용어를 사용하게 됩니다.

가쓰라 다로, 고무라 주타로, 이토 히로부미 세 사람은 조선을 완전히 폐멸시켜 일본 영토의 일부로 삼으려는 생각을 하고 있었다. 그것을 감추기 위해 일부로 '병합'이라는 특수한 용어를 구라치에게 만들게 했다.

한국을 대하는 이 정책은 7월 6일 내각회의에 제출되었고 즉시 결정을 보았다. 그리고 같은 날 메이지 천황의 재가도 받았다. 메이지 천황도 세 수뇌와 같은 생각을 했던 것이다. 대한국 병합은 드디어 시간 문제가 되었다.

당시 천황이 재가를 한 안건은 당해에 실행에 옮기는 것이 관례였다. 이토가 대업을 이루었다고 판단한 것은 이상과 같은 이유에서였다. 그래서 이토는 통감직을 사임할 때가 되어 있었다.

메이지 천황은 이토를 잘 타일러 그대로 머물러 있으라고 했다. 하지만 이토는 뜻을 굽히지 않았다. 분명히 만주의 다스림을 암시하는 이토의 주장에 대해서는 메이지 천황도 아무 말 하지 않았다. 결국 메이지 천황은 이토의 주장을 전면적으로 받아들여 통감직 교체를 인정했다. 이토는 귀국 후 네 번째 추밀원의장 자리로 되돌아갔다.

6월 15일 통감이 이토에서 소네 아라스케曾禰荒助로 바뀌었다. 부통감에서 통감으로의 승격이었다.

한편 통감직에서 물러난 이토는 만주의 다스림에 본격적인 의욕을 불태우기 시작했다. 이 야심가의 눈에 아른거리는 이면에는 일찍이 순종이 서북순행을 할 때에 평안북도 의주에 있는 통군정統軍亭이라는 높은 곳에서 조망한 광대한 만주의 광경이 깊이 새겨져 있었다.

이전에 의병군의 암약에 손을 담근 이토는 순종 황제의 권위를 이용해 의병을 위로하려고 마음먹은 적이 있다. 당시 통감이었던 이토는 통감이 지닌 권력의 힘을 빌려 일찍이 구금九禁을 벗어난 적 없는 행렬을 지방에 순행시켜 순종의 모습을 국민에게 보여 동요를 억제시키려고 한 것이다. 순종 황제의 서북순행이 그것이었다.

순종의 서북순행은 이토가 통감직에서 물러나던 해 1월 7일부터 시작되었다.

정궁인 창덕궁을 나선 순종이 탄 마차 뒤에는 이완용 총리대신 이하의 대한 정부 각료들이 탄 쌍두마차 몇 대가 따랐다. 그 뒤에는 이토 통감, 하세가와 조선주차군 사령관, 마루야마 시게토시丸山重俊 경찰총무장 등의 마차다. 행렬의 선두에는 황제 깃발과 조선 왕실 만장이 죽 늘어섰고, 뒤쪽에는 일장기와 통감기가 나부꼈다. 모두 500여 명이었다. 그 행렬을 엄청난 수의 일본군 병사와 헌병이 호위했다.

일행은 남대문정거장에서 경부철도의 궁정 특별 전용차에 올랐다. 순종에게는 황제의 도읍을 떠나는 것도 처음이지만 기차를 타는 것도 첫 경험이었다. 순종은 신기한 얼굴로 주변을 둘러보았다. 일행을 태운 기차는 곧장 조선 남부의 대구와 부산을 향했다. 대구·부산을 순행한 뒤 돌아서 북부를 향했다. 그리고 일행은 개성과 평양, 정주, 선천을 거쳐 의주에 이르렀다. 의주는 압록강을 사이에 두고 만주와 마주하는 국경 고을이다. 순종 이하와 함께 일행도 압록강이 내려다보이는 높은 통군정에 올랐다.

이토는 그곳에서 처음으로 탁 트인 만주의 광야를 눈으로 보았다. 한풍이 눈에 사무쳤다. 그런데 이 광대한 풍광은 이토의 야심을 확실히 사로잡았다. 이 순간 이토는 만주의 다스림을 마음속 깊이 새겼다.

그 후 이토의 눈은 계속해서 만주를 향하고 있었다. 날마다 그 생각은 흥분될 만했다.

통감직을 사임하고 일본으로 돌아온 이토는 체신대신 고토 신페이後藤新平를 통해 러시아 정부 고관과의 접촉을 꾀했다. 고토는 러시아 주재 일본 공사 모토노 이치로本野一郎에게 훈령을 내려 이토의 의향을 러시아 정부에 전했다. 마침 러시아 정부의 대장대신 코코프체프V. N. Kokovsev가 동청철도 시찰을 겸해서 하얼빈으로 간다는 정보를 알아냈다. 즉시 모토노는 코코프체프와 이토의 회견을 타진했다. 러시아 측으로부터의 답변은 수락이었다. 모토노는 그것을 고토에게 보고했다. 이토의 만주행은 결정되었다.

지체하지 않고 만주로 가는 일행의 인선이 이루어졌다. 귀족원의원 무로타 요시아야室田義文, 육군 중장 무라타 준村田淳, 추밀원의장 비서관 후루야 히사쓰나古谷久網, 궁내대신 비서관 모리 다이지로森泰二郞, 의사 고야마 젠小山善 등이 수행하기로 결정되었다. 이토를 제외한 수행원들에게는 유람이라는 기분이 강했다.

10월 14일 이날 일행은 이토의 오이소 별장 소로가쿠에 모여 출발했다. 오이소 역에서 기차를 탄 일행은 곧장 도카이도, 산요도로 내려갔다.

10월 15일 시모노세키의 후지노 여관에서 묵었다. 이 여관에는 별

채의 서양식 건물 슌반로가 있다. 청일전쟁의 종결을 알리는 시모노세키 조약이 14년 전에 이 서양식 건물에서 일본 대표인 이토 일행과 청나라 대표인 이홍장李鴻章 일행 사이에 맺어졌다. 이토는 자주 당시를 그리워했다.

10월 16일 일행은 기선 '데쓰레이마루鐵嶺丸'를 타고 모지항을 뒤로 했다. 갑판에서는 누군가가 멀어져가는 일본의 경치를 감개무량하게 지켜보았다. 이토에게는 이것이 일본을 바라보는 마지막이 되었다.

이틀 뒤인 11월 18일 '데쓰레이마루'는 대련항에 도착했다. 일행은 하얼빈 주재 일본 총영사 가와카미 도시쓰네川上俊彦, 만철총재 나카무라 제코中村是公, 만철필두이사 다나카 세이타로田中淸次郎 등 현지 관민의 환영을 받으며 요동반도 땅을 밟았다.

10월 20일 일행은 여순 전적지를 둘러보았다. 러일전쟁의 한 격전지 203고지에도 올랐다. 많은 생령을 품어버린 이 고지는 긴 세월이 지난 지금도 이상할 만큼 생생했다. 이토는 시 한수를 읊었다.

오랜만에 보는 203고지
일만 팔천 유골을 품고 있는 산
오늘 높은 곳에 올라보니 감개가 무량하다
하늘을 바라보니 산머리에 흰 구름이 둘려 있네

10월 21일 여순을 출발한다. 만철에 올라 요양과 봉천, 무순을 거쳐 25일에는 장춘에 도착했다. 장춘에서 하얼빈까지는 8시간이 채 걸리지 않는 여정이다. 일행은 밤 11시 발 야간 특별열차로 하얼빈을 향했다.

목표물을 향하는 안중근

한편 안중근은 10월 17일, 18일 무렵, 이토가 하얼빈에 온다는 소문을 들었다. 이 시기 안중근은 노보키예프스크에 있었다. 노보키예프스크는 아무래도 정보가 적었다.

그래서 안중근은 10월 19일 급히 블라디보스토크로 갔다. 현지의 한자 신문 〈원동보遠東報〉나 〈대동공보大東共報〉에는 '코코프체프와 이토가 만주로 온다. 하얼빈에서 이들을 맞이한다.'는 기사가 보도되어 있었다. 풍문은 거짓이 아니었다. 이 기사를 보고 안중근은 전신이 떨릴 만큼의 앙분을 느꼈다. 그 앙분은 즉각 이토를 반드시 없애버려야 한다는 결의로 바뀌었다.

그러나 안중근에게는 돈이 없었다. 여비나 숙박비, 식비 등의 활동자금 없이는 움직일 수 없다.

뒤에 안중근은 활동자금으로 손에 넣은 100원을 이석산李錫山에게 빌렸다고 자백했다. 그런데 이 인물의 존재는 수상하다. 실제로는 대동공보신문사 편집주임인 이강李剛 등에게 자금을 받았다. 다만 그들에게 의혹이 미칠 것을 우려해 다른 이름을 대는 세심한 주의를 한 것에 지나지 않았다.

아무튼 활동자금은 마련되었다. 안중근의 머리는 바쁘게 움직였다. 안중근은 만전을 기하기 위해 신뢰할 수 있는 동료를 생각했다. 동료는 블라디보스토크에 있었다. 친구 우덕순禹德淳이었다.

다음은 흉기가 될 무기다. 안중근은 권총 두 자루를 지니고 있었다. 7연발과 6연발 브로닝권총이다. 둘 다 1년쯤 전에 친구 윤치종尹致宗에게 받았다. 권총은 단 한 번 시험 삼아 쏴봤을 뿐이었는데 소년 시절의 절반을 수렵생활로 보낸 안중근에게는 절대라고 말해도 좋을 만큼 자신이 있었다. 안중근은 권총 한 자루를 우덕순에게 주었다.

10월 21일 안중근과 우덕순은 블라디보스토크에서 오전 8시 50분 발 기차로 하얼빈을 향했다. 이토 일행이 여순을 뒤로한 날이다. 기차는 도중의 포크라니치나야 역에서 장시간 정차했다. 그사이에 두 사람은 오래 전부터 알고 지내던 의사 유경견劉敬絹을 찾아갔다. 그의 아들 유동하劉東夏에게 러시아어 통역을 도움받기 위해서였다. 말이 통하지 않고서는 성공을 장담할 수 없다. 그런데 안중근은 유동하에게도 비밀을 말하지 않았다.

전에 안중근은 포크라니치나야의 고향 친구인 정대호鄭大鎬 집에서 머문 적이 있었다. 그때 안중근은 일시 귀국하는 이 친구에게 처자를 데려와 달라고 부탁했다. 고향을 떠난 지 이미 여러 해가 지났으리라. 부인 김아려金亞麗는 그렇다 쳐도 장남인 분도, 차남인 준생俊生은 몇 살이 되었을까? 얼굴도 본 적 없는 딸 현생賢生은?……. 그때의 안중근은 처자를 버리고 나랏일에 분격하는 자신에게 남자로서의 책임을 느꼈다. 그때는 가족과 함께 살 생각이었다.

그런데 지금은 다르다. 우덕순과 함께 포크라니치나야에 도착했을 때 정대호는 안중근의 처자식을 데려오기 위해 귀국해 있었다. 정대호는 그들을 만날 수 없었다. 안중근은 처자가 곧 그 땅에 올 것이라고 생각했다.

그러나 안중근은 억지로 눈앞에 아른거리는 처자의 환각을 지워버렸다. 지금 여기서 계획을 멈출 수는 없었다. 안중근은 마음을 모질게 먹었다.

결국 안중근의 처자식은 의사가 목적을 수행한 다음 날 하얼빈에 도착했다. 운명의 장난이었다. 또는 안중근이 의사 중의 의사라고 칭송받는 그늘에 감춰진 가혹함의 표현일까? 아무튼 안중근은 목적을 위해 비정하게 철저했다.

포크라니치나야를 뒤로한 기차는 10월 22일 밤 9시 15분 하얼빈에 도착했다. 긴 여정이었다. 세 사람은 그날 밤 유경견의 친척인 김성백金成白 씨 댁에서 묵었다. 그때도 안중근에게는 이토가 하얼빈에 오지 않으면 어떡하지 하는 일말의 불안감이 있었다.

10월 23일 그날의 〈원동보〉 조간은 1면 상단에 코코프체프와 이토의 회담에 관한 기사를 두 사람의 얼굴 사진, 경력과 함께 전하고 있었다. 회담은 사흘 뒤인 26일에 이루어진다고 보도되어 있었다. 이것으로 이토가 하얼빈에 오는 것은 확실했다. 안중근은 격정이 복받쳐 오르는 것을 억누를 수 없었다. 그 격정을 안중근은 즉흥시로 종이에 적어 놓았다.

> 장부가 세상에 처함이여 그 뜻이 크도다
> 때가 영웅을 지음이여 영웅이 때를 지으리로다
> 천하를 응시함이여 어느 날에 업을 이룰고
> 동풍이 점점 차짐이여 장사의 의기가 뜨겁도다
> 분개 한번 함이여 반드시 목적을 이루리로다
> 쥐도적 ○○여 어찌 즐겨 목숨을 비길고
> 어찌 이에 이를 줄을 헤아렸으리오 사세事勢가 고연固然하도다
> 동포 동포여 빨리 대업을 이룰지어다
> 만세 만세여 대한독립이로다
> 만세 만세여 대한동포로다

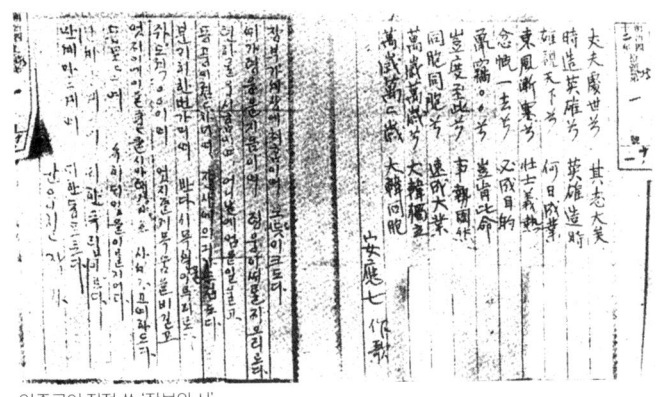
안중근이 직접 쓴 '장부의 시'

쥐도적, 즉 쥐새끼처럼 도둑질하는 ○○여, 여기서의 ○○이 이토를 가리키는 것은 부인할 수 없을 것이다.

그러나 안중근은 더 신중해졌다. 그래서 또 한 사람 조도선曺道先이라는 러시아어에 능통한 남자를 동료로 받아들였다. 안중근은 이 조도선에게도 비밀을 발설하지 않았다.

이튿날 10월 24일 안중근과 우덕순, 조도선 세 사람은 하얼빈 발 오전 9시 열차를 타고 채가구로 향했다. 장춘에서 북쪽으로 올라가는 장거리 열차는 그곳에서 전동차를 교체하기 위해 장시간 정차한다. 안중근은 채가구에서의 결행을 꾀하고 있었다.

그런데 채가구역 부근의 경계는 의외로 삼엄했다. 게다가 열차는 날이 새기 전인 오전 6시 전후에 통과한다. 이토가 열차 밖으로 나오는 것은 도저히 생각할 수 없다. 그럼에도 안중근은 우덕순과 조도선을 채가구에 머물게 해서 만전을 기하고 자신은 하얼빈으로 되돌아갔다.

결과부터 말하면 우덕순과 조도선을 채가구에 머물게 한 것은 아무

소용이 없었다. 이토 일행이 탄 열차가 채가구에 잠시 정차했을 때, 코코프체프와 이토는 잠을 자느라 여전히 숙소의 침대 속에 있었기 때문이다. 암살 결행의 기회는 하얼빈 역만 남았다.

이토 히로부미 암살

10월 26일 오전 9시 30분, 이토 일행이 탄 특별열차가 하얼빈 역으로 미끄러져 들어왔다. 꽤 연착되었다. 열차는 서서히 정차했다.

하얼빈 역 플랫폼에는 코코프체프 대장대신 이하의 러시아 정부 관계자들이 열차가 도착하기를 기다리고 있었다. 그 뒤쪽에는 러시아군 의장병이 정렬해 있었고, 더 오른쪽에는 각국 외교단이나 거류 일본인이 무리지어 있었다. 일본군 헌병의 모습도 적지 않았다. 하얼빈 역에는 긴장된 가운데서도 흥겨운 공기가 흐르고 있었다.

이윽고 코코프체프와 정부 관계자들이 서양풍으로 이루어진 객실, 즉 살롱차 안으로 들어갔다. 그곳에서 코코프체프와 이토는 첫 대면의 의례적인 인사를 나누었다. 양자의 회담은 만철이사 다나카 세이타로가 통역했다.

코코프체프와 이토의 회담은 즉시 끝났다. 먼저 코코프체프가 열차에서 나왔다. 이어 일본인 일행이 모습을 보였다. 거의 전원이 중산모를 손에 들고 외투를 입고 있었다.

플랫폼에 내려선 이토 일행은 코코프체프의 희망에 따라 러시아군 의장병의 열병을 시작했다. 러시아 군악대가 군악을 연주했다. 이토 일행은 천천히 열병을 마치고 그 뒤에 일본인 거류민 일단이 있는 쪽

1909년 10월 26일 오전 9시 30분이 지나는 시각, 하얼빈 역 홈에 내려선 이토 히로부미 일행

으로 방향을 돌렸다.

그 순간 이토는 놀라서 눈이 휘둥그레졌다. 양손에 권총을 든 남자를 봤기 때문이다. 그 남자는 흰색 셔츠에 상의를 걸쳤고 승마바지 차림이었다. 머리에는 헌팅캡을 쓰고 있었다. 안중근이었다.

이날 아침 안중근은 김성백의 집을 나와 하얼빈 역으로 향했다. 품에는 7연발 권총이 숨겨져 있다. 그리고 약간 어두운 역에 도착해서는 일본인 신문기자인 양 행세하며 찻집에 들어가 열차가 도착하기를 기다렸다. 거기서 안중근은 일행을 환영하기 위해 연습하는 군악의 울림과 폭죽 소리를 들었다. 안중근의 마음은 흥분되었지만 조금도 혼란스럽지 않았다.

안중근은 이토의 얼굴을 잘 모르고 있었다. 신문에서 본 것이 전부였다. 그런 얼굴 생김새의 일본인 우두머리가 점점 다가온다. 안중근은 설레는 가슴을 억누르며 권총을 확인했다.

이윽고 기적과 함께 열차가 도착했다. 차가운 바람에 가는 눈발이 흩날리고 있었다.

안중근은 일본인 거류민 일단의 뒤쪽을 돌아서

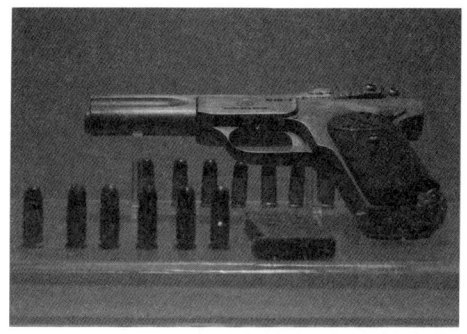
안중근이 사용한 브라우닝 권총과 탄환

들어갔다. 이토는 러시아군 의장병의 열병을 마치고 일본인 거류민단 쪽으로 방향을 돌렸다. 정확히 그곳은 러시아군 의장병과 일본인 거류민단의 경계였다.

안중근은 일행의 선두에 선 흰 수염을 기른 키 작은 노인이 이토라고 순간적으로 판단했다. 이후 안중근의 행동은 매우 민첩해졌다.

안중근은 러시아 병사를 좌우로 밀어젖히고 몇 발작 앞으로 나아갔다. 이미 권총은 양손에 들려 있었다. 이토와의 거리는 4미터도 채 되지 않았다. 오른손 집게손가락은 방아쇠에 걸쳐 있었다. 안중근은 연달아 세 번 방아쇠를 당겼다. 세 발의 실탄은 이토의 외투를 뚫고 들어갔다. 키 작은 노인은 쓰러질 듯 비틀거렸다. 그것을 귀족원의 원 무로타가 황급히 막아냈다. 그런데 지탱하지 못하고 노인은 무너지듯 쓰러졌다.

이어 안중근은 수행원들을 향해 세 발을 발사했다. 수행원들은 유혈이 낭자한 채 비명을 질렀다. 총성과 비명은 군악의 울림과 폭죽 소리로 반쯤 사라졌다.

다음 순간 안중근은 이루 형언할 수 없는 충족감에 감싸였다. 반응은 확실했다. 본심을 이룬 자에게만 주어지는 희열이 안중근을 엄습했다.

"대한국 만세!"

안중근 주위에 있던 사람들은 저격자가 외치는 소리를 그렇게 들었다. 러시아어 같았다. 이미 안중근은 러시아군 장병에게 압도되어 꽉 막혀 있다. 권총도 팽개쳐진 상태였다. 그런데도 안중근은 만세를 외쳤다. 세 번째 외치기를 할 때, 러시아 병사의 구두가 안중근의 입을 틀어막았다.

그사이에 이토의 신체는 나카무라 요시코토中村是公 일행에 의해 열차 안으로 옮겨졌다. 곧바로 수행 의사 고야마가 이토의 옷을 벗기고 붕대를 감았다. 하얼빈 거류민단 의사 모리 다다시森矯도 뛰어와 시시각각 피로 물든 붕대를 살폈다. 코코프체프도 걱정스러운 듯이 얼굴을 내밀고 들여다보았다. 그런데 아무래도 손쓸 수 없는 상태가 된 것은 역력했다.

안중근이 이토를 겨냥해 쏜 실탄은 세 발이다. 한 발은 오른팔 상박부 중앙 바깥쪽에서 관통해 늑골 사이를 지나 왼쪽 폐에 박혔다. 또 한 발은 오른쪽 팔꿈치 관절에서 늑골 사이로 들어가 흉복부를 관통해 왼쪽 늑골 아래서 멈췄다. 세 번째 총탄은 오른쪽 늑골 옆을 관통해 복부로 들어가 왼쪽 복근에 박혔다. 모두 생명을 앗아가기에 충분한 상처였다.

이토는 고야마 의사가 권한 브랜드를 한잔 마시고, 또 한잔을 간신히 마셨는데, 세 번째 잔은 잘 받으려고도 하지 않았다. 고야마 의사가 세 번째 브랜드를 권했을 때 이토의 얼굴이 갑자기 창백해졌다. 부상을 당한 지 30분이 지나고 있었다. 이토는 작은 신음을 하면서 눈을 감았다. 그리고 그 눈은 두 번 다시 열리지 않았다. 때는 오전 10시, 이토 69세 생애의 막이 끝났다.

여기서 안중근이 권총을 쏜 뒤의 실탄 세 발의 행방을 추적해보자.
한 발은 가와카미 총영사의 팔을 관통했고, 또 한 발은 다나카 만철이사의 발뒤꿈치에 맞았으며, 마지막 한 발은 모리 비서관의 팔과 어깨에 상처를 냈다. 세 발 모두 치명상이라고 할 만큼의 상처는 아니다. 이 사실은 안중근이 목표를 이토 한 사람에게 맞추고 있었음을 변증적으로 말해주는 증거라고 해도 좋을 것이다.
곧 하얼빈 역 앞의 혼란은 수습되었다. 안중근은 러시아 장병에게 끌려가 역사 안의 러시아 헌병대 파견소로 모습이 사라졌다.
한편 이토의 유체와 부상자들을 태운 특별열차는 분주하게 장춘으로 되돌아가고 있었다. 그 열차를 코코프체프 이하의 러시아 정부 관계자들이 복잡한 표정으로 지켜보고 있다.
아직 죽기 직전의 이토는 범인이 조선인이라는 말을 듣고 "바보 같은 놈"이라고 중얼거렸다고 한다. 고마쓰 미도리小松綠의《이토 히로부미전》에는 이것이 마지막 말이었다.
그러나 가와카미 도시히코川上俊彦 총영사가 남긴《이토 히로부미 공》에는 그런 말이 없다. 대신에 "나는 살아나기 힘들 것 같네! 또 누구 다른 부상자가 있는가?"라고 말했다고 한다.
어느 쪽이 옳은지 단정하기는 어렵지만 아마 후자가 자연스러울 것이다. 그렇지만 두 책에 나타난 기술상의 차이는 대단히 중요한 의미를 지니고 있었다.
이토를 잃은 뒤의 일본 정부는 전에 결정된 조선병합을 목적으로

하는 대한 정책을 구체적으로 추진하는 데 혈안이 되었다. 거기에는 조선인은 바보 같은 놈, 조선 민족은 어리석은 민족이라는 인상을 심어두는 게 여러 모로 좋을 듯하다. 다시 말하면 안중근은 망국의 방아쇠를 당긴 어리석은 자이며, 조선병합은 자업자득이라는 대강의 줄거리를 만들어 정당화를 지향한 것이었다.

일한병합조약

이토 히로부미 국장

이토의 유체와 부상자들을 태운 특별열차는 사건 당일인 10월 26일 한밤중에 대련으로 돌아왔다. 이토의 유체는 즉각 일본 해군의 순양함 '아키쓰시마秋津洲'로 옮겨졌다.

'아키쓰시마'가 요코스카 항에 도착한 것은 11월 1일이었다. 이튿날 이토의 유체는 그곳에서 대형 영구에 실려 기차로 도쿄를 향했다. 영구는 신바시 정거장에서 마차에 옮겨져 같은 날 오후 2시 40분에 아자부 레이난자카의 추밀원의장 관저로 운반되었다.

이틀 뒤 11월 4일 오전 11시 30분부터 히비야 장례식장에서 이토의 국장이 집행되었다. 유체는 더 큰 상여로 옮겨져 많은 사람들의 어깨에 매여 추밀원의장 관저에서 장례식장으로 운반되었다.

이 국장에는 가쓰라 총신대신 이하의 관료들을 비롯해 각국 대사와 공사가 참석했다. 데라우치 마사다케寺內正毅 육군대신, 사이토 마코

이토 히로부미의 유체는 거대한 영여로 옮겨져 히비야 장례식장을 향했다.

齋藤實 해군대신, 노기 마레스케乃木希典 육군대장, 도고 헤이하치로東鄕平八郞 해군대장, 야마모토 곤노효에山本權兵衛 해군대장의 모습도 있었다. 또 야마가타 아리토모山縣有朋, 오야마 이와오大山巖, 마쓰카타 마사요시松方正義, 이노우에 가오루井上馨 등 원로들의 얼굴도 보였다. 특히 이토와 문경지우였던 이노우에의 얼굴에는 낙담한 빛이 역력했다. 그동안 이노우에와 이토는 조선 침략에 대한 이야기를 나눌 기회가 적지 않았다.

  신문과 잡지는 앞다투어 이토의 위업을 칭송하는 기사를 실었다. 추밀원 고문관 오쿠마 시게노부大隈重信는 이토가 희대의 대정치가였다고 격찬했고, 문학박사 이노우에 데쓰지로井上哲次郞는 동양의 비스마르크였다고 치켜세웠다. 이런 기사는 이토의 허상밖에 모르는 일본 국민에게 지극히 당연한 말로 받아들여졌다. 그와 동시에 희대의 영웅을 살해한 범인이 조선인이었다는 기사가 보도되자 조선 민족에 대한 멸시의 감정이 한층 더해졌다.

바로 그 무렵 여순에 있는 관동도독부 지방법원의 옥중에서는 이토의 죄과를 기록으로 열거하는 옥수獄囚가 있었다. 안중근이었다. 안중근은 이토의 국장이 이틀 지난 11월 6일 그것을 작성했다. 이토의 죄과는 15개 조에 이르렀다.

거기에 약간의 주석을 붙여가면서 읽어보자. 15개조에는 '늑勒'과 '간干'이라는 글자가 자주 나오는데, '늑'에는 결박하다, 죄다, 억누르다의 뜻이 있고, '간'에는 범하다, 거스르다, 등지다의 뜻이 있다. 특히 여기서의 경우는 '무리하게 강제했다'고 해석해도 틀리지 않는다.

첫째는 一千八百九十五年 使人於韓國 驅兵突入干皇宮 大韓皇后陛下 弑害事(일천팔백구십오년 사인어한국 구병돌입간황궁 대한황후폐하 시해사)다. 대한황후 폐하 시해, 명성황후, 즉 민비 암살을 가리킨다. 이 사건은 조선 주재 일본 공사 미우라 고로三浦梧樓의 지휘로 1895년 10월 8일 이른 아침에 이루어졌는데, 당시 이토는 일본 정부의 최고 책임자인 총리대신이었다. 안중근은 그 책임을 추궁하고 있다.

둘째는 一千九百五年 以兵力突入干大韓皇宮 威脅皇帝陛下 勒定五條約事(일천구백오년 이병력돌입간대한황궁 위협황제폐하 늑정오조약사)다. 1905년 11월 17일 일본군이 갑자기 왕궁에 뛰어들어 고종을 위협하고 강제로 을사조약을 체결한 일을 가리킨다. 이때 이토는 각 대신들을 개별적으로 협박해 대한국의 외교권을 박탈하는 조약에 조인하게 했다.

셋째는 一千九百七年 更加兵力突入干大韓皇宮 拔劍威脅 勒定七條約 大韓皇帝陛下 廢位事(일천구백칠년 갱가병력돌입간대한황궁 발검위협 늑정칠조약 대한황제폐하 폐위사)다. 헤이그 특사 사건을 계기로 고종을 강제로 퇴위시키고, 그때의 혼란을 틈타 강제로 밀어붙여 정미7조약을 체결한 일을 가리킨다. 1907년 7월 24일의 일이다. 일본은 이 조약으로 대한국의 내정감독권을 빼앗았다. 게다가 이토는 조선의 육군도 해산시켰다.

넷째는 韓國內 山林 川澤 鑛山 鐵道 漁業 農商 工業等 十一勒奪事(한국 내 산림·천택·광산·철도·어업·농상·공업 등 십일늑탈사)다. 조선 국내의 각종 이권을 강제로 빼앗은 일을 가리킨다. 이토가 통치하던 시대에 일본은 11종류의 이권을 수탈했다.

다섯째는 所謂 第一銀行券勒用 且擾行干韓國內地 枯渴全國財政事(소위 제일은행권늑용 차우행간한국내지 고갈전국재정사)다. 제일은행권, 즉 일본 통화를 무제한 통용시켜 재정을 극도로 어렵게 한 일을 가리킨다. 사실 일본 통화의 통용은 조선의 물가를 대책 없이 높여 관민 모두가 매우 어려운 생활을 했다.

여섯째는 國債一千三百萬圓 勒負干韓國事(국채일천삼백만원 늑부간한국사)다. 거액의 국채를 무리하게 인수하게 한 일을 가리킨다. 이토는 조선의 국가 재정을 모조리 무너뜨려 망하게 할 목적으로 이것을 무리하게 강요했다.

일곱째는 韓國內地學校書冊壓收燒火 內外國新聞不傳干民人等事(한국내지학교서책압수소화 내외국신문부전간민인등사)다. 학교 서적을 강제로 압수해 소각한 일과 내외의 신문 등이 국민에게 전달되지 못하도록 한 일을 가리킨다. 말하자면 신문지법, 출판법, 보안법의 강제 시행이 그것이었다. 이런 법률에는 원고도 사전에 검열을 받게 되어 있었다.

여덟째는 韓國內地 許多義士蜂起 慾復國權者 稱以暴徒 或砲或絞 殺戮

不絶 甚至於義士家眷 前後屠戮十餘萬人事(한국내지 허다의사봉기 욕복국권자 칭이폭도 혹포혹교 살육부절 심지어의사가권 전후도륙십여만인사)다. 국권 회복을 위해 봉기한 의병을 폭도로 간주해 총살하거나 교살한 일을 가리킨다. 심지어는 의병 가족까지도 살육했는데 그 수는 10만을 넘었다.

아홉째는 韓國靑年 外國留學 禁止事(한국청년 외국유학 금지사)다. 조선 청년들의 외국 유학을 금지시킨 일을 가리킨다. 이 금지령으로 조선 청년들은 학문적 자유를 빼앗겼다.

열째는 所謂 韓國政府大官五賊七賊等 與一進會輩 締結韓人 慾受日本保護云云事(소위 한국정부대관오적칠적등 여일진회배 체결한인 욕수일본보호운운사)다. 부패한 정부 고관, 즉 5적과 7적, 친일단체인 일진회 간부를 포섭해 조선인은 일본인의 보호가 필요하다고 전파시킨 일을 가리킨다. 이토는 이 구실을 이용해 일한병합으로 이어갈 생각이었다.

열한째는 一千九百九年 更爲勒定五條約事(일천구백구년 갱위늑정오조약사)다. 대한국의 사법과 감옥 사무의 위탁에 관한 각서를 억지로 인정하게 한 일을 가리킨다. 이 사법권을 탈발하는 각서는 1909년 7월 12일 소네 신임통감이 주고받았는데 실제로 미리 준비해둔 것은 이토였다.

열두째는 韓國三千里彊土 欲爲屬邦於日本之樣 宣言事(한국삼천리강토 욕위속방어일본지양 선언사)다. 대한국 영토를 마치 일본의 속국인 것처럼 선전한 일을 가리킨다. 이는 이토에게 한정된 것은 아니다. 조선의 식민지화를 획책했던 일본인들은 대부분이 소리 높여 이처럼 선전했다.

열셋째는 韓國自一千九百五年 都無安日 二千萬生靈 哭聲振天 殺戮不

絶 砲聲彈雨 到今不息(한국자일천구백오년 도무안일 이천만생령 곡성진천 살육부절 포성탄우 도금불식)이다. '제2차 한일협약', 다시 말하면 '을사조약' 체결 이후 2천만 생령의 통곡이 하늘을 흔들었고, 지금에 이르러서도 포성과 살육이 끊이지 않는 일을 가리킨다. 사실 이 조약이 계기가 되어 의병 봉기가 활발해졌다. 의병의 항일투쟁은 이 시기에도 산발적으로 계속되었다.

열넷째는 然 猶獨伊藤 韓國以太平無事之樣 上顯明治天皇事(연 유독이등 한국이태평무사지양 상현명치천황사)다. 이토가 대한국은 평화롭다고 메이지 천황을 속인 일을 가리킨다. 그래서 동양의 평화는 깨지고 미래는 수억 명이 멸망을 면치 못할 것이라고 예측하고 있었다.

열다섯째는 一千八百六十七年六月 日本明治帝 父親 弑殺大逆 不道事 (일천팔백육십칠년유월 일본명치제 부친 시살대역 부도사)다. 이토가 메이지 천황의 아버지 고메이孝明 천황을 살해한 일을 가리킨다.

이상 15개조 가운데서 마지막 열다섯째는 안중근의 생각과 다르다. 당시 이토는 궁중에 출입할 수 있는 신분이 아니었다. 아마 이와쿠라 도모미岩倉具視가 의심받았던 것을 착각한 듯하다.

그런데 다른 14개조는 모두 틀림없는 사실이다. 이것이 이토의 실상實像이라고 잘라 말해도 좋다. 조선인에게 이토는 반드시 죽어 없어져야 할 인물이었다.

이토의 죄상을 섞어 널어한 안중근은 새삼 하얼빈 역에서의 사건을 떠올렸다. 이토 암살에 대한 기억은 지금도 매우 선명했다.

안중근 심문과 최후 진술

이토를 사살한 안중근은 러시아 장병에게 붙잡혀 하얼빈 역사의 러시아군 헌병대 파견소로 끌려갔다. 거기서 여러 장의 사진을 찍은 뒤 주소, 성명, 연령, 직업 등 간단한 취조를 받았다. 그런데 러시아인 취조관은 러시아어가 잘 통하지 않는 안중근에게 애를 먹었다.

그런 가운데서도 러시아인 취조관은 가해자가 조선인이고 피해자가 일본인이라는 것을 알았다. 사건 현장은 청나라 영토다. 그 범인을 사건과 큰 관계가 없는 러시아인이 취조하고 있는 데에도 의문을 가졌다. 범인은 관계국에 넘겨야 했다. 안중근의 신병은 곧바로 일본 영사관으로 이송되었다. 하얼빈 주재 총영사 가와카미는 사건이 일어났을 때 부상을 입었기 때문에 자리에 없었는데, 아무튼 영사관 직원들이 안중근의 신병을 인수해 맡았다.

이틀 뒤인 10월 28일 여순 관동도독부의 지방법원 검찰관 미조부치 다카오溝淵孝雄 일행이 하얼빈의 일본 영사관으로 달려왔다. 그리고 30일이 되어서야 비로소 미조부치 검찰관이 안중근을 심문했다. 안중근에 대한 심문은 촉탁 통역 노소키 스에요시園木末喜가 맡았고, 그 문답은 서기관 기시다 아이분岸田愛文이 일일이 기록했다.

먼저 미조부치 검찰관은 안중근의 성명, 연령, 직업, 출신지를 물었다. 종교도 물었다. 안중근은 이름은 안응칠, 나이는 30세, 직업은 사냥, 출신지는 황해도 해주읍이라고 답했다. 종교에 대해서는 천주교, 즉 가톨릭 신자라고 정직하게 답했다. 그러나 부모와 처자는 있는가라는 질문에 대해서는 머리를 가로저었다. 자신의 가족과 친족에 의혹이 미칠 것을 우려했던 것이다.

뒤에 안중근은 직업이 의병군 참모중장이라고 정정했다. 이토의 살해를 단순한 자객으로서가 아니라 군인으로서의 행위였음을 분명히 했다. 군인으로 살인을 하고 포로가 된 것이라면 만국 공법에 따라 정당한 재판이 이루어질 것이라고 생각했는지도 모른다. 그러나 재판은 점점 부당한 방향으로 흘러가고 있었다.

  11월 1일 안중근은 15명의 용의자들과 함께 여순에 있는 관동도독부 지방법원 감옥으로 보내졌다. 용의자로 체포된 사람들 가운데는 우덕순禹德淳과 조도선曹道先, 유동하劉東夏, 정대호鄭大鎬 등이 있었다. 얼굴을 알 수 없는 사람들도 있었다. 이들은 일본군 헌병의 엄중한 경호 아래 장춘을 거쳐 11월 30일 여순에 도착했다. 관동도독부 전옥 구리하라 사다기치栗原貞吉와 지방법원 재판장 마나베 주조眞鍋十藏가 일동을 맡았다. 안중근이 수감된 곳은 대련의 여순형무소 3동 9호실, 수감번호는 26번이었다.

  이들 일동을 이송할 때 사건이 있었다. 기차가 어느 역에 도착했을 때의 일이다. 정차중인 열차에 한 일본인 순사가 올라왔다. 그 순사는 성큼성큼 다가오더니 갑자기 안중근의 얼굴을 때렸다. 물론 안중근의 손발은 자유를 빼앗긴 상태였다.

  안중근은 얼굴을 돌렸다. 그런데 그 이상 어쩔 수 없었다. 호송중인 헌병이 눈치 채고 당황해서 황급히 말렸다. 다만 그런 일이 있었는데 안중근에게는 일본 민족은 어쩔 수 없다는 생각이 들었다.

  이윽고 옥중 생활이 시작되었다. 심문과 응답으로 세월을 보내는 매일이었다. 그간에 안중근은 이토의 죄과 15개조를 적어 열거했다. 안중근이 열거한 이토의 죄과를 나타낸 고소장은 마나베 재판장이나 미조부치 검찰관 등 일본인 법관들을 매우 경악하게 했다. 마나베 재판장은 안중근이 지방법관으로는 감당할 수 없는 범인임을 깨달았다. 미조부치 검찰관도 동감이었다. 마나베 재판장과 미조부치 검찰관은 안중근의 고소장을 외무성 메모지에 필사시켜 자신들이 느낀 내용과 함께 이구동성으로 일본 정부에 보고했다. 여순으로부터의 보고가 도쿄의 외무성에 도착했다. 외무대신 고무라도 여순에서 온 보고를 통해 안중근이 심상치 않음을 예리하게 감지했다.

무엇보다 고무라는 조선병합이라는 대업 앞에 안중근이 일으킨 사건과 그 영향이 대한국 내외에 파급될 것을 극도로 경계했다. 그래서 고무라는 현지의 사정을 자세히 조사시키기 위해 서둘러 외무성 정무국장 구라치 데쓰키치倉知鐵道를 여순으로 급파했다. 이 구라치가 훗날 강행한 일한병합조약의 초안을 작성한 인물임은 이미 말했다.

한편 한성의 통감부도 안중근이 일으킨 사건에 신경이 날카로워졌다. 소네 통감은 통감부 경보국 경시 사카이 마쓰타로境益太郞를 여순으로 급히 파견했다. 사카이 경시는 민비 암살 사건 때에는 공사관 소속 경찰관 오기하라 히데지로荻原秀次郞 아래서 적극적으로 가담한 인물이다. 이 경찰관은 조선어가 능숙했다. 소네는 배후에 러시아가 있을지도 모른다는 의심을 하고 있었다.

그러나 구라치 정무국장이나 사카이 경시가 몇 번씩 기를 쓰고 취조해도 새로운 사실이나 배후 관계는 나오지 않았다. 오히려 일본인 취조관들은 안중근에게 크게 휘둘렸다. 논리의 차원이 너무 달랐다. 안중근은 이토의 암살을 축으로 대한국 존속설부터 동양평화론까지 전개했다. 이 주장에는 하나도 틀린 부분이 없었다. 안중근을 요인 살인 사건의 흉악범으로만 보는 취조관들에게 이 논객이 전개하는 큰

이론은 너무 동떨어져 있었다.

구라치 정무국장은 곤혹스러웠다. 안중근이라는 인물에게 현혹되어 있었다고 해도 좋다. 구라치 정무국장은 고무라 앞으로 심문 경위를 보고하고 아울러 안중근 죄과의 처치에 대한 지시를 받았다. 고무라에게 보내는 전신은 11월 30일에 발신되었다.

구라치 정무국장이 고무라 외무대신에게 보낸 전보문에는 이미 지방법원의 조사에서는 새로운 사실이 나오지 않고 있다는 점, 또 법원 내에서는 무기징역이라는 소리가 있다는 점 등이 기록되어 있었다. 사실 마나베 재판장이나 미조부치 검찰관은 무기징역 정도가 타당하다는 견해를 갖고 있었다. 이 두 사람은 세계 각국의 판례에 비추어 적어도 사형은 있을 수 없다는 판단을 내리고 있었다. 구라치 정무국장의 서면에는 사법의 공기를 은근히 비난하고 암암리에 행정의 개입을 요구하는 듯한 여운이 담겨 있었다.

12월 2일 고무라에게서 답전이 왔다.

"정부에서는 안중근의 범행은 매우 중대하므로 징악의 정신에 따라 극형에 처해야 할 사건이라고 생각한다."

고무라는 사법을 유린하러 나섰다. 사법이 뭐라고 하든 고무라는 안중근을 반드시 극형에 처할 작정이었다. 소위 본보기 징계다. 그리고 고무라는 그것이 그 후의 조선 통치에 없어서는 안 될 반드시 요구되는 현실이라고 믿어 의심치 않았다.

얼마 지나지 않아 해가 바뀌었다. 1910년이다.

그해 1월 26일 안중근에 대한 열한 차례에 걸친 심문이 끝났다. 이어 2월 7일부터 공판이 시작되었다. 그러나 고무라 외무대신으로부터 비밀 지령을 받은 뒤의 재판은 모두가 연극일 수밖에 없었다. 그 비밀을 모르는 사람들만 어디까지나 정직한 자세를 관철하려고 했다.

가령 관선변호사 가마타 마사히로鎌田正浩는 이 재판은 세계가 주목하고 있으며, 을사조약에 의거해 대한국 법령에 따라 보호받아야 한다고 주장했다. 다시 말하면 일본의 형법은 적용할 수 없다고 말했다. 대한국의 형법에는 외국에서의 범죄에 대한 벌칙이 없었기 때문이다. 가마타 변호사의 이 변론은 넘칠 만큼 매우 두드러진 데가 있었다.

또 다른 관선변호사 미즈노 기치타로水野吉太郎는 이토도 젊은 시절에는 이나가와 영국 공사관에 불을 질렀던, 안중근과 똑같은 과격 행위를 문제 삼았다. 젊음의 소치탓이라면 정상 참작의 여지가 있다는 논법인 것이다. 미즈노 변호사는 징역 3년이 타당하다는 의견을 냈다.

그러나 두 변호사의 변론은 모두 쓸모없게 되었다. 마나베 재판장이 모두 기각했기 때문이다. 이제 안중근 이하 각 피고의 최후 진술만 남았다.

2월 12일 다섯 차례에 이르는 공판이 끝났다. 그 후에 가마타와 미즈노 두 변호사에 의한 최후 변론이 이루어졌고, 이어 피고들이 최후 진술을 할 수 있는 자리를 가졌다.

각 피고의 최후 진술은 먼저 유동하가 했고 조도선과 우덕순 순으로 이루어졌다. 유동하와 조도선은 사건과 관계없음을 진술했고, 우덕순은 일본 천황 폐하가 일본인과 조선인을 평등하게 취급해 대한국 보호를 확실히 해주기를 바란다는 말을 했다.

그리고 안중근이 일어섰다. 안중근은 숨을 크게 들이마시고 나서 가슴을 펴고 분명히 자신의 신념을 당당하게 표현했다. 그 진술은 족히 한 시간을 넘었다. 그간 안중근의 자세는 조금도 흐트러짐 없었고, 말도 어지럽지 않았으며, 목소리에도 힘이 가득 차 있었다.

안중근은 말했다.

"조선인 한 명을 살해하면 10명, 열 명을 살해하면 100명, 백 명을 살해하면 1,000명의 의병이 일어난다. 한 번에 이루어지지 않으면 100번, 내년이 안 되면 100년 후, 자식이 할 수 없으면 손자까지 싸워 반드시 조국을 독립시킨다. 대한국 2천만 모두의 목숨이 끊어지지 않는 한 우리 국토를 빼앗을 수 없다. 단 한 명이 국가를 구하는 일도 있다. 그것이 우리 민족의 피다!"

이틀이 지났다. 2월 14일이다. 이날 오전 10시 30분, 마나베 재판장은 4명의 피고에게 판결을 내렸다.

안중근 사형.

우덕순 징역 3년.

조도순 및 유동하 각각 징역 1년 6개월.

다른 사람들은 모르겠지만 안중근은 이 판결을 태연히 들었다. 처음부터 죽음은 각오하고 있었다. 안중근은 구태여 고등법원에 공소하지 않았다.

죽음을 선고받은 안중근은 이상한 평온함에 감싸였다. 그 죽음이 언제 올지는 알 수 없다. 그런데 안중근을 감싸고 있는 평온함은 날마다 점점 더 커지고 있었다.

안중근은 세상에 이름을 남기기 위해 자서전을 쓰기 시작했다. 제목은 《안응칠역사》라고 붙였다. 안중근은 조선사를 배경으로 자서전을 엮어가면서 곳곳에 자신이 지녀온 신념을 써넣었다. 안응칠역사는 3월 상순에 쓰기 시작했다.

이어 안중근은 《동양평화론》 집필에 매달렸다. 이 논문은 안중근의 피와 살의 외침이 될 터였다. 하지만 앞 장章을 막 끝마쳤을 때 안중근은 죽음의 날이 다가오고 있음을 감지했다.

안중근은 죽기 전에 꼭 만나고 싶은 사람이 있었다. 홍석구洪錫九 신부와 두 동생 안정근安定根과 안공근安恭根이었다. 홍석구 신부는 안중근이 17세 때 세례를 준 요셉 빌헬름Joseph Wilhelm이라는 프랑스인 선교사다. 안중근은 이 신부의 인격에 매료되어 신앙의 길로 들어섰다. 그리고 안정근과 안공근은 형이 없는 평안남도 진남포 자택에서 안가安家의 가훈 '정의正義'를 소중히 여기는 동생들이었다. 이들을 만나고 싶어 하는 안중근의 바람은 받아들여졌다.

3월 8일 홍석구 신부와 동생들이 면회를 왔다. 동생들은 전년도 12월 17일에도, 또 3월 24일에도 진남포에서 그 멀리 떨어진 여순을 찾아왔다. 안중근은 동생들을 만났어도 불평이나 유언을 일체 말하지 않았다. 그저 슬퍼하는 아우들을 향해 남자로 이 세상에 태어나 조국과 민중에게 모든 것을 바쳤는데 무슨 슬픔이 있겠는가, 라고만 말했다.

한편 홍석구 신부는 3월 9일부터 이틀간 고해성사와 미사성찬, 성채성사를 계획했다. 짙은 보랏빛 성스런 천을 머리에 쓴 신부가 그리스도의 몸을 이루어 안중근의 고백을 듣고, 미사의식을 하고, 만찬을 함께하는 것이다. 의식은 여러 옥리獄吏들이 지켜보는 가운데 엄숙히 이루어졌다. 그 속에서 안중근 한 사람만 깊은 평온함을 얻고 있었다.

아무튼 안중근의 옥중 생활은 5개월간에 이르렀다. 그사이 안중근의 명필 글씨가 법원 내에 알려졌다. 미나베 재판장이나 미조부치 검찰관은 말할 것도 없고 서기관이나 통역, 전옥, 간수도 안중근의 글씨를 가질 수 있기를 자주 원했다. 다케우치 가쓰에竹內勝衛 서기관, 노소키 스에요시園木末喜 통역, 구리하라 사다기치栗原貞吉 전옥, 지바 도시치千葉十七 간수 등이 그 사람들이다. 안중근의 글씨는 묵흔의 선명함은 물론 글씨의 획에서 드러나는 넘치는 힘은 보는 이의 혼을 뒤흔들고 있었다.

다음은 안중근이 남긴 유묵의 일부다.

見利思義見危授命
이로움을 보았을 때에는 정의를 생각하고
위태로움을 당했을 때에는 목숨을 바쳐라

丈夫雖死心如鐵義士臨危氣似雲
장부는 비록 죽을지라도 마음이 쇠와 같고
의사는 위태로움에 임할지라도 기운이 구름 같도다

一日不讀書口中生荊棘
하루라도 글을 읽지 않으면 입안에 가시가 돋는다

東洋大勢思杳玄　동양대세 생각하매 아득하고 어둡거니
有志男兒豈安眠　뜻 있는 사나이 편한 잠을 어이 자리
和局未成猶慷慨　평화시국 못 이룸이 이리도 슬픈지고
政略不改眞可憐　침략전쟁 안 고치니 참으로 가엽도다

그리고 안중근은 모든 글씨에 '경술 2월' 또는 '경술 3월'이라고 써서 연월을 표시했고, 여순 옥중에서 대한국인 안중근 씀於旅順獄中 大韓國人 安重根書이라고 써넣었다. 더욱이 이 글씨가 자신의 것임을 분명히 하기 위해 본문 한편에 왼쪽 손도장을 찍었다. 거기에는 약손가락 끝마디가 없다. 단지동맹을 할 때 잘라버렸기 때문이다.

사형 집행 5분전, 조선복으로 갈아입은 안중근

3월 26일이 되었다.

이날 아침 안중근은 오전 10시에 형이 집행되는 것을 알았다. 이토의 기일이 고의로 선정되었다. 사형 집행 시각까지도 이토가 절명한 시각에 맞추어져 있었다. 조선인의 소행을 도드라지게 하기 위한 공작이다. 안중근은 쓴웃음을 지었다. 일본인은 도저히 구제불능이라고 생각했다.

오전 9시가 지나는 시각, 안중근은 순백의 조선옷으로 갈아입었다. 여순 감옥의 일본인들은 그것을 허락했다. 이때 안중근은 일본인이 조선인의 소행을 돋보이게 하려고 하자 조선인으로서 조선 민족의 자부심을 나타내려고 한 것인지도 모른다. 순백의 조선옷이 그것이다. 조선 민족은 예부터 백의민족이라고 일컬어진다. 죽음에 임해서 흰옷을 입고 생을 마치는 것은 행복이기도 했다.

조선옷을 입은 안중근을 보고 간수 지바가 흐느껴 울었다. 지바 간수는 미야기현 출신의 육군 헌병 상등병이기도 하다. 이 간수는 하얼빈 이후 밤낮 없이 안중근을 대해왔다. 지바 간수도 자주 글씨를 써 달라고 졸랐다. 그러나 안중근은 마음이 내키지 않는다는 이유로 계속 거절했다.

그런데 이날의 안중근은 붓을 들고 재양틀 종이에 "위국헌신군인본분爲國獻身軍人本分"이라고 크게 써서 지바 간수에게 건넸다. 군인의 본분은 국가를 위해 몸을 바치는 데 있다는 뜻이다. 이어 안중근은 "신세를 많이 졌습니다. 다시 태어나 또 만나고 싶습니다"라고 예를 갖추었다. 그 순간 지바 간수의 흐느낌은 통곡으로 바뀌었다.

이윽고 안중근은 감방을 나왔다. 여순 감옥의 형장은 더 깊숙한 곳에 있다. 안중근은 많은 옥리들에게 둘러싸여 그 방향으로 사라지고 있었다. 그것이 겨우 31세로 이 세상을 떠난 조선 제일의 의사, 안중

안중근 유묵을 새긴 비석. 지바 도시치의 보다이지菩薩寺 다이린지大林寺에 남아 있다(미야기현 구리하라시 와카야나기초).

근의 마지막 모습이었다.

지바는 병가제대 후 군을 떠날 때 안중근 유묵을 일본으로 가지고 왔다. 그리고 그것은 전후에 서울의 남산 중턱에 건립된 안중근의사 기념관에 반환되었다.

이완용 암살 사건

안중근의 목숨은 형장의 이슬로 사라졌다. 그런데 그 영향을 받은 의거의 정신은 한층 격렬히 타올랐다.

그 전해가 저물녘에도 한성에서 습격 사건이 일어났다. '이완용 총리대신 암살 미수 사건'이 그것이다.

이완용은 1905년 을사조약 때 그것을 필사적으로 반대하는 참정대신 한규설韓圭卨을 적수로 돌리고 적극적으로 찬성파의 입장을 취했다. 이 조약으로 조선은 외교권을 잃었다. 찬성파 대신은 5명이었다. 이후 그 5명은 '을사오적'으로 불리며 매국노라는 낙인이 찍혔다. 그때부터 매국노는 자객의 표적이 되었다.

그런데 이완용은 그 후에도 친일적인 태도를 버리지 못하고 이토를 비롯한 통감부 일본인들에게 끈덕지게 빌붙었다. 몸을 지키기 위해서이기도 했다. 한편 일본도 이완용의 이용 가치를 인정했다. 그리고 이완용은 정미7조약 직전에 일본의 후원으로 학부대신에서 총리대신으로 승진했다.

그 총리대신을 이재명李在明이라는 스물두 살의 청년이 습격했다. 이재명은 미국에 거주할 때 재미 조선인이 조직한 샌프란시스코의 결사

'공립협회'에 소속되어 있었다. 그 후 1907년 10월에 귀국했는데, 이 듬해인 3월 23일 장인환과 전명운에 의한 스티븐스 암살 사건이 일어났다. 이재명은 친일파 대한 정부 요인을 숙청하기로 결심했다. 지목한 인물은 이완용 총리대신이었다.

그때부터 이재명은 집요하게 이완용을 쫓아다니며 기회를 노렸다. 그런데 이완용 신변의 경계는 한 치의 틈도 없었다. 늘 많은 경비관들에게 둘러싸여 있어 접근할 기회가 없었다. 고종의 퇴위를 계기로 발생한 폭동으로 인해 이완용 집이 불타버린 뒤로는 경계가 더욱 삼엄해졌다.

그러나 명동성당에 참석하던 어느 날의 이완용에게 아주 약간의 틈이 보였다. 그날 명동성당에서 누군가의 추도식이 있었다. 추도식이 끝나자 이완용은 성당을 나와 인력거를 탔다. 성당 문 앞에는 구경꾼이 무리를 이루고 있었다. 그 속에 빈약한 몸매의 젊은 군밤장수도 있었다. 인력거는 달리기 시작했다. 그것을 노려 젊은 군밤장수가 돌진했다. 젊은이 손에는 예리한 칼이 들려 있었다. 이재명이었다.

그런데 인력거꾼이 방해를 했다. 부득이 이재명은 인력거꾼을 찔렀다. 인력거꾼은 즉사했다. 이어 이재명은 이완용에게 달려들어 단도로 허리를 찔렀다. 이완용이 인력거에서 떨어져 달아나려 하자 재차 달려들어 어깨 부위에 또 세 번을 찔렀다. 피가 흩날렸다.

그곳으로 경비관이 달려왔다. 이재명은 도망치려고 했지만 결국은 붙잡히고 말았다. 성공에 흥분한 탓이리라. 이재명은 크게 소리를 질렀다. 그 외침은 영어였다.

"I am dying for my country!"

'지금이야말로 조국을 위해 목숨을 바칠 때다'라는 뜻이다. 그렇게 외쳤을 때 이재명의 얼굴에는 회심의 미소가 넘치고 있었다. 1909년 12월 22일의 일이었다.

그러나 이완용은 죽지 않았다. 이재명에게 찔린 상처는 신체 깊숙한 곳까지 이르지 못했는데, 실려 간 대한병원에서 병원장이기도 한 일본인 의사 사토 스스무佐藤進가 신속히 봉합해 교묘하게 출혈을 막았다. 이완용은 문자 그대로 구사일생했다. 그런데 총리대신 직무는 당분간 내무대신 박제순에게 맡기지 않을 수 없었다. 이완용은 한성에서 남쪽으로 65킬로미터 떨어진 온양 온천에 몸을 숨겼다.

대한 정부와 통감부는 이 사건을 중시했다. 논의는 필요 없었다. 안중근 사건과 마찬가지로 테러리스트에게는 극형으로 다스린다는 결론만 엄격히 지켰다.

1910년 5월 18일 이재명에게 사형 판결이 내려졌다. 그리고 같은 해 9월 30일 형이 집행되었다. 안중근이 여순 감옥의 형장으로 사라진 지 6개월 뒤의 일이었다.

일한병합조약

정확히 그 무렵 일본 정부는 조선을 병합하는 일에 본격적으로 돌입했다. 이미 면밀한 실행계획은 세워져 있다. 그 실행계획은 가쓰라 총리대신과 고무라 외무대신, 내각서기관 시바타柴田 가문을 중심으로 하는 관계자들의 두뇌를 모아 마무리되어 있었다.

일본 정부는 먼저 소네 통감을 경질하기로 결정했다. 소네는 몸도 병들었고 적극성도 없었다. 악성위궤양에 걸려 있었던 것이다. 병합을 실시하기 위해서는 세게 밀어붙이는 적극성이 필요하다. 그래서 일본 정부는 비정한 인사를 단행했다.

당시 억지와 뚝심으로 평판을 받고 있던 인물은 육군대신 데라우치 마사다케였다. 군인으로서의 조선 경험도 적지 않다. 이 군인은 '침묵의 맹호'라는 별명도 갖고 있다. 별명은 몸을 표현하고 있었다.

데라우치의 강행은 자주 물의를 일으켰는데, 아무튼 다른 사람을 앞서는 것은 확실했다. 가쓰라와 고무라는 소네의 후임으로 이 데라우치에게 육군대신 현직을 그대로 겸직시켰다. 3대 통감의 탄생이다. 부통감에는 전 체신대신이었던 야마가타 이사부로山縣伊三郎를 발탁했다. 야마가타 이사부로는 야마가타 아리토모山縣有朋의 조카다. 5월 30일의 일이었다.

그런데 데라우치는 곧바로 한성에 부임하지는 않았다. 정식으로 한성에 취임한 것은 약 2개월 이후다. 그사이에 새로운 통감은 은밀히 자주 도쿄와 한성 사이를 오갔다. 병합의 물밑 작업을 위해서다. 그리고 데라우치는 그 강인함을 무기 삼아 착실히 사전 교섭의 성과를 올리고 있었다.

그 하나가 대한 정부의 경찰권 박탈이었다. 대한 정부의 경찰권 사무 일체를 일본 정부에 위탁한다는 교섭은 데라우치와 대한 정부 총리대신 임시서리 박제순 이하의 각료들 사이에서 이루어졌다. 그들 중에서 탁지부대신 고영선高永善과 학부대신 이용직李容稙은 반대했다. 그런데 박제순 등의 다수는 고압적인 데라우치의 서슬에 벌벌 떨었고 끝까지 항거하지 못했다. 결국 일은 데라우치의 뜻대로 돌아갔다.

다음은 조선에서의 헌병제도 확립과 확충이었다.

이 시기, 이전에는 조선주차군 사령부 휘하에 있었던 헌병대는 절반 독립해서 조선주차헌병대 조직을 갖고 있었다. 조선주차헌병대 사령관은 아카시 모토지로明石元二郎 소장이다. 그러나 헌병 대원의 수는 불과 800명에도 미치지 못했다. 이 숫자로는 만일의 사태에 절대라고는 할 수 없었다. 그래서 데라우치와 아카시는 대한 정부의 경찰권을 빼앗은 마당에 군사 헌병과 보통 경찰을 통합해 정원을 크게 늘리기 위한 의논을 했다. 게다가 데라우치는 아카시 소장에게 통감부 경무총장 겸임을 명했다. 통감 측근에 헌병대를 두려는 속셈인 것이다. 뒤에 온 조선을 뒤흔들었던 일본의 헌병경찰제도는 이때 급속히 정비되었다.

아무튼 헌병 대원은 800명에서 단번에 2,000명으로 늘었다. 1,200명은 일본에서 들어갔다. 그러나 전국의 의병대를 탄압하려면 이 인원을 가지고도 부족했다.

아카시는 머리가 잘 돌아가는 남자였다. 이 지혜로운 남자는 새로운 헌병 보조원 제도를 생각해냈다. 일본인 헌병 1명에 조선인 보조원 3명을 붙이는 제도가 그것이었다. 다시 말하면 조선인 보조원은 6,000명이 된다. 조선인 보조원을 동원하는 데에는 높은 급여를 미끼로 사용했다. 그리고 일본인과 조선인을 합한 8,000명이 전국 457개 헌병파견소에 흩어져 병합을 향한 치안 유지에 종사하게 되었다.

그 다음이 친일색으로 물든 일진회에 대한 공작이었다. 통감부의 기밀비가 왕창 일진회로 흘러갔다. 무엇보다 일진회 회장 이용구李容九와 부회장 홍긍섭洪肯燮 등은 전년도에 슌종 황제와 소네 통감, 이완용 총리대신 앞에서 조기 통합을 요구하는 상소문과 탄원서를 정식으로 제출했었기 때문에 통치에 새삼 성가심은 없었다. 그때 일진회가 제출한 문서에는 백만 회원은 2천만 신민을 대표해서 이를 바란다고 연명되어 있었다. 회원의 실제 인원은 4,000명에도 미치지 않는다. 다시 말하면 일진회는 민의를 사칭하고 있었다. 특히 송병준은 농상공부대신이나 내부대신을 역임한 경험도 있어 이용 가치를 크게 인정받고 있었다. 본인도 일본으로의 망명, 외유를 거듭해 일본과의 이해관계를 증진시키고 있었다. 즉 국민들로부터는 매국노로 간주되고 있다. 국민들은 이완용과 나란히 송병준을 '이적李賊' '송적宋賊'이라고 불렀다. 그로 인해 일진회 본부가 습격당하고 간부들은 더 많은 위험에 노출되었다. 통감부는 간부들의 신변 안전을 미끼로 일진회로부터 더 분발하겠다는 약속을 받았다.

그리고 마지막이 일본군을 한성으로 집결시키는 일이었다. 지방에 분산되어 있는 일본 군대와 무기의 태반을 한성부 교외인 용산 지구에 모아 병합에 대비하는 것이다. 조선주차군 사령관 하세가와 요시미치長谷川好道 대장은 모두 비밀로 행동하라고 엄명을 내렸다.

7월 6일 오후 11시 20분 지방 부대가 용산 지구에 도착했다. 이어 7월 8일 오전 1시 30분에도 다른 지방 부대가 도착했다. 모두 야음을 틈타 이루어졌다. 게다가 대로를 통하지 않고 찾아왔다. 그리고 8월 들어서부터는 저녁 식사 이후 병사들의 영외 출입을 금지시켰고 곧이어 외출을 전면 금지시켰다. 일본군 집결이 조선 민중을 자극할 수 있다고 우려했기 때문이다.

7월 23일이 되었다. 데라우치 새 통감이 한성에 부임해왔다. 새 통감은 육군 대장 복장이었다. 이날 데라우치는 일본 해군의 통보함 '야에야마八重山'에서 내려 인천에 상륙, 그 발로 한성 길에 올랐다.

부임지 한성에 도착한 데라우치는 여드레 뒤인 7월 31일, 상처가 아문 이완용과 총리를 대행한 박제순 등과 병합 문제에 대한 최종적인 비밀회의를 골똘히 궁리했다. 게다가 8월 16일에는 이완용 등을 통감부로 불러 병합조약안과 각서도 건넸다. 거기에는 순종 황제에게 아뢰는 문제만 남아 있었다.

순종에게 아뢰는 일은 이완용이 했다.
순종은 병합에 관한 설명을 듣고도 아무런 반응을 하지 않았다. 현 상황을 정확히 판단할 수 없었던 듯하다. 다만 순종은 치아가 없는 입을 벌려 매우 못마땅한 표정을 했다. 독차 사건의 후유증이 여기에도 나타나 있었다.
이완용은 고종 이태황제에게도 설명했다.
고종은 단 한마디 "안 돼. 반대야!"라고 내뱉듯이 외면했다. 이미 어떻게 해도 아무 소용없음을 알고 있었다. 일본의 수법은 늘 그랬다. 고종은 연로한 자신은 그렇다 쳐도 지금부터 살아가야 할 순종의 사정이 못내 가여웠다.
8월 18일 병합조약이 정식으로 내각회의에 상정되었다. 학부대신 이용직을 제외한 어느 한 사람도 반대하고 나서지 않았다. 그리고 이 내각회의에서 조인 날짜가 8월 22일로 결정되었다. 다만 이 조약에서는 순종 황제의 양위 문제가 얽혀 있어 관보 등을 통한 공포는 1주일 뒤인 8월 29일에 하기로 결정되었다.
이어 8월 22일이 되었다. 조약에 조인을 하는 날이다.
이날 아침 용산 지구에 주둔하고 있던 일본군이 분주하게 한성부 내에 진주했다. 일본군 병사는 전원이 완전무장이었다. 일본군은 한성부 내의 요소요소에 분산 배치되었다. 물론 창덕궁과 덕수궁도 둘러쌌다.

한편 헌병대와 경찰대도 출동했다. 헌병 대원은 어지럽게 한성부를 순회했고 경찰대는 20보 간격으로 보초를 섰다. 조선인은 두 사람이 서서 이야기를 나누어도 혹독한 심문을 퍼부었다. 두 사람 이상 다가서 있으면 인정사정없이 뒤쫓았다.

그런 계엄경비 속에서 이완용 총리대신 이하의 각료들이 창덕궁에 입궐했다. 그러나 병합조약이 내각회의에 상정되는 것을 반대했던 학부대신 이용직 만큼은 이완용의 입궐을 허용해서는 안 된다고 주장했다. 한편 데라우치 이하의 통감부 관계자들도 창덕궁으로 올라갔다. 드디어 조약의 조인식이다. 한일 대표자 조인은 순종 황제의 어전에서 이루어졌다.

다음이 흔히 '일한병합조약'이라고 하는 조약의 앞부분을 제외한 전문全文이다. 정확히는 '일한병합에 관한 조약'이다. 순종 황제의 제의에 메이지 천황이 그 의사 표시를 받아들인다는 표현에 주목해야 할 것이다.

> 제1조 대한국 황제 폐하는 한국 전체에 관한 일체의 통치권을 완전히 또 영원히 일본국 황제 폐하에게 양여한다.
> 제2조 일본국 황제 폐하는 제1조에 기록된 양여를 수락하고, 또 한국 전체를 일본제국에 병합하는 것을 승낙한다.
> 세3소 일본국 황제 폐하는 한국 황제 폐하, 태황제 폐하, 황태자 전하와 그 후비, 후손에게 그 지위에 상응하는 존칭, 권위 및 명예를 누리게 하고, 또 그것을 지켜나가는 데 충분한 세비를 공급할 것을 약속한다.

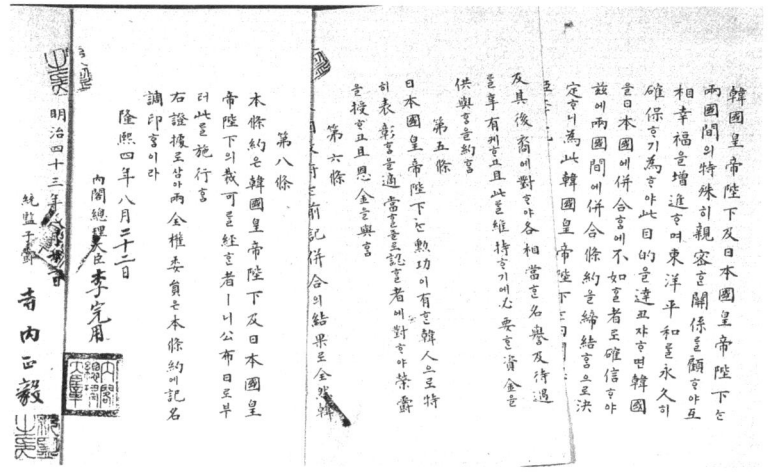

일한병합조약에 조인한 데라우치 마사다케(왼쪽)와 이완용(오른쪽), 그리고 조약 원문(아래)

제4조 일본국 황제 폐하는 앞 조 이외의 한국 황족과 그 후손에게 그에 상응하는 명예 및 대우를 누리게 하고, 또 그것을 유지시켜나가는 데 필요한 자금을 제공할 것을 약속한다.

제5조 일본국 황제 폐하는 훈공이 있는 한국인에게 특히 표창이 합당하다고 인정되는 경우에 대해 영예로운 작위를 수여하고

또 은사금을 내린다.

제6조 일본국 정부는 앞 조에 기재된 병합의 결과, 전체 한국의 시설을 담당하고, 그 땅에서 시행할 법규를 준수하는 한국인의 신변 및 재산에 대해 충분히 보호하고, 또 그 복리 증진을 도모한다.

제7조 일본국 정부는 성의를 가지고 충실히 새 제도를 존중하는 한국인에게는 그에 합당한 자격이 있는 사람을 사정이 허락하는 한 한국에서의 제국 관리로 고용한다.

제8조 이 조약은 한국 황제 폐하와 일본국 황제 폐하의 재가를 받아 공포하는 날부터 시행한다.

위를 증거로 두 전권위원은 이 조약에 이름을 써서 조인한다.

메이지 43년 8월 22일
        통감자작　데라우치 마사다케

융희 4년 8월 22일
        내각총리대신　이 완 용

이 조약에는 대한국의 통치권 일체를 영구히 일본국에게 넘긴다고 명문화되어 있다. 이 문안으로 대한제국이라는 이름은 지구상에서 영원히 사라졌다.

조선 멸망

조선의 정체성 지우기

1910년 8월 29일, 이날 '일한병합조약'이 공포되었다. 조선에 대한 일본의 제국주의는 이날부터 1945년 8월 15일까지 햇수로 36년간에 이르게 된다. 소위 '일제 36년'이라 불리는 식민지 지배의 시작이었다.

이날 경성 시내에서는 집집마다 국기가 게양되었다. 상인들은 점포의 문을 닫고 앞다투어 꽃전차를 탔다. 병합을 기념해 운행한 꽃전차에는 사람들이 주렁주렁했다. 낮에는 깃발행렬, 밤에는 제등행렬이 이어졌다. 밤낮에 걸친 시끌벅적함은 다른 도시들도 비슷비슷했다. 요컨대 온 일본이 조선병합으로 들떴다.

한편 병합의 현실에 직면한 조선의 상하는 모두 갈피를 잡지 못했다. 특히 조선 왕실은 혼란의 소용돌이에 휘말렸다. 조선 왕실의 미래에 밝은 소재를 전혀 찾을 수 없었기 때문이다.

일반적으로 일한병합조약에는 앞서 거론한 조약문 말고도 세 개의 증서가 더 붙어 있었다. 〈한국의 병합증서〉, 〈전前 한국 황제를 책봉해서 왕으로 삼는 증서〉, 〈이강李堈 및 이희李憙를 공公으로 삼는 증서〉가 그것이다. 조선 왕실에는 병합은 물론이고 메이지 천황이 내리는 증서에 기록되어 있는 내용도 매우 중요했다.

그 이전, 가쓰라 총리와 고무라 외상은 조약과 증서의 문안을 만들고 메이지 천황에게 아뢰기 위해 조선 왕실의 존속에 대한 마음을 썼다. 좋은 의미는 아니다. 분명히 말하면 식민지화 이후 일본의 천황가와 조선 왕실의 위치 관계에 대해서다. 그리고 이 문제에는 병합에 따른 국호의 변경이 크게 관련되어 있다.

국호의 변경에 관한 다음과 같은 일화가 있다. 이 건은 농상공부대신 조중응趙重應이 이완용 총리를 대신해 직접 통감관저로 나아가 총리의 희망을 데라우치 통감에게 말하는 형식으로 시작되었다. 조중응은 이완용의 복심이라고 해도 좋다. 이 복심은 일본어가 능통했다.

처음에 조중응은 '대한제국' 또는 '대한국'이라는 국호를 계속 사용하면 좋겠다고 했다. 이완용과 조중응은 병합을 그저 합병 정도로밖에 생각하지 않았던 듯하다. 그래서 황제의 칭호도 그대로 하면 좋지 않겠느냐고 주장했다.

그런데 데라우치에게는 이미 병합 청사진이 확실히 그려져 있었다. 그것은 앞서 확정을 본 대한국은 적당한 시기에 병합한다는 대한對韓 징책에 명문화되어 있었다. 대한국을 완전히 멸망시켜 없앤다는 대목이 그것이었다.

데라우치는 나라 안에 나라가 존재하는 국호는 허용할 수 없다고 말했다. 무슨 헛소리 하는 거야, 하는 표정이었다. 결국 국호는 이전의 조선으로 되돌려졌다. '조선'이다. 조선국은 아니다. 이것이 최종 단계에 들어간 조선 멸망으로의 제1탄이었다.

황제의 칭호에 대해서도 그렇다. 조중응은 계속해서 칭호의 존속을 주장했다. 데라우치는 그것도 일축했다.

결국 황제의 칭호도 옛날과 다른 왕으로 되돌려졌다. 국왕은 아니다. 그냥 '왕'이다. 따라서 순종 황제 폐하는 '순종 이왕 전하', 고종 이태황제 폐하는 '고종 이태왕 전하', 영왕 황태자 전하는 '영왕 왕세자 전하'로 격하되었다. 조선 멸망으로의 제2탄이 이것이었다.

말을 계속하면 일본 정부가 조선 왕실의 격하를 꾸민 것은 이때가 처음은 아니다. 메이지 유신 직후 메이지 신정부는 진지하게 이 문제를 검토했다.

도쿠가와 막부 시대, 그때는 도쿠가와 가家의 쇼군과 조선 왕실의 국왕은 대등한 입장에 있었다. 그런데 도쿠가와 가가 멸망해서 천황가의 신하가 되자 조건은 바뀌었다. 도쿠가와 가의 상위에 선 천황가는 자연히 조선 왕실의 상위가 된다는 이치가 생긴다. 그 이치에 따라 신정부는 조선 국왕도 일본 천황의 신하로 예속된다는 의중을 갖게 되었다. 그러나 당시의 집정 대원군이 상대를 하지 않아 일본의 획책은 실패로 끝나고 말았다. 데라우치는 그 역사적 사실을 알고 있었다.

조선 왕실을 격하시키는 데 성공한 데라우치는 매우 기분이 좋았다. 바로 직후에 초대 조선총독에 취임한 데라우치가 한 말이 갑자기 유명해졌다.

고바야카와, 가토, 고니시가 지금 만일 건재하다면 (일본 아

래로 들어온 조선의) 오늘밤 달을 어떤 기분으로 바라볼 것인가

고바야카와 다카카게小早川隆景, 가토 기요마사加藤淸正, 고니시 유키나가小西行長는 도요토미 히데요시豊臣秀吉가 조선을 침략할 때 선봉에 섰던 무장들이다. 다시 말하면 데라우치의 이 말은 히데요시도 하지 못한 조선 침략을 자신이 이루었음을 나타낸 것이다. 게다가 메이지 신정부도 하지 못한 조선 왕실의 격하를 자신이 해냈다는 자만도 담겨 있었다.

한마디 덧붙여둔다. 히데요시의 평가에 대해서다.

에도 시대에는 히데요시에 대한 평가가 항상 높지는 않았다. 대규모 대외출정에 실패했고 그 실의 속에서 세상을 떠났다는 것이 불평의 원인이었다.

그런데 청일전쟁 직후부터 히데요시에 대한 평가가 달라졌다. 조선으로 출병한 개세의 영웅으로 갑자기 각광을 받게 된 것이다. 물론 실패한 부분은 매우 축소되었다. 거기에는 히데요시의 조선 출병이라는 핑계로 일본 제국주의의 진출을 정당화하려는 의도가 숨겨져 있었다.

아무튼 조선 멸망으로의 제3탄이 발사되었다. 그것은 조선력朝鮮曆의 폐지였다. 병합이 이루어진 1910년은 조선력으로 융희 4년에 해당했다. 조선의 연호는 대한제국이 수립되있을 때 제정되었다. 그러나 테라우치는 병합 이후에는 조선 연호의 사용을 전면적으로 금지시키고 모든 공문서는 메이지 유신 연호만 쓰게끔 강제했다. 일본의 통치 아래로 들어왔으면 일본 연호에 따르는 것은 당연하다는 논리의 강요가 그것이다.

나아가 조선 멸망으로의 제4탄은 수도 한성의 명칭 변경이었다. 한성은 500여 년 전 옛날, 조선 왕조의 시조인 이성계李成桂에 의해 구축된 도읍으로, 이후 한양 또는 한성부로도 불렸다. 말하자면 한성은 조선 왕실의 권위와 상징 그 자체라고 해도 좋았다.

데라우치는 조선 왕실이 지닌 권위와 상징에는 신경질적이었다. 그래서 데라우치는 제령制令을 통해 수도의 명칭 변경을 명했다. 새로운 명칭은 경성부京城府였다. 그리고 이후에는 어떤 이유가 있어도 한양이나 한성이라는 명칭을 사용하지 못하도록 단단히 금지시켰다. 아울러 '국國'이나 '국가國家'도 금구가 되었다.

그리고 조선 왕실이 자부심을 가져온 권위와 상징은 왕궁의 건축물과 장대한 성벽으로 대표되어 있었다. 도성을 둘러싼 성벽과 일체화되어 있던 성문도 그것이다.

그 성벽은 메이지 천황의 황태자, 즉 그에 이어지는 다이쇼 천황이 조선을 방문하기 직전에 일본군에 의해 전체 길이 18.5킬로미터 중 태반이 허물어졌다. 일본 황태자를 보호함에 있어 장대한 성벽은 경비하는 데 방해가 된다는 것이 허물어뜨린 이유였다.

그리고 왕궁의 건축물, 즉 순종 이왕이 기거하는 창덕궁과 고종 이태왕이 은둔 생활을 하는 덕수궁은 방치되었지만, 한때 정궁이었던 경복궁에는 대대적인 해머질이 가해졌다. 310여 동 건물 중에서 8동만 남겨두고 모조리 헐어버린 것이다. 이것도 조선 멸망을 인상적이게 만드는 일본의 악업 그 이상의 아무것도 아니었다.

다음은 일반 국민을 향한 일본의 악업이다. 조선 멸망으로의 제5탄은 언론 기관에 대한 탄압이었다.

데라우치는 조선의 신문에 좋은 인상을 갖고 있지 않았다. 이 군인은 신문을 적대시했다. 그래서 데라우치는 조선의 신문은 모조리 없애버리고 싶었다. 그를 위해 병합 이후부터 신문을 탄압하는 데 의욕을 불태웠고, 병합공포 다음 날인 8월 30일에는 큰 목적을 달성했다.

예를 들면 신문 이름을 바꾸게 했다. '한양'과 '한성'을 포함해 '대한' '황국' '황성' 등은 신문 이름으로 사용하지 못하게 했다. 반일적인 경영자의 추방도 명했다. 그리고 기사의 사전 검열을 한층 강화했다. 이를 어기면 즉시 휴간시키거나 폐간 처분해 쫓아냈다.

결국 〈대한매일신보〉는 〈매일신보〉로 고쳐 총독부 기관지로 살아남게 되었다. 신문사 이름을 바꾸고 나서 어용 신문으로 전락했지만 조선어 신문의 발간을 이어가려고 했던 것이다. 그럼에도 데라우치는 좋은 얼굴을 하지 않았다.

또 〈황성신문〉은 〈한성신문〉으로 이름을 바꾸었는데 신문사 이름이 문자 통제에 걸려 보름 뒤에는 폐간되었다. 〈대한민보〉와 〈대한신문〉도 각각 〈민보〉와 〈한양신문〉으로 이름을 고쳤는데, 후원이 없었기 때문에 같은 이유로 9월 1일, 병합 사흘 만에 총독부 명령으로 강제 폐간되었다. 다시 말하면 조선 국민의 눈과 귀는 병합되던 날부터 완전히 빼앗겨버렸다고 해도 좋았다.

조선 왕실의 권위 실추시키기

병합이 공포된 지 이틀이 지났다. 8월 31일이다.

이날 밤 천황가로부터의 칙사 이나바 마사나오稲葉正繩式 식부관 일행이 경성에 도착했다. 이나바 식부관은 메이지 천황이 이왕족에게

1910년 8월 29일부터 일본은 경복궁 정전인 근정전에 일장기를 달았다.

내리는 조서를 휴대하고 있었다.

다음 날 9월 1일 이나바 식부관은 데라우치 초대 조선총독, 아카시 모토지로明石元二郎 조선총독부 경무총장 등과 함께 창덕궁으로 올라갔다. 이미 순종은 정장 차림으로 시종경 윤덕영尹德榮 이하 시종을 데리고 정전인 인정전仁政殿에서 일행을 기다리고 있었다. 순종은 평상시처럼 일월오악日月五岳이 그려진 현란한 병풍을 배경으로 옥좌 위에 있었다.

인정전 안으로 들어선 데라우치 총독과 이나바 식부관은 순간 얼굴이 굳어졌다.

천황 아래 서야 할 사람이 옥좌에 있다. 데라우치는 발끈했다. 그런데 이 자리에서는 어떻게 할 수 없었다. 이나바 식부관도 당황스러운 표정이었는데 데라우치에게 곁눈질로 눈치 챈 척했다. 그리고 빨리 메이지 천황의 조서가 들어 있는 목갑을 순종에게 건네고 책봉 의식을 마쳤다. 목갑 속에는 천황의 문장紋章이 들어 있었다. 이 목갑

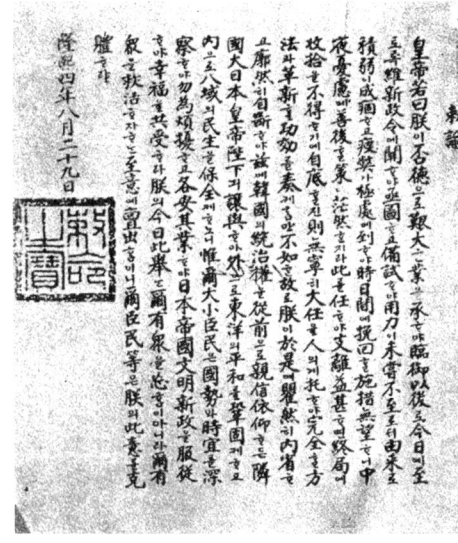

일한병합을 국민에게 알리는
순종의 칙유

속의 조서에 조선 왕실의 강하降下가 명기되어 있었다.

이 직후에도 일본 정부는 계속해서 조선 왕실의 권위를 실추시키는 행동을 했다. 병합에 공적이 있다고 여겨지는 조선인 귀족, 정부 관료, 관계자들에게 '조선귀족령'으로 일본의 관작을 수여한 것이다. 이때의 일본 정부는 병합 공로자들에게 관작을 선심 쓰듯 내림으로써 병합 후 조선의 통치를 더 순조롭게 하겠다는 계획도 갖고 있었다.

이완용은 백작에 끼었다. 이지용도 백작이다. 박제순은 자작이었다. 권중현과 이근택도 자작이다. 이상 5명은 국민늘로부터 을사오적으로 지탄받는 매국노다. 또 송적宋賊으로 멸시받는 일진회의 송병준은 자작에 포함되었다. 결국 76명이나 되는 사람이 대거 작위를 받는 대상에 선정되어 있었다.

이 작위를 받을 때 을사조약에서 마지막까지 반대 입장을 견지했던 총리대신 한규설도 남작 작위를 받게 되었다. 한규설은 작위를 사퇴하겠다고 신고했다.

그러나 총독부는 오기가 생겼다. 총독부는 어떻게든 작위를 주려고 했다. 한규설은 사람을 총독부에 보내 작위를 반납하게 한 뒤 몰래 행방을 감추어버렸다. 작위를 반납한 사람은 이유야 다르지만 한규설 말고도 5명이 더 있었다.

그 이전, 순종은 일한병합에 이르게 된 사정을 대한국민에게 전하기 위해 칙유를 내렸다. 병합을 공포하던 날, 즉 8월 29일의 일이었다. 아래 싣는 글이 그 칙유의 전문이다. 원문은 국한문 혼용인데 훈독했다.

황제가 여기에 말한다. 짐이 부덕해서 어렵고 큰 업을 이어받아 임금 자리에 앉은 이후, 오늘에 이르도록 정령政令을 유신하는 일에 관해 누차 도모하고 갖추어 시험하여 힘쓰지 않은 것이 아니지만, 원래 허약한 것이 쌓여서 고질이 되고 피폐가 극도에 이르러 시일 간에 만회할 시책을 행할 가망이 없으니, 한밤중에 아무리 생각해도 선후지책이 아득하다. 이를 맡아서 갈피를 잡지 못함이 더욱 심해지면 끝내는 스스로 수습할 수 없는 지경에 이를 것이니, 차라리 중대한 임무를 남에게 맡겨 완전하게 할 방법과 혁신할 공효功效를 얻게 함만 못하다. 그러므로 짐이 이에 결연히 돌이켜 살펴보고 확연히 결단을 내려 이에 한국의 통치권을 이전부터 친근하게 믿고 의지하던 이웃 나라 대일본 황제 폐하에게 양여하여 밖으로 동양의 평화를 공고히 하고 안으로 팔역八域의 민생을 보전하게 하니, 그대들 대소 신민은 국세國勢와 시의時宜를 깊이 살펴 번거롭게 소란을 일으키지 말고 각각 그 직업에 안주하며 일본 제국의 문명화된 새 정치에 복종하여 행복을 함께 받으라. 짐이 오늘 내리는 이 조치는 그대들 민중을 잊음이 아니라 참으로 그대들 민중을 구하려는 지극한 뜻에서 나온 것이니, 그대들 신민은 짐의 이 뜻을 능히 헤아리라.

융희 4년 8월 29일 어새御璽

여기에 황제로서 국사를 수습할 수 없었던 순종의 원통함이 토로되어 있다. 고통의 외침이기도 하다. 순종은 울면서 이 칙유의 문안을 짰다고 일컬어진다. 그 심신은 문자 그대로 기진맥진이 되어 있었다.

무단정치

10월 10일이 되었다. 조선총독부를 개청하는 날이다.
이날 데라우치 새 총독은 정무총감 야마가타 이사부로山縣伊三郎와 조선주차헌병 사령관 겸 경무총장 아카시 등을 거느리고 남산 중턱의 옛 총독부 청사로 출근했다. 청사 문기둥에 걸려 있던 나무로 된 총녹부 현판은 이미 내려졌고, 대신 조선총독부라고 크게 쓴 새로운 현판이 걸려 있었다. 데라우치와 야마가타, 아카시 등은 힐끗 그것을 쳐다보고 청사 앞 광장에 도열해 있는 일본인 관리들을 향해 가슴을 펴고 걸어갔다. 각자의 가슴 속에는 식민지 통치를 향한 뜨거운 의욕이 타오르고 있었다. 병합을 계기로 '차관정치次官政治'에 대신하는 소위 '무단정치武斷政治'가 시작되었다.

총독 집무실은 한때 통감이 사용하던 방이다. 정무총감 집무실도 이전의 부통감 방이었다. 정무총감 야마가타는 그렇다 쳐도 총독실의 주인이 된 데라우치는 새로운 조선총독부 청사가 필요하다고 생각했다. 물론 신청사는 식민지 지배를 상징하는 거대한 건축물이어야 한다. 데라우치는 그것이 없는 것 자체가 불만이었다.

그렇다고 건물을 바로 지을 수는 없었다. 실제로 조선총독부 신청사가 출현하는 것은 16년 뒤인 1926년이다. 데라우치는 꿈을 꿨다. 그리고 그것을 실현하기 위해서는 식민지 통치를 위한 구체적인 정책을 서둘러 시행해야 한다는 것을 깨달았다. 무한한 권력을 소유한 수완가가 실력을 행사하는 것만으로 거기에는 이루 말할 수 없는 공포의 세계가 펼쳐지고 있었다.

그러면 조선총독은 대체 어떤 권한을 갖고 있었던 것일까? 그리고 식민지 통치란 무엇인가? 그에 대해서는 다분히 권력에 의한 수탈을 그리는 지배자와 피지배자의 그림이 각각 떠오를 것이다. 조선의 경우 그것은 지옥도地獄圖였다.

먼저 총독의 권한에 대해 살펴보자. 이하는 조선총독부 관제官制에서 요점만 뽑은 것이다.

제1조 조선에서 법률을 필요로 하는 사항은 조선총독부의 명령에 따라 그것을 규정한다.
제2조 총독은 친임한다. 그 자리는 육해군 대장으로 채운다.
제3조 총독은 천황에 직접 예속되며, 위임의 범위 내에서 육해군

을 통솔하고, 또 조선 방비의 일을 관장한다. 총독은 제반 정무를 통할하고, 내각총리대신을 거쳐 아뢰며, 또 재가를 받는다.

형언할 수 없을 만큼의 절대적인 권한이다. 단 한 사람이 입법과 사법, 행정의 권한을 움켜잡고, 게다가 군사권도 장악하게 된다. 요컨대 총독은 조선에 군림하는 천황이나 마찬가지였다.

총독에게 부여된 권한의 크기에 대해서는 당시 조선에 있던 일본인들도 경악했다. 일본인들은 공공연하게 험담을 했다.

"총독이 못할 일은 남자를 여자로 만드는 것 정도다."

아무튼 데라우치는 득의의 절정에 있었다. 이 강직한 군인은 절대적인 권력의 행사에 말할 수 없는 쾌감도 느끼고 있었다. 데라우치의 정책은 비정할 정도로 과단했다.

하지만 이 총독에게도 매우 무거운 고뇌가 있었다. 반일의병 활동이 그것이다. 반일의병 활동은 하강선을 그리고 있지만 여전히 진정될 기미는 보이지 않았다.

예를 들면 3월에는 경부철도의 이원역이 습격당했다. 문태수文泰洙 의병장이 이끄는 의병군이 만주에 왕래하는 일본인 고관을 겨냥해 습격한 것이다. 이 의병군은 전라북도와 경상북도에서의 활약이 두드러졌다.

또 이진용李鎭龍 의병장이 이끄는 의병 90여 명도 경부철도의 계정~잠성을 잇는 철도를 파괴해 열차를 운행하지 못하게 했다. 이 의병군은 황해도를 중심으로 신출귀몰한 활약을 했다. 이진용에 호응하는 의병장과 의병은 끊이지 않았다.

이들 의병장과 의병에게 용기를 준 사람은 다름 아닌 의사 안중근이었다. 하얼빈 역에서 이토 히로부미를 암살한 안중근은 이미 처형되었다. 그런데 안중근이 남긴 조국독립에 대한 꿈은 사라지지 않았다. 오히려 의사의 꿈에 호응해 일어나는 사람은 늘어났고 그 활동은 첨예화되는 경향도 있었다.

데라우치가 그런 경향을 모를 리 없다. 이 총독은 병합을 기회로 반일의병의 철저한 탄압을 의도했다. 아카시도 완전히 동감이다. 데라우치와 아카시의 의도는 새로운 '헌병경찰제도'로 나타났다. 헌병에게 부과된 직무와 부여된 권한의 확대가 그것이었다.

이때 제령에 의해 정해진 조선주차 헌병의 직무와 권한은 다음과 같은 내용으로 이루어져 있었다.

첩보 모집, 폭도 토벌, 장교하사의 검사 사무 대리, 범죄의 즉결, 민사소송 조정, 집달리 업무, 국경세관 업무, 산림 감시, 민적民籍 사무, 외국 여권 취급, 우편 호위, 여행자 보호, 종두 실시, 도살 검사, 수출건 검역, 강우량 관측, 수위 측량, 해적 및 밀어선 그리고 밀수입 경계 및 단속, 유해 짐승 구제驅除, 묘지 단속, 노동자 단속, 일본어 보급, 도로 개수, 식림 및 농사 개량, 부업 장려, 납세 유시諭示, 법령 보급 등등이다.

요컨대 데라우치와 아카시는 조선 민중 한 사람 한 사람의 일거수일투족까지 살펴 생사여탈의 권한을 틀어쥘 작정이었다. 그래서 병합 이전에는 6,000명이었던 헌병과 일본인 경찰관, 조선인 보조원을 1만 6,000여 명으로 대폭 증원하고, 457개소였던 헌병파견소를 1,624개소로 확대했다.

게다가 그 이전에 총독부는 '집회단속령'을 펴서 알리고, 언론, 출판, 집회, 결사 등의 자유를 일체 금지시켰다. 일본에 놀아나 열심히 병합 촉진을 부르짖던 일진회도 어용이 끝나게 되자 이 법령에 의해 덧없이 해산되었다. 총독부에 무참히 짓눌린 결사는 이 밖에도 친일적인 '대한협회'를 비롯해 열댓 개가 더 있었다. 반일적인 '신민회'도 당연히 그 속에 있었다. 이들 결사를 해산시킨 것도 불온을 부추기는 요소 중 하나가 되었다.

데라우치는 역시 신중한 남자였다. 이 군인은 아카시 모토지로와 함께 조선인의 민족적 에너지를 누구보다 잘 알고 있었다. 데라우치는 조선인의 대폭동도 상정했다. 만일 그런 일이 벌어지는 날에는 훨씬 더 강력한 군사력이 필요했다.

그래서 데라우치는 육군대신이라는 지위를 이용해 일본에서 육군 2개 사단 병력을 조선에 불러들였다. 새로 들어간 일본군은 경성 교외의 용산이나 전라남도 일대에 주둔했다. 아울러 데라우치는 해군대신 사이토 마코토齊藤實에게 조선 해군 기지의 일대 확충을 요구했다. 사이토는 동해안 영흥만과 남해안 진해만 군항에 해군 요새 사령부를 설치해 그에 응했다. 영흥만은 함경남도 원산, 진해만은 경상남도 마산에 있는 요항 중의 요항이었다.

그리고 이 시기의 데라우치는 치안유지 대책을 마련하는 한편, 또 하나의 일대 사업 촉진에도 애를 쓰고 있었다. 조선 국토의 일본화다. '토지조사사업'이라고 이름 붙여진 토지수탈정책이 그것이었다.

토지조사사업은 세 가지 숨겨진 목적을 가지고 병합 직전에 착수했는데, 데라우치는 병합 2년 뒤인 1912년 7월부터 그것을 본격화했다.

세 가지 숨겨진 목적은 다음과 같다.

첫째는 조선 국토의 지형과 지세를 확실히 측량 조사하는 일이다. 둘째는 토지의 소유권과 소유자를 확정하는 일이다. 셋째는 조선 지배의 재원을 그것으로부터 확보하는 일이다. 이 목적을 위해 총독부는 실로 8년 9개월이라는 시간과 256만 엔이라는 거액의 사업비를 쏟아부었다.

조선에 대한 일본의 투자는 거기에 이어 농업의 기반정비, 근대공업의 건설이나 교육설비 등에 많이 늘었다. 그것들이 조선의 근대화에 결과적으로 도움이 된 측면도 있다. 그러나 일본 본토의 쌀 부족을 보충하는 등 어디까지나 일본의 이익을 우선시한 투자였음은 틀림없다.

이 시기 조선에는 근대적인 산업이 거의 발달하지 않았다. 농업이 국가의 근간을 이루었고 인구의 대다수는 농민으로 이루어져 있었다. 예부터 조선에서는 농자천하지대본農者天下之大本이라는 말이 대사였다. 이 시기도 그랬다. 따라서 조선경제의 명맥을 제어하기 위해서는 농업에 없어서는 안 되는 토지를 통제하는 것이 가장 빨랐다.

확실히 총독부는 토지조사령 가운데서 "토지 소유자는 조선총독부가 정하는 기한 내에 주소, 성명, 소유자 이름, 그리고 소재지, 지목, 농지번호, 목표, 등급, 결수를 임시토지국장에게 신고하시오"라고 문서로 알렸다. 여기서 말하는 결수結數란 조선 특유의 토지 면적을 나타내는 방식이다. 1결은 양전良田으로 1헥타르, 황전荒田으로 6헥타르에 해당한다. 이 문서 전달은 총독부 당국의 담당관을 통해 전국 농촌에 전해졌다. 그런데 수탈을 목적으로 관리가 속이고 있었기 때문에 어느 지방에서도 불친절했다. 아울러 담당관은 이익에 밝은 사람들을 데리고 악질적인 유언비어나 뜬소문을 퍼뜨렸다.

조선 멸망 101

당시 조선의 농민들은 글자도 잘 읽지 못하는 문맹이 대부분이었다. 하물며 근대적인 법률 등은 이해 밖에 있었다. 토지조사 그 자체의 의의조차 판단하지 못하는 사람이 적지 않았다. 그래서 농민들은 토지조사는 단순히 지목 정도일 것이라고 생각했다.

여기에 유언비어가 날아들었다. 이를테면 정직하게 신고하면 토지가 줄어든다. 솔직하게 신고하면 무거운 세금이 부과된다. 농민들은 혼란스러웠지만 간신히 신고하지 않는 게 이득이라는 결론만큼은 냈다. 또 마음 약한 사람은 신고를 하긴 했지만 절차를 갖추지 못한 서류는 담당관들이 고의로 방치했다.

그러나 기골 있는 지주도 있었다. 그런 지주는 다음과 같이 딱 잘라 공연히 신고를 거부했다.

"오늘날 일본이 조선의 전 국토를 빼앗은 마당에 한 개인의 소유지를 신고하게 할 필요는 없다……."

이윽고 신고 마감날이 다가왔다. 신고 마감날은 도마다 조금씩 달랐다. 아마 전문 담당관이 적었기 때문일 것이다.

당일이 되자 총독부 담당관들이 헌병이나 일본인 경찰관, 조선인 경찰관을 데리고 정해진 장소에 나타났다. 견장에 금줄이 달린 제복을 입은 담당관들은 몸을 떨그럭거렸고 허리에는 칼을 차고 있었다. 그리고 고장의 면장이나 지주 대표를 불러모아 놓고 신고 수속과 대조 사무를 돕게 했다.

예상대로 신고한 농민은 극히 적었다. 총독부 담당관들은 신고하지 않는 농민은 예부터 전해 내려오는 조상의 묘지도 소유권을 방기한 것으로 간주했다. 절차나 서류를 갖추지 못한 사람도 똑같이 취급했다. 농민들은 총독부의 뜻대로 함정에 빠져들었다.

토지 소유를 조사한 결과 겨우 3퍼센트의 지주가 전체 경지의 거의 절반을 소유하고 있었다. 자작농은 19.7퍼센트에도 미치지 못했다. 다시 말하면 지주는 50퍼센트가 토지를 잃었고 농민은 80퍼센트가 경작해야 할 토지를 잃었다.

총독부는 신고가 안 된 농지를 국유지로 편입했다. 국유지, 즉 일본의 토지다. 그리고 그 토지의 태반은 식민지 경영을 목적으로 설립한 동양척식주식회사에 불하되었다. 동양척식주식회사는 영국이 인도에 설립한 동인도회사와 거의 비슷했다. 동양척식주식회사는 일본에서 대지주와 대량 농민들을 불러들여 조선의 농지를 매우 싼값으로 나누어주고 거기에 입식시켰다.

또 총독부는 조선 왕실이 소유하고 있던 국유지를 재조사하기도 했다. 조선 왕실의 국유지도 병합 이후에는 일본의 국유지가 된다는 이유에서였다.

그 이전의 조선 왕실은 변경의 각지에도 방비용이나 둔전용으로 광대한 공유지를 소유하고 있었다. 게다가 공유지를 방패막이로 삼아 탈세를 일삼아온 정부 관료나 왕실관계 지주의 사유지도 있었다. 그것들은 모두 농지다.

총독부는 그런 공유지나 사유지를 탈취하는 데에도 혈안이 되었다. 몰락한 조선 왕실에 광대한 토지는 필요하지 않다고 인정했기 때문이다. 결국 이런 광대한 토지도 일본 것이 되었다. 세금을 면제받고 있던 관리나 지주들은 당황했다. 관리나 지주들은 총독부에 호소했다. 하지만 총독부는 아랑곳하지 않았다. 이런 분쟁은 실로 3만 4,000여 건이나 있었다.

한편 경작해야 할 토지를 잃은 각지의 농민들은 일본인 소작인으로 전락했다. 소작인으로 전락한 사람은 아직 괜찮았다. 경작해야 할 토지가 줄어들고 소작인이 몰리면서 소작료가 많이 올랐기 때문이다. 높은 소작료를 낼 수 없는 농민은 일자리를 찾지 못했다.

농민들은 졸지에 길거리를 헤맸다. 전국 도처에 일정한 거처 없이 이리저리 떠돌아다니는 백성의 무리가 출현했다. 이런 유민을 토막민土幕民이라고 불렀다. 돗자리 하나 펼칠 수 있을 만큼의 땅을 파서 지은 움막집에 살고 있었기 때문이다. 토막민 무리는 토지와 일자리를 찾아 남부 지방에서 경성으로, 경성에서도 일자리를 찾지 못한 무리는 토지의 개척이 덜 된 북부 지방으로 이동했다.

토막민 생활은 비참하기 이를 데 없었다. 집도 없고 정착할 곳도 없고 먹을 것도 없다. 물론 기차를 탈 수도 없었다. 그래서 토막민들은 무거운 짐을 지고 발을 절면서 북으로 향했다. 도중에 이 남루한 무리 중에는 길가에 쓰러져 죽는 사람이 속출했다.

이윽고 토막민들은 북부 지방으로 들어가고 있었다. 그런데 그곳도 안주할 수 있는 땅은 아니었다. 북부 지방의 토질이 척박했기 때문이다. 토막민 무리가 한꺼번에 몰려든 탓이기도 했다.

그래서 토막민 무리는 더 북쪽으로 향했다. 압록강이나 두만강을 건너 만주의 간도 지방에 이르렀다. 거기에 도착해 숨넘어가는 사람도 적지 않았다. 그러나 그 일대까지가 유랑 여행의 한계였다.

토막민들은 간도 지방의 척박한 토지에 매달렸다. 산속으로 들어가 불을 놓아 밭을 일구어 화전민이 된 사람도 있다. 그런데 젊은 사람들은 토지에 매달리는 것을 떳떳치 않게 생각했다. 토지를 경작하기보다 일본인에 대한 한을 풀었다. 토막민 젊은이들은 간도 지방과 조선 북부에 잠입하는 의병대에 몸을 던졌다.

경작할 토지를 잃은 농민들은 토막민으로 전락했다.

그러나 의병군도 길이 꽉 막혀 있었다. 철포鐵砲도 없고 탄환도 없고 식량도 없다. 문자 그대로 뭐 하나 제대로 갖추어진 게 없었다. 의병들도 백성들과 마찬가지로 거친 땅을 일구었다. 그런데 일본인을 향한 한과 민족의 독립에 대한 염원만큼은 점점 확고해지고 있었다.

안악 사건

한편 데라우치의 나날은 정신없이 바빴다. 치안유지 정책과 토지조사사업을 추진하는 일 외에도 소위 '안악 사건'이나 '105인 사건' 대처에 쫓기고 있었기 때문이다. 이 두 사건은 총독 스스로가 뿌린 씨앗이 넝쿨로 뻗었고 그 넝쿨이 목을 죄는 결과가 되어 있었다.

총독부가 개설된 이듬해 조선의 신의주와 만주의 안동 사이를 흐르는 압록강에 철도용 철교의 준공이 계획되어 있었다. 동양에서 유일한 가동식 철교다. 이 대규모 철교는 '압록강철교'라 불렸다. 이 철교가 완성되면 경의철도와 남만주철도가 하나로 이어지게 된다. 준공은 12월 27일 예정이었다. 당연히 철교 완성을 축하해 현지에서의 대대적인 개통 축하식이 예상된다.

이 시기의 데라우치는 반일활동가의 탄압에 의욕적이었다. 반일가로 지목되는 지식인 대부분은 한반도 서북부의 평안북도, 평안남도, 황해도 방면에 잠복해 있었다. 다시 말하면 압록강 철교 방면에 있었다. 데라우치는 이 두 가지를 묶어 반일활동가의 일망타진을 획책했다.

먼저 데라우치는 철교 개통식에 총독이 참석한다고 발표했다. 아울러 장기간 서북 지방을 순시한다는 정보도 흘렸다. 모두 다 함정이다. 그러고는 재빨리 그 지방에 특별 경계태세를 내렸다.

때마침 이 무렵 서북 지방을 세밀히 살피며 돌아다니던 한 장년 남자가 있었다. 안명근安明根이라는 반일활동가였다. 안명근은 하얼빈역에서 이토를 암살한 안중근의 사촌동생이었다.

안명근은 평안북도의 선천이나 정주, 평안남도의 평양, 황해남도의 재령강 유역의 신천, 안악, 재령 등지로 여행을 하고 있었다. 이 지방의 부호나 장자에게는 반일운동가의 활동을 이해하고 활동자금을 열심히 지원하는 기풍이 있었기 때문이다. 물론 그렇지 않은 부호도 있다. 안명근은 활동자금과 동지들을 찾아 적극적으로 안악 부근을 살았다. 그의 품에는 호신용 권총이 숨겨져 있었다.

무엇보다 안명근의 움직임 이후 안씨 일족에게 쏠린 일본 관헌의 감시는 결코 미온적이지 않았다. 특히 안명근은 위험한 인물로 여겨지고 있었다. 몰래 미행자가 따라붙었다. 미행자들은 안명근을 검속

할 기회를 노리고 있었다.

얼마 지나지 않아 안명근이 안악을 뒤로하고 평양정거장에 나타났다. 거기서 미행자들이 안명근을 덮쳤다. 안명근은 도망가지 않았다.

이윽고 안명근은 경성의 제2헌병 분대로 호송되었다. 그곳에서 안명근은 총독부 경무국 고등경무과장 구니토모 소켄國友尙謙 경시의 혹독한 취조를 받았다. 취조관은 그 외에도 많았다. 구니토모 경시는 안명근이 권총을 휴대하고 있던 점을 추궁했다. 그리고 최종적으로는 안명근이 그 권총으로 다케우치 총독의 암살을 꾀하고 있었다고 꾸며댔다. 마침내 안명근은 명색뿐인 재판으로 종신징역형을 선고받았다.

그 직전 안명근에 대한 자금 지원을 끊었던 사람이 일본 관헌에게 고자질했다. 민閔이라는 이름의 부자였다. 이 남자의 고자질로 안명근 동지와 지원자들이 줄줄이 체포되었다. 김구金九, 김용제金庸濟, 최명식崔明植, 김홍량金鴻亮, 한필호韓弼昊, 고봉수高奉守, 박형병朴衡秉, 한정교韓貞敎 등 160여 명이었다. 그 중에서도 김구는 열혈한으로 알려져 있었다. 왕비 민비가 일본인에게 살해된 것을 격앙해 몰래 일본인 군인 쓰치다 조스케土田讓亮 육군 중위를 참살한 것도 이 인물이었다. 쓰치다가 조선인으로 변장해 김구 등 반일활동가를 냄새 맡으며 돌아다니는 밀정이었기 때문이라는 설도 있다. 그때 김구는 안악의 치하포 항구에서 체포되었지만 용케 탈옥했다. 그런 혐의도 있어서 김구 일행에게 가해진 고문은 매우 처참했다. 김구는 그것을 견뎠지만 한필호는 유치장에서 숨을 거두었다. 결국 이 동지나 지원자들 18명에게도 중형이 내려졌다. 이것이 '안악 사건安岳事件'이었다.

105인 사건

그러나 데라우치는 안악 사건 정도로는 만족하지 않았다. 이 총독은 한층 더 야심적인 탄압을 숨기고 있었다. 옛 신민회 간부들을 한꺼번에 대량으로 잡아들이는 것이 그 노림수였다.

총독부에 의해 강제적으로 해산당한 옛 신민회 간부들은 평양을 기점으로 서북 방면으로 이주해 각지에서 애국계몽 활동에 힘썼다. 그곳에 개인 학교나 사숙, 강습소를 만들어놓고 간부들이 후진을 지도하고 있었다. 최고 간부인 안창호는 해산 직전에 중국 산동성의 청도로 망명했지만 조선에 머물렀던 윤치호尹致昊, 양기탁梁起鐸, 이승훈李承薰, 안태국安泰國, 임기출林豈出, 유동열柳東說, 최용화崔容化, 옥관빈玉觀彬, 차리석車利錫, 선우혁鮮于爀, 김일준金一俊, 선우훈鮮于燻 등이 그 사람들이었다.

윤치호는 미국의 에머리 대학에 유학한 경험이 있고 옛 독립협회의 간부이기도 하다. 유동열은 일본의 사관학교를 졸업했다. 최용화는 일본의 와세다 대학을 나왔다. 유동열과 최용화는 관비 유학생이었다. 모두 일류 지식인, 문화인이었기 때문에 그 영향력은 적지 않았다. 그리고 그 절반 이상이 경건한 천주교 신자였던 점도 뒤에 큰 영향을 미쳤다.

말을 계속하면 이 수강생들 가운데 이광수李光洙가 있었다. 약관 18세도 안 된 고아였다. 이광수는 뒤에 2·8독립선언문을 기초起草했고, 게다가 한국 근대문학의 아버지라 불리는 대작가로 성장하는 인물이다. 그에게는 《무정》, 《흙》, 《유정》 같은 억압받은 시대를 주제로 하는 작품이 있다. 그 문학적인 토양은 다름 아닌 서북 시대에 배

105인 사건의 용의자들은 염주처럼 줄줄이 엮여 경성으로 연행되었다.

양된 것이었다.

1911년 1월 서북 지방의 헌병대와 경찰관 부대가 일제히 움직이기 시작했다. 헌병과 경찰관은 옛 신민회 간부와 수강생들을 닥치는 대로 검거했다. 검거 용의는 선천정거장에서의 데라우치 총독 암살에 대한 모의였다. 물론 그런 사실은 없다. 그러나 이 지방에서는 연일 연야에 걸쳐 일본 관헌의 폭력 장면이 보였고 체포자는 실로 600명을 넘었다. 체포자는 염주처럼 줄줄이 엮여 차례대로 경성으로 연행되었다.

경성의 헌병대에서는 연행되어 온 체포자들을 헌병 분대 유치장에 처넣었다. 제1헌병 분대는 총독부 청사 바로 맞은편에 있었고, 제2헌병 분대는 경복궁 대각선 맞은편에 있었다. 양쪽 유치장은 체포자들로 넘쳤고 헌병대에서는 체포자들에 대한 혹독한 취조가 이루어졌다.

그러나 아무리 혹독하게 취조를 해도 본래 사실무근이었기 때문에 아무 의혹이 나올 것이 없었다. 일망타진으로 단행한 데라우치는 곤경에 빠졌다. 데라우치는 구니토모를 불러 세상없어도 밝혀내라고 노성을 질렀다. 체포자에게 자백을 받지 못하면 조작이 들통나버릴 것이다. 구니토모 경시도 필사적이었다. 그 이후의 취조실은 고문에 의한 아비규환의 지옥으로 바뀌었다.

취조관은 2인 1조가 되어 긴 몽둥이로 용의자에게 고문을 가한다. 다시 말하면 용의자를 움직이지 못하도록 매달아놓고 둘이서 긴 몽둥이를 가지고 후려 팼다. 몽둥이 세례는 용의자가 기절할 때까지 쉴 새 없이 쏟아졌다.

또는 용의자의 양손 엄지손가락을 삼노끈으로 묶은 다음 그 삼노끈을 높은 들보 양쪽에 걸어놓고 용의자의 몸을 두레박처럼 끌어올렸다. 양쪽 엄지손가락 피부가 터지고 살점이 찢어지고 뼈가 튀어나오고, 그리고 너덜너덜해졌다.

또 한쪽 팔을 앞에서 어깨 위로 돌리고 다른 한쪽 팔을 등 뒤 반대편에서 당겨 올려 양손이 등 중앙에서 연결될 때까지 얽어맸다. 그 끝을 들보에 걸어 용의자의 몸을 매달았다. 그리고 공중 높이 매달린 몸을 옆구리부터 늑골 있는 데까지 죽도나 철봉으로 찌르고 아무데나 닥치는 대로 때렸다. 가죽 채찍을 사용하는 경우도 있었다.

용의자는 대개 20분 정도로 기절했다. 그러면 의식이 있는지 없는지 확인하기 위해 담뱃불을 얼굴에 짓이기거나 벌겋게 달은 부젓가락을 발에 갖다 댔다. 반응이 있으면 아직 살아 있는 증거고 고문이 더 가해졌다.

실신한 용의자의 생사를 확인하는 데는 한지를 코 가까이에 붙이

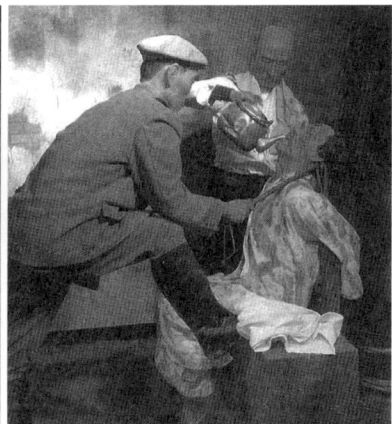

천안시 독립기념관에 밀납인형으로 재현된 고문 장면의 일부

는 방법도 있었다. 붙인 종이가 조금이라고 움직이면 숨을 쉬고 있는 것이 된다. 숨을 멈추고 실신한 척하는 용의자에게는 더 혹독한 몽둥이 세례가 쏟아졌다.

큰 주전자 두 개 정도의 물을 코에 부어넣는 방법도 있었다. 물고문이라고 한다. 몸은 금세 나무술통처럼 부풀어 오른다. 그 몸을 굴리면 멈췄던 심장이 움직여 숨을 쉬었다. 숨을 쉬기 시작하면 또 다음 고문이 기다리고 있었다.

경성의 헌병대 취조실에는 높이가 3척인 나무상자가 만들어져 있었다. 대각선 길이가 1미터쯤 된다. 그 나무상자 속으로 양쪽 손발을 묶은 용의자를 눌러 넣었다. 용의자는 쪼그린 형태로 설 수도 앉을 수도 누울 수도 없다. 그대로 이틀 사흘 방치했다. 그런 자세로 계속 있으면 혈관 속의 피 흐름이 무뎌져 아무리 강인한 자라도 마비 상태가 되었다.

나아가서는 높이 2미터, 폭 50센티미터, 깊이 30센티미터 정도의 콘크리트 상자도 있었다. 앞쪽에는 단단한 문짝이 달려 있다. 여기에 처넣어진 용의자는 선 채로 있어야 한다. 그런 상태로 며칠씩 있으면 피가 아래로 쏠려 용의자들은 혼수상태가 되었다. 발광하는 사람도 있었다.

헌병대 취조실에는 피와 땀과 기름과 분뇨 냄새로 가득 찼다. 일본인 취조관들은 이 이상한 냄새에 흥분했고 그 탓인지 더 잔인해졌다. 잔인한 고문은 밤을 지나 낮까지 이어졌다.

드디어 죽는 사람이 생겼다. 김근영金根瑩과 정희순鄭希淳은 피를 토한 채 싸늘해졌다. 다른 사망자도 두 명 나왔다. 누군가가 죽기 직전까지 일본인을 저주했다.

불구자도 속출했다. 팔이 빠진 사람, 손가락이 잘린 사람, 눈알이 빠진 사람은 헤아릴 수 없었다. 성기를 상실한 사람도 있었다. 불구가 된 사람들은 차라리 죽이라고 소리 지르며 노발대발했다.

이윽고 반년이 지났다. 고문은 변함없이 이어지고 있었다. 구니토모 경시는 슬슬 한계를 느끼기 시작했다. 데라우치도 내심으로는 실수를 눈치 채고 있었다. 무엇보다 데라우치는 자신의 실수가 메이지 천황의 귀에 들어가는 것을 두려워했다.

6월 28일 데라우치는 검찰 당국에 지시를 내려 검거자 600여 명 중 128명을 기소해 재판에 회부했다. 경성지방법원은 윤치호 이하 105인에 대해 5년에서 10년형을 언도했다. 실형이었다. 총독부가 데라우시 송녹 암살 모의를 조작해 독립운동가들을 감옥에 가둔 것을 '105인 사건'이라 부른 까닭이 여기에 있었다.

윤치호 등은 즉시 상고했다. 그러나 이 상고에 대한 회답의 결과는 그리 간단치 않았다. 이후 메이지 천황의 사망과 무관하지 않다. 사정이야 어찌되었든 무기한 연기라는 상황이 마냥 지속될 우려가 있었다.

105인 사건은 그로부터 2년 뒤에 결말이 났다. 정확히는 1913년 7월 15일이다. 용의자들은 경상북도 대구로 보내졌다.

그날 대구복심법원은 윤치호에게 6년, 양기탁 이하 5명에게 4년, 다른 99명에게는 무죄판결을 내렸다. 조작에 마음이 내키지 않았던 것일까? 유죄판결을 받은 6명에게도 2년 뒤인 1915년 2월 13일에는 전원을 석방함으로써 끝이 났다.

엄비와 영왕의 기구한 재회

데라우치가 안악 사건과 105인 사건을 대처하느라 쫓기고 있을 때 조선 왕실에 불행한 사건이 발생했다. 병합 이듬해인 7월 20일 이른 아침, 고종 이태왕의 귀비인 엄비嚴妃가 사망했다. 장티푸스가 사인이었다. 심장마비라는 설도 있다.

엄비는 왕비인 민비閔妃가 일본인에게 참살된 후 측실에서 귀비로 올랐다. 귀비는 실질적으로 왕비지만 엄비는 굳이 귀비의 입장을 원했다. 원래가 대범한 사람이었을 것 게다.

엄비는 왕세자인 영왕 이은의 어머니이기도 했다. 왕세자는 병합 전까지는 황태자라고 불렸다. 그 황태자를 이토가 일본으로 데려갔다. 일본에서 공부한다는 명목이었는데 사실 엄비는 그것이 인질임을 알고 있었다.

영왕을 일본으로 데려가는 것을 알게 되었을 때 그 낌새를 알아차린 엄비는 너글너글함을 버리고 이토에게 대차게 대들었다. 그러나 이토의 강경함에 밀렸다. 그럼에도 엄비는 끈덕지게 매달려 1년에 한 번은 귀국시켜 준다는 약속을 받아냈다.

그러나 이토는 약속을 지키지 않았다. 영왕은 엄비가 사망하기까지 3년 7개월 동안 한 번도 귀국하지 못했다. 엄비는 이토가 죽은 뒤에는 데라우치에게도 약속 위반을 따졌다. 그런데 데라우치도 시치미를 잡아뗐다.

엄비는 사랑하는 자식을 만나지도 못한 채 이 세상을 떠났다. 그 가슴 속은 미루어 짐작하고도 남는다. 국민도 그 복잡한 사정을 알고 있었기에 엄비의 죽음에 이중으로 가슴이 아팠다.

엄비의 죽음은 도쿄에 있는 영왕에게도 알려졌다. 이때 영왕은 14세였다. 영왕은 서둘러 귀국했다.

엄비가 사망한 지 사흘 지난 7월 23일 오후 6시 40분 영왕은 남대문역에서 내렸다. 역 앞 광장과 대로에는 왕세자를 맞는 많은 사람들이 운집해 있었다. 그 무리는 덕수궁 대한문 앞 광장까지 끊이지 않았다.

영왕은 덕수궁으로 들어갔다. 그리고 엄비의 망해가 안치되어 있는 함녕전咸寧殿으로 다가갔다. 그 모습을 본 궁녀들이 일제히 큰 소리를 내며 울었다. 그런데 영왕은 어머니 망해를 대면하지 않았다. 엄비의 사인이 전염병이었기 때문이라고 일컬어진다. 그것을 안 궁녀들의 슬픈 울음은 쏙풍우 같은 통곡으로 바뀌었다.

데라우치는 엄비의 장례를 왕비에 걸맞은 격식으로 거행했다. 조선 왕실의 전범典範에 의하면 귀비의 장례를 궁중에서 집행할 수 없다. 그러나 데라우치는 그것을 무리하게 궁중에서 거행했다. 총독부와 조선 왕실에 집중되고 있는 의심의 눈을 속이기 위해서였다. 그 정도로 데라우치는 조선 지배를 고심하고 있었다.

아무튼 데라우치의 날들은 더 다망해졌다. 연달아 일어나는 어려운 문제와 직무를 완수하려면 육군대신 겸임은 무리였다. 부득이 데라우치는 육군대신 자리를 후임인 이시모토 신로쿠石本新六에게 물려주었다. 8월 30일의 일이었다.

무엇보다 데라우치에게는 언제까지나 조선총독부 지위에만 머물러 있을 수는 없었다. 더 큰 야심이 있었다. 대일본제국의 총리대신 자리가 궁극적인 목표였다. 사실 데라우치는 5년 뒤인 1916년 10월에 총리대신이 되었다. 그래서 조선에서의 일은 빨리 끝내고 싶었다. 데라우치가 빠르게 제령을 쏟아내고 빠르게 손을 쓴 것은 자신을 위한 일에 지나지 않았다.

해가 바뀌었다. 1912년이다.

그해 7월 30일 메이지 천황이 붕어했다. 재위 45년, 보령 61세의 생애였다. 사인은 요독증에 의한 심장마비였다. 메이지 천황의 뒤는 황태자 요시히토嘉仁가 계승했다. 다이쇼 천황이다. 연호도 다이쇼大正로 고쳐졌다.

9월 13일 메이지 천황의 국장이 아오야마 연병장 장례식장에서 이루어졌다. 메이지 천황의 영구가 궁성을 떠난 오후 8시에는 노기 마레스케及木希典 대장과 그의 부인 시즈코靜子가 아카사카 자택에서 천황을 따라 죽었다. 일본에서는 한 시대가 끝났다. 그러나 조선에서는 새로운 지옥의 시대가 시작되고 있었다.

제5장

일제 36년

고종의 죽음

2·8독립선언

일한병합에서부터 일본의 패전으로 인해 해방에 이르는 36년간을 한국 사람들은 한恨을 담아 '일제 36년'이라고 말한다. 민족의 마음에 지울 수 없는 증오가 생겼는데 일본이 저지른 원죄가 그것이었다. 일본이 실제로 식민통치한 기간은 35년인데 그에 대해서는 완전히 무시하고 있다.

당시 조선의 종교상 국시는 유교였다. 유교가 조선의 근간을 이루고 있었다. 그 위에 천도교, 기독교, 불교 등의 종교가 있었고, 각각에 다수의 신자가 있었다. 천도교는 예전의 동학東學이 발전한 것이다. 병합 당시의 경성에는 천도교 신자 30만, 기독교 신자 20만, 불교 신자 5만이 있었다고 일컬어진다. 경성 전체 인구가 약 70만 명이었으니까 누구나 할 것 없이 어느 한 종교에 속해 있었던 셈이다. 조선인의 신앙은 일본인의 허울뿐인 그것과는 달랐다.

특히 경성에는 열성 신자들이 집중되어 있었다. 교회도 많았다. 이 신자들은 교회를 통해 외국인 선교사와 밀접한 관계를 맺고 있었다. 신자들에게 선교사는 하나님의 가르침을 설명해주는 성자임과 동시에 귀중한 정보를 전해주는 사도이기도 했다. 웰치, 엘데만, 휘트모어, 홀드콜트 등이 그런 정보 전달자였다. 외국인 선교사들의 태반은 미국을 거쳐 조선에 들어온다. 따라서 조선 국내의 정보는 미국으로 흘러가는 양이 많았다.

조선에서 일어난 안악 사건과 105인 사건은 이 외국인 선교사들에 의해 미국을 통해 외국에도 전해졌다. 총독부의 토지조사사업으로 인해 발생한 유민들의 참상도 모두 해외에 알려졌다.

데라우치 총독은 일한병합과 동시에 여러 탄압책을 강행했는데, 교회나 사원, 학교에 관계된 사람들에 대해서만큼은 일정한 제약 외에는 평판이 좋지 않은 규제를 하지 않았다. 종교인이나 교육자가 총독부의 소위 '무단정치' 또는 '헌병정치' 정책에 저항할 정도의 힘이 된다고는 생각하지 않았기 때문이고, 또 이 지도자들을 탄압하면 신자나 학생에게 좋은 영향을 줄 수 없다고 생각했기 때문이다. 나중에 그것이 천려일실이 될 줄은 당시에는 알지 못했다.

정확히 그 무렵 미국의 샌프란시스코에는 재미조선인 결사 '공립협회共立協會'가 있었다. 회원은 8,000여 명이었다. 이 협회에서는 기관지 〈신한민보新韓民報〉를 발행하고 있었다.

하와이에는 하와이 거주 조선인 결사 '합성협회合成協會'가 있었다. 이 협회도 〈신한국보新韓國報〉라는 기관지를 발간하고 있었다.

해외에 거주하는 조선인들은 미국인 선교사들을 통해 조국의 참상을 알게 되자 하나같이 분격했다. 기관지에는 일본의 통치에 대한 비난의 격문이 빗발쳤다. 하지만 조선은 너무 멀리 떨어져 있다. 공립협회와 합성협회는 서로를 통합해 '대한국민회大韓國民會'라는 새로운 이름으로 조국 독립을 위한 결속을 다졌다. 그런데 자금을 지원하거나 망명 운동가를 받아들일 수는 있어도 본국에 대한 그 이상의 직접적인 행동은 무리였다.

그 무렵 도쿄에는 연평균 640명 전후의 조선인 유학생이 있었다. 그중 30여 명이 국비 유학생이다. 그 외에는 양반 자제의 젊은 학생들이었다. 유학생의 출입은 잦았다.

병합 이후 도쿄의 관헌은 당시 도쿄에 거주하고 있는 조선인 유학생들 전원에 대해 식별 조사를 했다. 처음에는 품행이 방정한 학생과 그렇지 않은 학생을 분류하는 정도였다.

1913년 내무성 경보국은 공식적으로 조선인 유학생들의 식별 조사에 대한 틀을 전국으로 확대했다. 3년이 지난 1916년 7월에는 '요시찰 조선인 시찰 내규'를 정해놓고 반일유학생들을 철저하게 색출하기 시작했다. 해마다 유학생들이 조국 복권을 위해 움직이는 조짐이 감지되었기 때문이다.

그 이후 반일학생은 '갑호'와 '을호'라는 부호로 분류되었다. 갑호의 학생에게는 24시간 내내 특정 형사나 밀정이 따라붙었다. 일본 정부 당국이 갑호의 학생을 정치 활동가로 간주했기 때문에 예외는 없다. 그렇지 않아도 이민족 속에서 살아가는 학생들의 생활은 불편했는데 그것이 학생들을 더욱 부자유스럽게 했다.

그런데도 도쿄의 유학생들은 친목회나 시국 강연회, 신입생 환영회, 졸업생 환송회, 운동회 등의 명목으로 모임을 가지면서 연락을 긴밀히 취하고 있었다. 망년회를 구실로 집회를 한 적도 있다. 어느

새 유학생들 사이에 '학우회'라는 그룹이 생겼다. 기관지《학지광學之光》도 발행했다. 이 잡지도 단결을 부르짖을 수 있는 기사가 실리자 곧바로 발행금지 처분을 받았다. 발행금지 처분은 2년간 19회분 중에서 실제로는 9회에 영향을 주었다.

이들 모임에는 '갑호'와 '을호'가 붙은 유학생 활동가들도 적극적으로 참가했다. 관헌의 눈을 속이기 위한 것이리라. 활동가들은 일부러 일반적인 친목 행사에 정신을 내놓았다. 그런데 그 이면에는 항상 조국 독립에 대한 활발한 의논을 격렬하게 나누고 있었다. 《학지광》에도 격렬한 글을 실었다. 그때마다 이 기관지는 발행 정지라는 아픔을 겪었다.

1919년이 되었다. 그해 2월 8일에도 조선인 유학생들은 도쿄의 간다구 니시오카와초에 있는 조선기독교청년회관에서 모임을 가졌다. 모임의 명목은 학우회 임원을 새로 선출하기 위한 총회였다. 회의장 입구에는 그것을 분명히 하는 입간판이 세워졌다.

이날 오후 2시 회의장에는 600명이 넘는 유학생들이 몰려들었다. 도쿄에서 생활하는 거의 과반수가 여기에 모인 셈이다. 유학생들은 뭔가를 기대하는 바가 있는 듯했다. 장내의 분위기는 늘 달라 초장부터 이상한 열기로 감싸여 있었다. 그 열기 속에서 학우회 회장 최팔용崔八鏞이 사회자로 나서 의사를 진행했다.

때가 좋다고 본 것일 게다. 최팔용은 의사를 중단하고 단상으로 실행 위원 백관수白寬洙를 불렀다. 백관수는 단상에 올라갔다.

백관수는 일동에게 정숙해달라고 요청했다. 장내가 조용해지자 일본의 집회는 지금부터 2·8독립선언대회로 바꾼다고 말했다. 그 순간 장내에 큰 환성이 일었다.

　백관수는 계속해서 일동을 제어했다. 그리고 천천히 품속에서 한 통의 문서를 꺼내 읽기 시작했다.

　　선언서
　　전全조선청년독립단은 2천만 조선 민족을 대표해 정의와 자유의 승리를 얻은 세계 만국 앞에 독립을 이루고자 선언하노라…….

장내에 터질 듯한 박수가 회오리쳤다. 백관수의 목소리는 뒤에서는 잘 들리지 않았다. 장내의 곳곳에서 조용히 들어보자고 요구하는 소곤거림이 난무했다.

　이어 백관수는 조선은 4,300년 긴 역사를 가진 민족이요, 일찍이 한 번도 이민족의 실질적인 지배를 받은 적 없다는 부분을 낭독했다. 나아가서는 청일전쟁과 러일전쟁 이후 각 조약을 위반하면서까지 일본이 조선의 외교권을 빼앗아 보호국으로 삼은 경위에 대해서도 언급했다. 게다가 일본이 조선의 사법권과 경찰권을 박탈하고 군대를 해산시켜 병합조약 체결로 몰고 간 과정도 설명했다.

　　현재 우리 민족은 일본 군벌이 지닌 야심의 희생양이 되고 있다. 일본의 조선에 대한 행위는 사기요 폭력이며, 이런 행위에 의한 성공은 세계 흥망사상 특필되어야 할 인류의 큰 치욕이다. 우리는 맨손으로 가능한 저항을 계속하고 있지만 이미 수십만 희생자가 발생했다. 정의와 인도로 세계를 개조하는 이 시대에, 보호와 병합을 솔선해서 승인한 미국과 영국은 오늘날 이전의 잘못된 죄악을 속죄할 의무가 있을 것이다.
　일본의 통치 정책은 참정권은 물론 집회, 결사, 언론, 출판의 자유를 빼앗았고, 나아가서는 종교의 자유, 민족의 권리마저 침해했다. 우리와 일본인 사이에는 교육의 차별이 있고, 일본인은 우리를 사역자 다루듯 하고 있다. 정부 기관에 소수의 관리를 제외하면 일본인만 고용하고 국가 생활에 관여할 기회를 주지 않는 등의 불공정과 불평등이 끊이지 않는 무단전제정치 아래서 민족의 생존과 발전은 불가능하다. 그렇지 않아도 인구 과잉의 조선에 무제한 일본인 이민을 장려하고 있어 우리 토착민이 부득이 해외로 나갈 수밖에 없게 되었다…….

백관수의 낭독은 지금도 이어진다. 그 목소리는 생기가 넘치고 얼굴은 홍조다.

　마지막으로 동양평화의 견지에서 보면 위협자인 러시아는 이미 제국주의적 야심을 버리고 정의와 자유와 박애를 기초로 하는 새로운 국가 건설을 위해 노력하고 있다. 중화민국도 그렇다. 더욱이 이번 국제연맹이 실현되면 어떤 나라도 두 번 다시 군국주의적 침략을 감행하지 못할 것이다.
　그렇게 되면 일본이 대한국을 병합한 최대 이유는 소멸될 뿐이고, 그대로 식민지 지배가 이어져 우리 민족이 혁명을 위해 봉기하게 되면 그것은 동양의 평화를 교란시키는 화의 근원이 될 것이다. 우리 민족은 정당한 방법으로 우리 민족의 미래를 추구해야 하겠지만, 우리 민족은 생존의 권리를 위해 모든 자유행동을 동원해 최후의 한 사람까지 자유를 위해 열혈을 쏟아부어야 한다.

우리 민족은 한 명의 병사도 소유하고 있지 않다. 따라서 병력을 갖고 일본에 저항할 수는 없지만 일본이 우리 민족의 요구에 응하지 않으면 우리 민족은 일본에 대해 영원한 혈전을 선언할 것이다……

장내가 물을 끼얹은 듯이 조용해졌다. 백관수는 소리를 더 높이 외쳤다.

이에 우리 민족은 일본 또는 세계 각국이 일본 민족에게 민족자결의 기회를 줄 것을 요구하지만, 만일 그렇게 되지 않으면 우리 민족은 생존을 위한 자유행동을 취해 우리 민족의 독립을 이룰 것을 선언한다.

조선청년독립단 대표자
백관수

재차 장내에 터질 듯한 박수가 넘쳐흘렀다. 박수는 계속 이어져 그칠 줄 몰랐다. 장내의 앙분은 절정에 달했다. 태극기를 흔드는 사람도 있었다. 조선독립만세를 외치는 사람도 있었다. 감격한 나머지 눈물을 흘리는 사람도 있었다. 그리고 어느 누구 할 것 없이 시위를 하기 위해 시가로 줄지어 몰려나가게 되었다. 유학생들은 앞다투어 회의장 밖으로 나갔다.

바로 그때 회의장 주변에서는 집회에 임석하고 있던 사복형사의 급보를 받고 출동한 니시칸다 경찰서 경찰대가 시위행진을 저지하기 위

2·8독립선언을 발표한 조선인 유학생들

한 태세를 취하고 있었다.

그곳으로 유학생들이 몰려나갔다. 갑자기 격렬한 난투가 벌어졌다. 유학생들에게 부상자가 속출했다. 경찰대는 움직일 수 없게 된 유학생들을 닥치는 대로 포박했다. 독립선언서에 서명한 대표 9명 외에 60여 명이나 되는 유학생들이 체포되었다. 유학생들은 차가운 유치장에 처넣어졌다. 이때의 사건을 그 월일을 따서 '2·8독립선언'이라고 한다. 새로운 독립운동의 개막이었다.

2·8독립선언서에는 위의 백관수를 포함해 11명의 서명이 있었다. 이하에 그 성명과 나이, 일본 관헌에 의한 부호 등을 열거한다.

　　최팔용崔八鏞 27세, 와세다대 학생, 갑호
　　김도연金度淵 27세, 게이오기주쿠대 학생, 갑호
　　이광수李光洙 29세, 와세다대 학생, 갑호

김철수金喆壽 24세, 게이오기주쿠대 학생, 갑호
백관수白寬洙 30세, 세이소쿠영어학교 학생, 을호
윤창석尹昌錫 31세, 아오야마학원 학생, 갑호
이종근李琮根 23세, 도요대 학생, 을호
송계백宋繼白 24세, 와세다대 학생, 갑호
최근우崔謹愚 22세, 도요코토사범학교 학생, 을호
김상덕金尙德 29세, 무직
서　춘徐　椿 26세, 동양고등사범학교 학생, 갑호

그리고 이날의 회의장에 이광수와 최근우의 모습은 보이지 않았다. 이광수는 사전에 상해로 도망갔고 최근우는 빨리 연락을 취하기 위해 조선으로 향하고 있었다.

그러면 조선인 유학생들을 2·8독립선언으로까지 서둘게 한 이유는 무엇일까? 거기에는 뒤에 고종 이태왕을 죽음으로 몰고 간 의외의 비밀도 숨겨져 있었다.

이 시기로부터 5년 전, 즉 1914년 6월에 오스트리아·헝가리 제국의 황태자 프란츠 페르디난트Franz Ferdinand 부부의 암살 사건이 도화선이 되어 제1차 세계대전이 발발했다. 제1차 세계대전은 4년 뒤에 영국과 프랑스, 미국 등의 연합국 승리로 끝났다. 일본도 연합국 편

도쿄 간다구 사루가쿠초에 세워져 있는 2·8독립선언기념비

에서 참전했고 동아시아에서 독일의 권익을 빼앗아 어부지리를 얻었다. 이는 고종이 훙거하기 전년에 이루어진 일이다.

이 전쟁 중에 미국의 28대 대통령 윌슨T. W. Wilson이 민족자결주의를 제창한 것이 갑자기 알려졌다. 윌슨의 이 발언은 강국의 지배 아래 신음하고 있던 식민지 국가들에게 뚜렷한 방안도 없는 희망과 용기를 주었다. 아일랜드, 폴란드, 체코슬로바키아, 유고슬라비아, 헝가리 등이 그런 국가다. 그런데 그 직후 체코슬로바키아 민족은 맹렬한 민족운동을 일으켜 공화국으로 독립하는 데 성공했다. 거기에 자극을 받아 다른 식민지 국가들에게도 독립운동의 기운이 높아졌다.

이 같은 유럽의 움직임은 해외에 체류 중인 조선인들에게도 큰 자극을 주었다. 무력에 의한 독립운동은 무리해서라도 윌슨이 주장한 민족자결 사상을 걸고 자주운동을 일으켜야 한다는 기개를 갖게 했다. 도쿄에서 생활하는 조선인 유학생들이 국권을 회복해야 함을 깨닫고 독립운동을 향해 발을 내딛은 것도 이 시기였다.

아무튼 제1차 세계대전은 끝났다. 그에 따라 1919년 1월 18일부터 프랑스에서는 파리 교외의 베르사유 궁전에서 강화회의가 열렸다. 고종도 그 정보를 들었다.

일찍이 고종은 네덜란드 수도 헤이그에서 개최된 만국평화회의에 특사를 파견한 적이 있다. 고종은 그 회의장에서 일본의 한국 지배에 대한 무효와 강압에 유린당한 조선의 궁상을 호소할 생각이었다. 그런데 이 특사 사건은 실패했고 그에 따른 일본의 강요로 고종은 왕위에서 물러났다. 덕수궁에 유폐의 몸이 된 것도 이 특사 사건이 직접적인 계기였다.

그로부터 12년이 지났다. 그간 조선은 완전히 식민지로 전락해버렸다. 그것도 포학이 난무하는 이상한 지배였다.

　고종은 이런 상황을 파리강화회의에서 한 번 더 호소할 수 있다고 생각했다. 파리로의 밀사 파견이다. 고종은 어쩌면 밀사의 의견이 받아들여져 열강이 조선에 주목하고 윌슨이 제창한 민족자결에 따른 구제의 손길을 내밀어줄지도 모른다는 일말의 희망을 갖고 있었다. 이때만큼은 고종의 늙은 눈도 간만에 반짝거렸다.

　하지만 밀사를 파견하기 위해서는 자금과 인재가 필요하다. 고종은 먼저 무리를 해서라도 자금을 변통해야 했다.

　이 시기 조선 왕실의 예산은 총독부가 세세한 데까지 엄중하게 감독하고 있었다. 고종, 즉 임금이 자유롭게 쓸 수 있는 돈도 한도가 정해져 있었다. 그래서 거액을 인출하는 것은 도저히 무리였다.

　게다가 고종의 신변에는 총독부와 통하는 측근이 적지 않았다. 측근은 모두 간사자라고 해도 좋다. 하지만 단 한 사람, 시종 김찬진金瓚鎭 만큼은 왕의 심중에 담아둘 수 있는 어진 신하였다. 고종은 김찬진에게 밀사 파견에 대한 자신의 가슴속을 열어놓았다. 군신은 몰래 계략을 마련했다.

　그 결과 고종과 김찬진은 다음과 같은 줄거리를 생각해냈다. 계략은 더없이 치밀했다.

　이전에 고종이 황제였을 무렵 조선 왕실에 10만 원이라는 대금을 기증한 사람이 있었다. 이 금액을 지금 돈으로 환산하면 15억 원 정도가 된다. 물론 그런 사실은 없다. 그런데 기증한 사람의 살림이 궁핍해져 이 상납금을 돌려주기로 했다. 이를 위해 고종은 황제 당시의 가짜 영수증을 만들었다. 영수증에는 윤허를 나타내는 서명도 해놓았다. 이 영수증을 김찬진에게 보관하게 했다.

또 고종은 이왕직장관 한상수韓相洙를 불러 상납금을 반환해주라고 지시했다. 한상수는 이왕직문서를 살펴 상납했다는 기록이 없음을 확인하고 그 사실을 고종에게 보고했다.

순간 고종은 안색을 바꾸며 화를 냈다. 아니, 화낸 척 했다고 하는 게 옳을 것이다.

고종은 "내가 거짓말이라도 하고 있다는 말이오!"라고 화를 버럭 냈다. 무서운 모습을 해가며 이 일은 김찬진 시종이 잘 알고 있으니까 두 사람이 이야기해 빨리 조처하라고 소리쳤다.

한상수는 반신반의했다. 그런데 김찬진에게 고종 친필 영수증을 보여달라고 말할 수 없어 총독부의 경무총감부에 급히 보고했다. 당시의 경무총장은 고지마 소지로兒島惣次郞였다. 고지마도 매우 의아해했는데 좌우간 지불을 승인했다. 그리고 동시에 대금의 행방과 함께 고종과 김찬진의 관계를 살폈다.

며칠 후 김찬진은 덕수궁 문 앞에서 헌병에게 납치되었다. 고지마는 필사적으로 고종의 음모를 밝히라고 했다. 김찬진에게 매도와 고문이 가해졌다.

그런데 김찬진은 입을 꾹 다물고 침묵을 지켰다. 파리로 밀사를 파견하려는 계획은 군신 두 사람만 아는 계략이었기에 이 시종이 입을 열지 않아 꼬리 잡힐 증거는 나오지 않았다.

결국 경무총감부는 1개월 뒤에 김찬진을 석방했다. 그렇다고 의심까지 다 풀어준 것은 아니다. 고지마는 김찬진의 시종직을 빼앗아 강세로 자진 퇴직시켰다. 고종과의 관계를 끊어놓기 위한 것임이 분명했다.

그 이후의 고종과 김찬진은 덕수궁 담장을 끼고 몰래 만나는 사이가 되었다. 이 경우에도 고종의 신변에는 간자의 눈이 빛나고 있었다. 김찬진은 고종에게 넌지시 자중을 촉구했다. 파리로의 밀사 파견 꿈은 산산조각 났다. 게다가 고종은 죽을 때까지 이 충신과 만나지도 못하고 분통한 마음을 드러낼 수도 없었다.

한편 총독부 당국은 고종을 처단하는 일에 대해 생각했다. 반일적 자세를 고치지 않는 고종의 태도는 무익하기만 하고 이로운 것은 하나도 없었다. 지체하지 않고 총독부는 고종의 시말을 결단했다.

그 이전에도 조선 민족을 매우 분개하게 만드는 사건이 있었다. 1916년의 일이다. 오만해진 일본과 일본인은 조선 민족의 감정에 지나치게 무감각해져 있었다.

그해 10월 16일 조선총독이 데라우치에서 하세가와로 바뀌었다. 하세가와는 육군 대장에서 원수로 승진하고 있었다.

총독직을 물러난 데라우치는 귀국한 뒤 염원이었던 내각 총리대신 자리에 앉게 되었다. 그렇긴 해도 이 야심가의 총리 취임은 지금까지 머리를 짓눌렀던 메이지 천황의 누름돌이 떨어져 나간 뒤 병약한 다이쇼 천황을 대신해 비로소 실현할 수 있게 된 느낌이 강했다. 데라우치도 원수로 승진했다.

한편의 하세가와는 조선주차군 사령관으로서 솜씨를 발휘한 뒤 육군참모장 자리에 있었고, 조선총독부 자리를 호시탐탐 노리고 있었다. 이 군인은 그 길을 전문으로 걸어온 수완가다. 당연히 데라우치와의 인연은 얕지 않았다. 따라서 2대 총독에 오른 하세가와는 데라우치가 깔아놓은 '무단정치' 또는 '헌병정치'라는 강경책을 아주 자연스럽게 답습했다. 그것은 조선인에게는 복종이냐 죽음이냐를 강요하는 협박의 연속 그 자체였다.

아무튼 데라우치는 조선에서의 권력을 하세가와에게 물려주었다. 데라우치는 나름대로 조선 지배의 실적에 자부심을 갖고 있었다.

그 데라우치에게도 조선을 떠나며 한 가지 이루지 못한 아쉬움이 있었다. 고종과 순종을 일본 천황과 회견시키는 것이 데라우치가 그린 화룡점정畵龍點睛의 꿈이었다. 이 경우의 회견이란 천황 앞에 고종과 순종을 무릎 꿇린다는 뜻이다. 조선이 일본의 지배 아래 들어온 사실을 일본과 조선 민중에게 알리는 의식이라고 해도 좋다.

데라우치가 이 건을 일단락 지었을 때 고종과 순종은 그 속을 알아차렸다. 고종은 치질과 류마티스를 오랫동안 앓고 있어서 장기간 여행하는 것은 무리였다. 순종도 독차 사건 이래의 아픈 몸을 핑계로 일본행에 난색을 표했다.

데라우치의 뒤를 이어받은 하세가와도 고종과 순종에게 일본행을 압박했다. 고종과 순종은 그것도 거절했다. 그런데 모든 것을 거절할 수는 없었다. 결국 순종이 일본으로 가게 되었다.

하세가와가 총독에 부임한 지 1년 지난 1917년 순종의 일본 방문이 실현되었다. 순종에게는 서북순행西北巡幸과 함흥대묘참배咸興大廟參拜에 이은 세 번째 장기 여행이다. 물론 한반도 밖을 벗어나는 것은 첫 체험이었다.

6월 8일 순종은 수행원 50여 명과 함께 경성을 떠났다. 하세가와 총독과 관계자들도 그 속에 있다. 일행은 부산까지는 경부철도를 이용했다. 부산에서 시모노세키까지는 일본 해군함 '히젠肥前'을 탔다. 시모노세키부터는 육로를 이용해 나고야에 도착했다. 6월 11일의 일이었다.

순종은 그곳에서 5년 10개월 만에 이복동생 영왕 이은과 재회했다. 영왕의 어머니 엄비의 장례가 경성에서 이루어졌던 이후의 대면이었다. 영왕이 이토에 의해 일본으로 끌려간 이후의 인질 생활이 이미 10년이 되어 가고 있었다.

나고야역 플랫폼에서 재회한 순종과 영왕은 서로 손을 잡고 잠깐 얼굴을 봤다. 이때 순종 43세, 영왕 20세였다. 망국의 왕과 왕세자에게는 그리움에 젖어 원통함이 앞섰다. 좋은 세상이었다면 순종은 황제의 지위에 있고 영왕은 황위 계승자로서 전통과 격식 속에서 안정된 길을 걷고 있었을 것이다. 아무 생각이 없을 수밖에 없었다.

그럼에도 순종과 영왕은 그날 밤 나고야 성내에 있는 이궁의 한 방에서 순백의 조선옷으로 갈아입고 조선 요리를 즐기면서 밤이 깊어가는 줄도 잊은 채 서로 이야기를 나누었다. 순종은 이국에서의 인질 생활에도 주눅들지 않는 영왕에게 놀랐다.

순종이 태어나서 비행기의 큰 소리를 들은 것도 다음 날 낮의 일이다. 비행기가 하늘을 날자 순종은 "저게 뭐야!"라고 소리치며 허리를 곧추세웠다. 얼굴은 공포로 굳어 있었다. 영왕은 생긋 웃으며 저건 도코로사와에서 가가미가하라로 가는 무착륙 비행기라고 설명해 주었다. 영왕은 견실한 어른으로 성장해 있었다.

6월 12일 오후 5시, 순종 일행과 영왕, 하세가와 총독 일행은 도쿄역에 도착했다. 주홍색 융단을 깔아놓은 플랫폼에는 구니노미야 구니요시오久邇宮邦彦 친왕과 히가시구니노미야 나루히코東久邇宮稔彦 친왕, 아사카노미야 야스히코朝香宮鳩彦 친왕을 비롯해 데라우치 총리대신, 하타노 요시나오波多野敬直 궁내대신 이하의 각 대신들이 영접하러 나왔다. 그리고 일행의 도착과 동시에 100발의 화포가 발사되었고 이어 21발의 예포가 울려 퍼졌다. 조선왕을 맞는 의식은 너무 화려하게 눈에 비쳤다.

순종의 일본 방문이 데라우치와 하세가와에 의해 이루어졌음은 이미 말했다. 다시 말하면 총리대신과 조선총독 두 사람이 지혜를 내서 연출했다고 해도 좋다. 물론 농간도 숨겨져 있다. 그래서 의식은 화려하면 화려할수록 효과가 있음도 계산에 넣었다. 그리고 그 음모는 단 한 가지였다. 순종과 다이쇼 천황의 회견장이 그 무대였다.

순종과 다이쇼 천황의 회견은 6월 14일 오전 10시 10분부터 천황이 머무는 봉황실에서 이루어졌다.

다이쇼 천황은 황태자 시절에 조선을 방문한 적이 있다. 그때 대한 황제에 즉위했을 뿐인 순종을 만났다. 따라서 양자의 회견은 11년만의 재회가 되었다.

11년 세월은 길다. 그리고 무겁다. 그 무게를 잘 느낀 쪽은 순종이 아니었을까? 분명 순종은 허약한 체질이었다. 사고의 측면에서도 자주 그 영향이 얼굴에 엷게 비쳤다. 그렇다고 굴욕의 감각까지 잃어버린 것은 아니다. 그 순종이 몸이 흔들릴 정도의 굴욕을 당했다.

이날 순종은 일본 육군 대장의 정장 차림으로 봉황실에 임했다. 육군 대장 복장은 이전에 일본 정부로부터 임명받았을 때에 갖추어져 있었다. 기다리자 다이쇼 천황이 나타났다. 다이쇼 천황은 대원수 차림이었다. 순종의 안색이 변했다. 그런데 순종은 강한 감동을 받았다.

양자의 의복으로부터 말하면 순종은 다이쇼 천황 아래 서는 자다. 11년 전에는 순종이 황제였고 다이쇼 천황은 황태자였다. 그런데 지금은 입장이 완전히 바뀌었다. 이 처사가 순종에게 굴욕이었다. 게다가 나라를 빼앗긴 군주의 비극이 역력했다.

곧 조선의 망국을 인상짓게 하는 의식은 끝났다. 데라우치와 하세가와 등은 득의에 찬 얼굴이었다. 그리고 이들의 모습은 일본과 조선에 대대적으로 보도되었다.

6월 29일 순종 일행은 경성으로 돌아갔다. 굴욕을 당한 군주의 귀국을 맞이하러 나온 시민의 감정은 매우 복잡했다. 특히 지식층 애국자들은 갑갑한 걱정에 시달렸다. 그 걱정은 날마다 불만 붙이면 언제라도 대폭발을 일으킬 정도로 팽창해 있었다.

고조되는 민족자결의 움직임

순종의 일본 방문으로부터 1년 반이 지났다.

그 사이에 조선 국내는 말할 것도 없고 국외에서도 민족자결을 향한 물결이 높았다. 일본과 일본인에 대한 증오의 격정은 지금도 팽배해지고 있다. 1918년 후반이 되자 민족독립운동가들의 움직임에 구체성이 보이기 시작했다. 다만 운동은 모두 비밀리에 진행되었기 때문에 일본 관헌이 알 수 없었다.

경성에서는 천도교와 기독교, 불교 등의 종교계 지도자들이 독립운동을 위해 골몰하고 있었다. 이 지도자들의 염두에는 신앙에 밀착된 수많은 신자가 있다. 학생들의 힘도 당연히 의지하게 된다. 지도자들에게는 이런 힘을 어떻게 결집시킬 것인지가 과제가 되었다.

그러면 다음으로 종교계 지도자들에 대해 말해보자. 조선의 종교인은, 즉 교육상의 지도자이자 인격자가 적지 않았다.

천도교의 최고 실력자는 손병희孫秉熙라는 인물이다. 지난 갑오농민전쟁 때 농민군 총대장이었던 전봉준全琫準과 의형제를 맺었던 바로 그 종교인이다.

그때 동학사상을 내걸었던 농민군은 일본군과 조선 정부의 연합군을 상대로 격전을 펼쳤는데 강력한 무력 앞에 괴멸되었다. 전봉준도 붙잡혀 처형되었다. 손병희는 위기일발의 곳에서 탈출했고, 2대 동학 교주 최시형崔時亨이 붙잡힌 뒤 3대 동학 교주로 모셔졌는데, 생명이 겨누어져 있었기 때문에 일본으로 망명했다. 1899년의 일이었다.

7년 뒤인 1906년 손병희는 일본에서 귀국했다. 그리고 새삼스레 동학 교주로 모셔졌다.

말을 계속하면 손병희가 일본에서 귀국을 결심한 것은 옛 동학 신자들을 일진회 간부 이용구李容九 등이 이용한 것을 용서할 수 없었기 때문이다. 당시 이용구 등은 총독부와 손잡고 일한병합을 빨리 실현하려고 기를 쓰고 있었다. 이용구 등은 옛 동학 세력을 주목하고 있었다. 그대로 방치했다간 옛 동학 신자들이 일진회로 넘어가 매국노의 오명을 뒤집어쓸 게 뻔했다.

귀국 후의 손병희는 동학을 '천도교'로 고치고 일진회와 분리시키는 일에 손을 썼다. 물론 동학사상에 기초한 새로운 교양도 내세웠다. 그리고 지금은 교주 자리에서 물러났지만 천도교 본부나 제동의 집을 발판으로 교세를 확장시켰다. 천도교 교조임은 변함이 없다. 이 교조의 활동을 오세창吳世昌과 권동진權東鎭, 최린崔麟, 정광조鄭廣朝 등의 훌륭한 지도자들이 아낌없이 도왔다.

기독교계 지도자들은 중진의 이승훈, 기예의 길선주吉善宙 등이었다. 이승훈은 105인 사건에서 살아남은 자였다. 이 지도자들은 외국인 선교사들로부터 많은 정보를 얻었다. 그래서 사고방식은 매우 유연했다. 새로운 정보에 자극받은 유연한 사고방식은 독립에 대한 격렬한 의욕으로 바뀌고 있었다.

불교계에는 한용운韓龍雲 선사가 있었다. 백용성白龍城이라는 열심인 불교 신자도 있었다. 특히 한용운은 일본이나 시베리아를 방랑한 경험이 있어 해외 정세에 유달리 밝았다. 따라서 다른 종교의 누구보다 조선의 앞날을 걱정했고 진정으로 독립을 생각하는 한 사람이었다.

그러나 각 종교 단체 지도자들은 독립운동에 대해서는 매우 신중했다. 시기를 저울질하고 있다고 말하는 게 나을지도 모른다. 아무튼 그 시기가 다가오는 것을 지그시 기다리는 자세를 취했다. 1918년도 연말이 가까워지고 있었다.

그사이에 2·8독립선언문을 기초한 이광수는 사전에 동경에서 상해로 도망가 있었다. 이광수는 뒤에 한국 근대문학의 아버지로 불리는 명문가다. 다만 이 명문가는 건강이 그다지 좋지 않았다.

당시 상해에는 여운형呂運亨과 장덕수張德秀, 조동우趙東祐, 선우혁鮮于爀 등의 망명 운동가들이 있었다. 이광수는 이 망명 운동가들 속에 몸을 던졌다. 명필로 운동을 거들 생각이었다.

이 망명 운동가들도 다른 해외에 거주하는 동포들과 마찬가지로 '신한청년당新韓靑年黨'을 결성해 조국 독립의 기회를 엿보고 있었다. 이 조직은 바로 뒤에 크게 활약해 '대한민국임시정부'로 깃발을 내걸게 된다.

상해의 운동가들도 파리강화회의에 귀를 열었다. 여운형 등은 월

슨 대통령이 제창하는 민족자결선언에 도움을 구하려고 대표 파견을 획책했다. 국제 여론에 조선 독립을 호소하는 변통인 것이다. 파리로 파견할 대표에는 미국 생활의 경험이 있는 김규식金奎植이 특별히 뽑혔다. 김규식은 영문 독립청원서를 들고 용감하게 파리로 떠났다.

하지만 강화회의에 참석한 제1차 세계대전 승전국 대표들은 김규식을 전혀 상대하지 않았다. 승전국 태반이 이미 식민지를 갖고 있었기 때문이다. 영국에서 아일랜드가 그랬고 미국에서 필리핀이 그랬다. 그래서 승전국 대표들이 조선의 독립 문제를 일반에 알릴 마음이 없는 것은 당연했다.

김규식은 실망했다. 그래도 김규식은 여전히 파리에 머물면서 착실히 운동을 전개했다. 한편 상해의 망명 운동가들은 윌슨의 제창이 말뿐인 겉치레라는 것을 알게 되자 반지르르한 말과 대국의 비정함에 아연실색하지 않을 수 없었다.

바로 그 무렵 일본에 있는 영왕 이은 왕세자의 혼례가 성사되었다. 조선의 왕세자 가례 문제는 만 2년 이상이나 난항을 겪고 있었다. 영왕에게 민갑완閔甲完이라는 정식 약혼자가 있었던 것과 무관하지 않다. 민갑완은 전前 영국 주재 조선 공사 민영돈閔泳敦의 딸이자 을사조약에 항의해 자결한 민영환閔泳煥의 조카다. 고종과 순종, 그리고 조선의 모든 민중이 영왕과 민갑완의 앞날에 어떤 희망을 걸고 따뜻한 눈길을 보내고 있었다. 그것을 총독부와 일본 정부가 갈라놓았다. 민갑완은 파혼되었다.

조선에는 일단 조선 왕실의 비妃로 선정된 사람은 파혼이 되어도 일생을 혼자 살아야 하는 관습이 있다. 영왕을 받아들인 민갑완은 일본에 원한을 가졌다.

충독부는 그것을 알고 있었다. 총독부가 민갑완을 괴롭히기 시작했다. 결국 민갑완은 조선에 더는 있을 수 없어 상해로 망명하는 불우한 운명을 따랐다. 이런 사정 속에서 총독부는 무리하게 영왕과 민갑완의 약혼을 파기하고 일본 정부로 하여금 일본인 혼례 상대를 찾게 했다. 영왕의 혼례 상대로 선정된 사람은 나시모토노미야 모리마사梨本宮守正 왕의 장녀 마사코方子였다. 훗날의 이방자李方子다. 영왕 22세, 마사코 18세였다. 거식 날짜는 이듬해인 1919년 1월 25일로 결정되었다.

한마디 더하면 마사코가 자신의 약혼 상대를 알게 된 것은 1916년 8월 3일 자 〈요미우리신문〉의 부인 부록 톱 기사에서였다. 마사코는 자신이 훗날 쇼와 천황이 되는 히로히토 친왕의 약혼 후보자 중 한 사람이라는 것은 이미 알고 있었다. 사실 마사코는 일부에서 가장 유력시되고 있었다. 그런데 신문에는 마사코의 약혼 상대로 조선의 왕세자, 즉 황태자의 이름이 거론되어 있었다. 일본이 조선을 식민지로 삼은 일한병합 6년 뒤의 일이다. 당시의 마사코는 15세였다. 그때 일본이 대한제국 국호를 '조선'으로 되돌리고, 황제는 '왕'으로, 황태자는 '왕세자'로 격하시켰던 일은 앞서 말했다.

그 전부터 사마코의 아버지 나시모토노미야와 어머니 이쓰코伊津子는 황족의 일원으로서 사랑하는 딸의 앞날에 전폭적인 믿음을 가지고 있었다. 황족이었으니 당연한 일이었으리라. 그러나 일본은 일한병합 이후의 조선 지배에 뚜렷한 방안도 없이 고심하고 있었다. 초대 총독 데라우치와 2대 총독 하세가와가 강행한 '무단정치'에 조선 민족이 격렬하게 저항했기 때문이다. 조선에서는 해마다 반일 움직임이 더욱 늘었다.

그래서 일본 국내에서는 '일선융합日鮮融合'이 가장 중요한 과제가 되었다. 물론 반일감정과 그 움직임을 조금이라도 줄여보고 싶었기 때문이다. 일선융합에는 조선 왕실 왕세자와 일본 황족 공주의 혼례가 자못 상징적이었다. 이를 위해 마사코가 영왕 이은의 혼례 상대로 선정되었다.

한편 영왕은 일본 유학이라는 명목으로 일본에 끌려간 지 9년 세월이 흐르고 있었다. 그 사이에 영왕은 도쿄의 육군유년학교 예과에 편입해 본과를 거쳐 사관후보생이 되었고, 이후 육군사관학교를 졸업한 뒤 1917년 12월에는 육군 소위로 임관했다. 20세 때의 일이다.

아무튼 마사코와 영왕의 혼례를 실현하는 데에는 황실전범皇室典範 개정이라는 큰 장벽이 가로놓여 있었다. 당시의 황실전범에는 황족 공주는 황족 또는 귀족에게 시집가도록 정해져 있어 일본 황족이 조선 왕족에게 시집갈 수는 없었다. 그래서 황족 회의가 소집되었고 거기서 왕족과의 혼례에 관한 조항 개정이 이루어졌다. 조선 왕족은 일본 황족 또는 귀족과 혼인할 수 있다는 결정이 그것이었다.

게다가 다이쇼 천황은 마사코와 영왕의 혼례에 대한 칙재勅裁를 내렸다. 1918년 12월 5일의 일이다. 사흘 뒤인 12월 8일에는 예물 교환도 이루어졌다. 그리고 이듬해 4월 28일 혼례식이 거행되었다. 영왕과 마사코의 혼례는 데라우치 수상이 앞장섰고, 이 수상이 러시아 혁명에 따른 일본의 시베리아 출병 실패와 그에 얽힌 쌀 소동 사건을 계기로 총 사직을 한 뒤에는 하라 다카시 총리대신이 전임자의 구태를 답습하는 형태로 일이 진행되었다.

그런데 조선인은 이 혼례를 극단적으로 싫어했다. 단지 조선과 일본의 융화라는 미명하에 계획된 정략 혼례를 싫어했던 것만은 아니다. 무엇보다 조선 왕실의 피에 일본인의 피가 섞인다는 데 화가 치밀었다. 그 혼담이 일본인의 피를 가지고 조선 왕실의 핏줄을 끊어버리려는 정략에서 나왔음을 아는 사람은 훨씬 더했다.

조선인의 피에 대한 결백성은 민족의 자부심으로도 이어진다. 고종이라고 예외는 아니었다. 당연히 일본인과의 혼례를 맹렬히 반대했다. 영왕 자신도 일본인과의 혼례는 본의가 아니었다.

하지만 조선의 식민지화에 성공한 뒤의 일본 정부 수뇌들에게 그 구실은 통하지 않았다. 일본 정부가 욕심을 부린 것은 '일선융화日鮮融化'라는 이름으로 지배 체제를 확보하는 일뿐이었다. 반복하지만 거기에는 조선 왕실 왕세자와 일본 황족 공주의 혼례가 자못 상징적이었다.

그런데 조선인에게는 꺼려졌던 혼례라도 한 가지 만큼은 쓸모가 있었다. 도쿄 관청의 경비들 눈이 영왕과 마사코에게 집중된 것이다. 조선인 유학생들에게 집중되어 있던 감시가 약간은 느슨해졌다. 유학생들에게는 바랄 수 없는 호기가 찾아왔다.

그해 12월 하순 도쿄에서 조선인 유학생 송계백이 몰래 경성으로 잠입해 들어갔다. 송계백은 2·8독립선언 실행위원 중 한 사람이다.

송계백은 와세다 대학의 선배이기도 하고 고향 경성의 중앙학교 선배이기도 한 현상윤玄相允을 만나 도쿄 유학생들이 독립운동을 진행하고 있는 상황을 전했다. 이어 송계백은 송진우와 김성수라는 선배를 만났다. 그리고 학생모 속에 제봉틀로 막아 넣어서 들여간 독립선언문을 선배들에게 보여주었다.

현상윤 등은 도쿄의 유학생 움직임을 천도교 간부 최린에게 전했다. 최린은 일본 메이지 대학을 졸업하고 보성중학교 교장을 역임하는 교육가였다. 송계백의 정보는 최린의 입을 통해 손병희에게 전해졌다. 손병희는 곧 시기가 다가왔음을 알았다. 나이는 57세였다. 손병희는 움직이기 시작했다. 이때 종교 교리상의 문제는 무시하기로 했다.

손병희는 기독교계의 이승훈과 불교계의 한용운에게 적극적으로 촉구했다. 그에 부응해 이승훈은 자신의 집이 있는 평안북도 정주에서 자주 경성으로 올라왔다. 관계자들은 밀회에 밀회를 거듭했다. 밀회 장소는 바둑판에 바둑돌을 놓으며 대국하는 모양새로 이루어져 있었다.

아울러 손병희는 조선에서 독립선언문을 작성하는 데에도 생각이 미쳤다. 독립선언문 기초起草에는 문학자 최남선崔南善이 적임이었다. 이 문학자는 스물여덟 살인데 역사가로도 이름이 통했다. 결국 최남선이 초고를 구상하기로 했다.

송계백은 도쿄로 돌아와 현상윤과 비밀 암호를 짜고 있었다. 국내외의 운동 진척 상황을 전보문으로 알리기 위해서였다. 전보문은 자주 조선과 일본 사이를 날아다녔다. 하지만 결기 날짜를 알리는 암호 전보문은 좀처럼 도착하지 않았다.

고종의 갑작스런 죽음

새해가 밝았다. 2·8독립선언이 발표된 1919년이다. 그해 1월 21일 고종 이태왕이 급절했다. 고종의 죽음은 너무 당혹스러웠다.

고종은 죽기 나흘 전, 즉 1월 17일에는 오랜만에 덕수궁을 찾아온 순종 이왕과 윤비를 만나 즐겁게 환담을 나누었다. 이 시기의 고종은 치질과 류마티스로 괴로워하고 있었지만 병이 나쁜 쪽으로 발전하고 있지는 않았다. 걷는 것도 지팡이만 있으면 아무 문제 없었다.

그리고 죽기 전날, 다시 말하면 1월 20일 고종은 여느 때처럼 기분 좋게 측근들과 옛 이야기로 즐거웠다. 오후 3시에는 지약을 복용하고 저녁식사도 평상시처럼 마쳤다. 식후에는 좋아하는 감주도 마셨다. 그 뒤 고종은 침전에 들었다.

그런데 얼마쯤 지났을 때 고종은 아주 심한 복통을 앓았다. 정확히 1월 21일 밤 12시 30분이었다. 즉각 궁중전의 안상호安商鎬가 불려왔다. 그런데 이미 숨이 넘어가고 있어 걷잡을 수 없었다. 총독부에서도 총독부의원장 모리야스森安 박사가 달려왔지만 손을 쓰기에는 이미 늦은 상태였다.

오전 6시 36분 고종은 숨을 거두었다. 재위 44년, 보령 68세의 생애였다. 모리야스 박사는 사망 원인을 뇌일혈이라고 진단했다. 안상호도 거기에 동조했다. 고종의 죽음은 다음 날 1월 22일 공표되었다.

그런데 측근들은 이 두 사람의 진단을 이상히 여겼다. 고종의 죽음이 너무 어수선하고 부자연스러웠기 때문이다. 그로부터 얼마 지나지 않아 독살일지도 모른다는 소곤거림이 흘러나왔다. 자해라는 설도 있었다.

확실히 고종의 사체를 입관할 때 윗도리를 젖혀보자 전신에 붉은 빛깔의 얼룩점이 나타나고 살갗이 드러나 있었다. 양쪽 눈도 새빨갰다. 독살인 경우에는 눈이 이상하게 빨개지고 살이 허물어진다. 시의 안상호에게 의문의 눈길이 모아졌다.

때를 같이해서 덕수궁 후문인 영성문永成門으로 두 궁녀의 사체가 실려나가는 것을 봤다는 사람이 나타났다. 궁녀들은 고종의 독살 현장을 목격했기 때문에 살해되었다고 한다. 안상호를 향한 의심은 점점 짙어졌다. 동시에 고종은 독살되었다는 소문이 경성의 항간에 퍼졌다.

뒤에 안상호는 총독부의 일본인 고관에게 사주 받아 고종에게 비소를 탔다고 자백했다. 큰돈을 받았다고도 했다. 안상호는 바로 말을 바꾸어 실제로 고종의 음식에 독을 탄 사람은 궁중전의 한상학韓相鶴이라고 말하기도 했다. 궁중전의가 말하는 바는 어쩐지 모호했다. 하지만 소문만큼은 조선 전역에 퍼져 있었다.

고종의 독살 소문은 그동안 쌓이고 쌓였던 조선 민중의 일본과 일본인에 대한 증오의 감정을 더 끓게 해 급격히 팽창시켰다. 경성 시민들은 표면적으로는 그렇지 않은 얼굴을 하고 있지만 속으로는 분노의 마음이 끓고 있었다. 이전보다 더 거리를 두고 일본인을 바라보았다. 조선인에게 일본은 어떤 어긋남도 태연히 밀어붙이는 무서운 민족으로 보였다.

무엇보다 조선 민족은 자신들의 괴로움도 제거하면서 우러러보는 조선 왕실이 시달리고 있음을 마음 아파했다. 조선 왕실은 어떤 시대가 되더라도 조선 민족의 절대적인 상징인 것이다. 그래서 그 상징이 더럽혀지는 것은 참을 수 없었다.

아무튼 영왕과 마사코의 혼례는 나흘 앞으로 다가왔다. 영왕이 갑자기 경성으로 돌아갔다. 물론 일시적인 귀국이다. 고종의 죽음으로 영왕과 마사코의 혼례는 무기한 연기되었다.

고종의 장례는 3월 3일로 결정되었다. 국장은 아니다. 나라를 잃은 뒤의 장례를 국장이라고 할 수는 없었다. 상례는 그날로부터 40일이었다.

3·1독립선언 전야

조선에서는 왕이나 왕비의 장례를 인산因山이라고 한다. 인산일을 전후해서는 가까운 곳에 있는 사람들은 물론, 전국 각지에서 매우 많은 남녀노소가 조문을 위해 경성으로 올라온다. 총독부 당국과 일본 관헌은 경비를 고종의 장례에 집중시켜야 했다. 자연히 일반 민중에 대한 감시가 소홀해졌다.

2월 초순 도쿄의 송계백 앞으로 한 통의 전보가 도착해 있었다. 발신지는 경성이었다.

"ソノシナハ, ソコノネダンノトオリ, 二十八エンデカエ"

발신인은 김도태金道泰라는 이름으로 되어 있지만 현상윤한테서 날아든 통보가 틀림없었다. 2월 8일 일어난다는 뜻이다. 아울러 이 전보는 경성에서도 독립시위운동이 착실히 진행되고 있다는 사실을 알려주고 있었다. 유학생들은 선도적인 역할에 흥분했다.

최팔용과 송계백, 김도연, 백관수 등 유학생들의 움직임이 갑자기 부산해졌다. 게다가 매우 조심스러워졌다.

가령 학우회 회장 최팔용은 자신을 포함해 송계백과 백관수, 윤창석, 김철수를 일부러 실행 위원에서 탈퇴시키기로 했다. 조선인 유학생들의 동정을 탐지하는 형사나 밀정을 속이기 위해서였다. 그 내부분열의 속임수는 유학생에 대한 감시를 더 느슨하게 하는 효과가 있었다.

　유학생들은 2월 8일을 위해 여러 통의 독립선언서와 독립청원서를 작성했다. 그리고 그것을 일본 정부의 대신, 귀족원의원, 각국 대사, 조선총독부, 신문사, 잡지사, 학자, 지식인 등에게 보냈다. 만일 집회에 실패해서 체포되는 경우를 위해 선수를 치고 있는 것이다.
　나아가 학부형이나 선배, 친구들에게도 보냈다. 이후에는 당일의 집회를 어떻게라도 성공시켜야 한다는 생각뿐이었다.
　니시칸다 경찰서의 유치장에 갇혀 있던 유학생들의 회상은 거기에 있다. 그 누구에게도 감상感傷의 마음은 없었다. 있는 것은 독립운동으로의 방아쇠 역할을 무난히 달성했다는 자부심뿐이었다.
　그런데 실제로 이 유학생들에게는 고문과 형벌이 기다리고 있었다. 유학생들은 호된 고통을 당했다. 그 뒤에 최팔용과 서춘에게는 금고 1년, 다른 사람들에게는 금고 9개월 형이 부여되었다. 조선인 유학생들은 자부심을 가지고 그 고통을 참아냈다.

　한편 경성에서는 그사이에 문학자 최남선이 독립선언문을 작성했다. 선언문은 격조 높고, 사상성과 설득력이 넘치며, 끓는 듯한 민족의 열의가 담겨 있었다. 손병희는 그 독립선언문을 보성전문학교의 보성인쇄소에서 비밀리에 2만 1,000장이나 인쇄했다. 그리고 그 인쇄물은 전국 각지에서 상경하는 천도교 신자나 기독교 신자, 불교 신자 지도자들에게 몰래 건네졌다. 지방으로 돌아간 지도자들은 그것을 토대로 등사판 인쇄나 필사로 숫자를 늘리고 있었다. 모든 작업은 일본 관헌의 눈을 피해 조용히 잠행한 상태에서 이루어지고 있었다.
　그런데 경성에서는 극히 일부의 특정한 사람밖에 독립선언문을 받지 못했다. 연희전문학교 학생 김원벽金元璧이나 보성전문학교 학생 강기덕康基德 등의 학생 대표들에게 1,500장 정도가 나누어진 데 지나지 않았다. 게다가 발표 당일까지 절대로 배포하지 못하게 되어 있었다.

나아가 그 사이에 종교 단체 지도자들과 교사들을 통해 일반 학생들에게는 조만간 독립에 관한 중대 성명이 발표될 것이라는 언질만 주어져 있었다. 이 정보는 학생들 입에서 입으로 전해져 많은 학생들 가슴을 설레게 했다.

정재용鄭在鎔이라는 경신학교 학생도 그 한 사람이다. 이 학생은 열심인 기독교 신자이기도 했다. 정재용은 황해도 해주 출신이었다.

때마침 황해도에서 한 선교사가 상경했다. 이 선교사는 독립선언서를 받아들고 온 듯하다. 정재용은 동향의 선교사를 만나 그것을 경성역으로 가져가라는 지시를 받았다.

이때 선교사는 매우 주의 깊게 자신의 이름은 곽郭이라고만 댄 뒤, 이것은 매우 중요한 거라고 하면서 한 장을 정재용의 손에 건네주었다. 정재용은 재빨리 독립선언서라고만 했다. 그리고 동시에 말할 수 없는 중대한 책임감을 의식했다. 결기일을 애타게 기다리는 마음은 정재용이 더 높았다.

손병희 등의 지도자들은 독립선언 발표 날짜를 당초에는 고종의 인산일에 맞추었다. 3월 3일이다. 이날은 전국 방방곡곡에서 조문객들이 경성으로 모인다. 이날이 가장 효과적임은 말할 필요도 없었다.

그런 반면 인산일에는 일본 관헌의 경계가 한층 삼엄해질 우려도 있었다. 장례 당일은 고종에 대한 예의가 아니라는 의견도 있었다. 손병희 일행은 몹시 혼란스러웠다.

그래서 장례식 전날인 3월 2일이 검토되었다. 일요일이다. 그런데 그날은 기독교 관계자들이 반대했다. 일요일은 기독교 신자들에게는 귀중한 안식일이었기 때문이다.

그러면 그 전날은 어떨까? 3월 1일, 토요일이다. 그날이라면 우선 총독부의 의표를 찌를 것임에 틀림없다. 장례식 조문객들도 모이기 시작한다. 결행일은 3월 1일 말고는 없었다.

다음은 독립선언 발표 장소였다. 이것은 곧바로 결정되었다. 탑동의 '파고다공원'이 그곳이었다. 이 공원이 경성 제일의 대로인 종로에 인접해 있다는 것이 집회 장소로 선정된 이유였다. 게다가 이 공원은 조선 왕실과 깊은 관계가 있었다.

파고다공원은 원각사圓覺寺가 있던 자리다. 원각사는 조선 왕실을 수호하는 최대 규모의 절이었다. 그것을 10대 국왕 연산군이 폐지하

3·1독립운동 발상지인 파고다공원(지금의 탑골공원)의 팔각정

고종의 죽음 147

고 관기 양성소로 바꾸었다는 옛 기록이 남아 있다. 어떻든 조선 왕실과 연고가 있는 장소임에는 틀림이 없다.

   그리고 그곳에는 원각사가 있을 당시에 한수석탑寒水石塔이라 불리던 대리석으로 된 10층 불탑이 남아 있는데 그것이 명명의 유래가 되었다. 공원 거의 중앙에 있는 기단의 석단 위에 팔각정八角亭이라는 정자가 있다. 그것이 조선 역사상 기념해야 할 건물이 되었다.

3·1독립운동: "열사" 유관순

3·1독립운동

1919년 3월 1일, 이날의 경성은 하늘이 푸르렀고 이른 봄 치고는 날씨가 유난히 온화했다.

정오를 넘어설 무렵 파고다공원에 학생들이 모여들기 시작했다. 학생들 대부분은 검은 교복 차림이었다. 일반 시민들도 태연한 모습으로 모여들었다. 오후 1시가 지날 쯤 공원은 학생과 시민들로 입추의 여지가 없을 정도로 메워졌다. 4,000명은 훨씬 넘을 것이다. 파고다공원의 군중은 이때를 이제나저제나 하고 기다렸다.

같은 시각 손병희를 비롯한 민족 대표들도 파고다공원에서 그리 멀지 않은 인사동의 한식요정 태화관 2층에 모여 있었다. 상경중인 사람을 제외하면 모두 29명이었다. 각 종파의 대표들은 손병희를 중심으로 긴 탁자에 둘러앉아 오후 2시가 되기를 기다렸다. 이 시각 파고다공원에서 독립선언문을 낭독할 계획이었기 때문이다.

태화관 2층에 모인 독립운동 대표자들을 그린 기록화

 그런데 2시 직전에 파고다공원에서 군중의 억누를 수 없는 앙분이 알려져 왔다. 이미 군중은 살기가 서 있다고 한다. 본래 손병희와 민족 대표들은 독립선언을 발표할 때 비폭력·무저항에 의한 평화적 시위운동이라는 대원칙을 군중에게 설명할 예정이었다. 유혈의 참사만큼은 피해야 한다. 대표들 모두는 그렇게 생각했다.
 이윽고 손병희가 서서히 입을 열었다.
 "독립선언 발표는 예정을 바꾸어 지금 바로 여기서 합시다."
 이의는 없었다. 일동은 고개를 크게 끄덕였다.
 이어 손병희는 우리가 제일 먼저 일본 관헌에게 체포되어 학생과 시민들에게는 누가 되지 않도록 하자고 제안했다. 처음부터 체포될 각오는 하고 있었다. 죽음까지 각오하고 있었다. 대표들은 큰 소리를 내지 않고 있었다.

이어 손병희는 불교 신자 대표인 한용운을 촉구해 독립선언문을 낭독해주기를 바란다고 말했다. 한용운은 독립선언문을 낭독하기 시작했다. 일동은 눈을 감고 거기에 귀를 기울였다.

한용운의 낭독이 끝나자 대표들은 함께 축배를 들었다. 건배 선창을 할 때 손병희는 큰 소리로 '조선독립만세'라고 했다. 일동도 만세라는 생각을 가슴에 간직하면서 힘차게 거기에 창화했다.

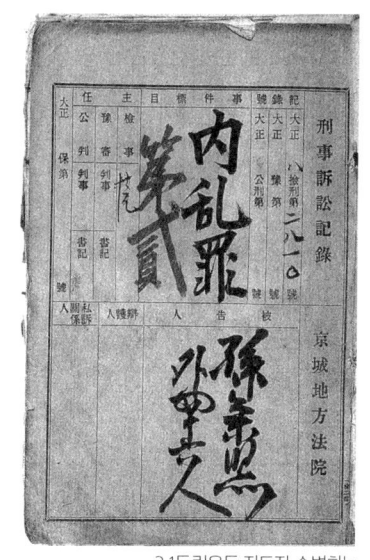

3·1독립운동 지도자 손병희는 내란죄로 체포되었다.

한편 손병희는 태화관 주인에게 자신들이 지금 여기에 있음을 총독부 경무총감부에 전화하라고 시켰다. 헌병대가 날아오는 것은 시간문제일 것이다. 손병희 이하의 대표들은 바로 달려온 헌병대에 체포되어 대형 호송차로 헌병대로 연행되었다.

손병희 이하의 민족 대표들이 헌병대에 연행된 것은 파고다공원에 모인 사람들에게 바로 알려졌다. 군중의 앙분은 삽시간에 큰 격노로 바뀌었다.

이때 공원 중앙의 팔각정으로 달려가는 젊은이가 있었다. 정재용이었다. 이 젊은이는 교복을 입지 않았지만 언뜻 보아 학생 같았다. 팔각정 돌계단 위에 선 정재용은 한 장의 종이를 쳐들고 큰소리로 군중을 제어했다. 그의 손에 들려 있었던 것은 동향의 전도사에게 받은 독립선언서였다. 군중은 팔각정의 학생에게 주목했다. 정재용은 힘껏 목청을 높여 독립선언문을 읽기 시작했다.

선 언 서

　우리는 이에 우리 조선이 독립한 나라임과 조선 사람이 자주적인 민족임을 선언한다. 이로써 세계 만국에 알리어 인류 평등의 큰 도의를 분명히 하는 바이며, 이로써 자손만대에 깨우쳐 일러 민족의 독자적 생존의 정당한 권리를 영원히 누려 가지게 하는 바이다. 5천 년 역사의 권위를 의지하여 이를 선언함이며, 2천만 민중의 충성을 합하여 이를 두루 펴서 밝힘이며, 영원히 한결같은 민족의 자유 발전을 위하여 이를 주장함이며, 인류가 가진 양심의 발로에 뿌리박은 세계 개조의 큰 기회와 시운에 맞추어 함께 나아가기 위하여 이 문제를 내세워 일으킴이니, 이는 하늘의 지시이며 시대의 큰 추세이며, 전 인류 공동 생존권의 정당한 발동이기에, 천하의 어떤 힘이라도 이를 막고 억누르지 못할 것이다.
　낡은 시대의 유물인 침략주의와 강권주의에 희생되어 역사가 있은 지 몇 천 년 만에 처음으로 다른 민족의 압제에 뼈아픈 괴로움을 당한 지 이미 10년이 지났으니, 그 동안 우리의 생존권을 빼앗겨 잃은 것이 그 얼마이며, 정신상 발전에 장애를 받은 것이 그 얼마이며, 민족의 존엄과 영예에 손상을 입은 것이 그 얼마이며, 새롭고 날카로운 기운과 독창력으로 세계 문화에 이바지하고 보탤 기회를 잃은 것이 그 얼마나 될 것이냐?
　슬프다! 오래 전부터의 억울을 떨쳐 펴려면, 눈앞의 고통을 헤쳐 벗어나려면, 장래의 위협을 없애려면, 눌러 오그라들고 사그라져 잦아진 민족의 장대한 마음과 국가의 체모와 도리를 떨치고 뻗치려면, 각자의 인격을 정당하게 발전시키려면, 가엾은 아들딸들에게 부끄러운 현실을 물려주지 않으려면, 자자손손에게 영구하고 완전한 경사와 행복을 끌어대어 주려면, 가장 크고 급한 일이 민족의 독립을 확실하게 하는 것이니, 2천만 사람마다 마음의 칼날을 품어 굳게 결심하고, 인류 공통의 옳은 성품과 이 시대를 지배하는 양심이 정의라는 군사와 인도라는 무기로써 도와주고 있는 오늘날, 우리는 나아가 취하매 어느 강자를 꺾지 못하며 물러가서 일을 꾀함에 무슨 뜻인들 펴지 못하랴!

병자수호조약 이후 때때로 굳게 맺은 갖가지 약속을 배반하였다 하여 일본의 신의 없음을 단죄하려는 것이 아니다. 그들의 학자는 강단에서, 정치가는 실제에서, 우리 옛 왕조 대대로 닦아 물려 온 업적을 식민지의 것으로 보고, 문화 민족인 우리를 야만족 같이 대우하며 다만 정복자의 쾌감을 탐할 뿐이요, 우리의 오랜 사회 기초와 뛰어난 민족의 성품을 무시한다 해서 일본의 의리 없음을 꾸짖으려는 것도 아니다. 스스로를 채찍질하고 격려하기에 바쁜 우리는 남을 원망할 겨를이 없다. 현 사태를 수습하여 아물리기에 급한 우리는 묵은 옛 일을 응징하고 잘못을 가릴 겨를이 없다. 오늘 우리에게 주어진 임무는 오직 자기 건설이 있을 뿐이요, 그것은 결코 남을 파괴하는 데 있는 것이 아니다. 엄숙한 양심의 명령으로써 자기의 새 운명을 개척함일 뿐이요, 결코 묵은 원한과 일시적 감정으로써 남을 시새워 쫓고 물리치려는 것이 아니로다. 낡은 사상과 묵은 세력에 얽매여 있는 일본 정치가들의 공명에 희생된, 불합리하고 부자연에 빠진 이 어그러진 상태를 바로잡아 고쳐서, 자연스럽고 합리로운, 올바르고 떳떳한, 큰 근본이 되는 길로 돌아오게 하고자 함이로다. 애초에 민족적 요구로부터 나온 것이 아니었던 두 나라 합방이었으므로, 그 결과가 필경 위압으로 유지하려는 일시적 방편과 민족 차별의 불평등과 거짓 꾸민 통계 숫자에 의하여 서로 이해가 다른 두 민족 사이에 영원히 함께 화합할 수 없는 원한의 구덩이를 더욱 깊게 만드는 오늘의 실정을 보라! 날래고 밝은 과단성으로 묵은 잘못을 고치고, 참된 이해와 동정에 그 기초를 둔 우호적인 새로운 판국을 타개하는 것이 피차간에 화를 쫓고 복을 불러들이는 빠른 길인 줄을 분명히 알아야 할 것이 아닌가. 원한과 분노에 쌓인 2천만 민족을 위력으로 구속하는 것은 다만 동양의 영구한 평화를 보장하는 길이 아닐 뿐 아니라, 이로 인하여 동양의 안전과 위태로움을 좌우하는 주축인 4억 중국 민족이 일본에 대하여 가지는 두려움과 시새움을 갈수록 두텁게 하여, 그 결과로 동양의 온 판국이 함께 넘어져 망하는 비참한 운명을 가져올 것이 분명하니, 오늘날 우리 조선의 독립은 조선 사람으로 하여금 정당한 생존과 번영을 이루게 하는 동시에 일본으로 하여금 그릇된 길에서 벗어나 동양을 붙들어 지탱하는 자의 중대한 책임을 온전히 이루게 하는 것이며, 중국으로 하여금 꿈에도 잊지 못할 괴로운 일본 침략의 공포심으로부터 벗어나게 하는 것이며, 또 동양 평화로써 그 중요한 일부를 삼는 세계 평화와 인류 행복에 필요한 단계가 되게 하는 것이다. 이 어찌 사소한 감정상의 문제이리요.

 아! 새로운 세계가 눈앞에 펼쳐졌도다. 위력의 시대가 가고 도의의 시대가 왔도다. 과거 한 세기 갈고 닦아 키우고 기른 인도

적 정신이 이제 막 새 문명의 밝아오는 빛을 인류 역사에 쏘아 비추기 시작하였도다. 새봄이 온 세계에 돌아와 만물의 소생을 재촉하는구나. 혹심한 추위가 사람의 숨을 막아 꼼짝 못 하게 한 것이 저 지난 한때의 형세라 하면, 화창한 봄바람과 따뜻한 햇볕에 원기와 혈맥을 떨쳐 펴는 것은 이 한때의 형세이니, 천지의 돌아온 운수에 접하고 세계의 새로 바뀐 조류를 탄 우리는 아무 주저할 것도 없으며, 아무 거리낄 것도 없도다. 우리의 본디부터 지녀온 권리를 지켜 온전히 하여 생명의 왕성한 번영을 실컷 누릴 것이며, 우리의 풍부한 독창력을 발휘하여 봄기운 가득한 천지에 순수하고 빛나는 민족 문화를 맺게 할 것이로다.

  우리는 이에 떨쳐 일어나도다. 양심이 우리와 함께 있으며, 진리가 우리와 함께 나아가는도다. 남녀노소 없이 어둡고 답답한 옛 보금자리로부터 활발히 일어나 삼라만상과 함께 기쁘고 유쾌한 부활을 이루어 내게 되도다. 먼 조상의 신령이 보이지 않는 가운데 우리를 돕고 온 세계의 새 형세가 우리를 밖에서 보호하고 있으니 시작이 곧 성공이다. 다만, 앞길의 광명을 향하여 힘차게 곧장 나아갈 뿐이로다.

공약3장

1. 오늘 우리의 이번 거사는 정의, 인도와 생존과 영광을 갈망하는 민족 전체의 요구이니, 오직 자유의 정신을 발휘할 것이요, 결코 배타적인 감정으로 정도에서 벗어난 잘못을 저지르지 말라.
1. 최후의 한 사람까지 최후의 일각까지 민족의 정당한 의사를

시원하게 발표하라.
1. 모든 행동은 가장 질서를 존중하며 우리의 주장과 태도를 어디까지나 떳떳하고 정당하게 하라.

건국 4252년 3월 1일

조선민족대표
손병희孫秉熙 길선주吉善宙 이필주李弼柱 백용성白龍城
김완규金完圭 김병조金秉祚 김창준金昌俊 권동진權東鎭
권병덕權秉悳 나용환羅龍煥 나인협羅仁協 양전백梁甸白
양한묵梁漢默 유여대劉如大 이갑성李甲成 이명룡李明龍
이승훈李承薰 이종훈李鍾勳 이종일李鍾一 임예환林禮煥
박준승朴準承 박희도朴熙道 박동완朴東完 신홍식申洪植
신석구申錫九 오세창吳世昌 오화영吳華英 정춘수鄭春洙
최성모崔聖模 최 린崔 麟 한용운韓龍雲 홍병기洪秉箕
홍기조洪基兆

장문의 선언문을 낭독한 정재용은 마지막으로 대표자 33명의 성명을 낭독했다. 파고다공원에 대지를 뒤흔드는 술렁거림이 일었다. 거기에 독립선언서가 흩뿌려졌다. 사람들은 앞다투어 독립선언서를 집어 들었다. 군중에 너울이 일었다. 그 너울은 군중을 파고다공원 안에 가두지 않았다.

군중은 종로대로로 쏟아져 나왔다. 종로대로는 경성의 중심부를 동서로 가로지르고 있다. 군중은 제각기 만세를 외치며 서쪽을 향했

여학생들은 흥겹게 춤을 추면서 행진에 참가했다.

다. 그 인파에 시민들이 연이어 합류해 군중은 더욱 더 넘쳐흘렀다.

이윽고 군중의 선두는 보신각이 있는 종로 네거리를 거쳐 광화문 네거리에 이르렀다. 이 네거리에서 북쪽으로 향하면 경복궁으로 통한다. 남쪽으로 향하면 덕수궁이다. 다른 길에서 몰려온 여학생들도 사람들의 인파에 가세했다. 경성고등보통학교와 숙명여학교, 배화학당, 진명여학교 여학생들이 그 일단이었다. 여학생들은 껑충껑충 뛰면서 만세를 외쳤다. 이 여학생들의 황급한 모습과 함성에 남성들은 한층 격해졌다.

같은 시각 덕수궁 대한문 앞 광장에서는 고종의 국장을 앞둔 조문객들이 슬피 울고 있었다. 전국 각지에서 상경한 조문객들은 흰 방갓에 흰 상복 차림으로 광장에 무질서하게 앉아 슬픔의 통곡을 되풀이하고 있었다. 통곡하는 의식은 일단의 조문객이 눈물 흘리기를 마치면 안타까이 기다리던 일단으로 교체되었다. 대한문 앞 광장에는 조문을 위한 군중이 무리를 이루고 있었다.

데모에 호응해서 광화문 앞 칭경기념비전에 모여든 일반 시민들

그곳으로 만세의 군중이 흘러들었다.

통곡은 멈췄다. 조문객들도 앞다투어 만세 군중에 가세했다. 조문 군중은 고종이 일본인의 사주에 의해 독살되었다고 믿고 있었다. 사실 그런 소문이 퍼져 있었다. 그래서 고종의 죽음을 슬퍼하는 만세 소리에는 쌓이고 쌓인 일본에 대한 한이 배어 있었다.

군중은 만세를 외치면서 "왜놈들은 물러가라!" "쪽발이는 돌아가라!"라는 구호를 반복했다.

왜놈은 한자로 왜노倭奴라고 쓴다. 일본놈이라는 뜻이다. 또 쪽발이는 돼지나 소, 말의 발부리, 즉 발굽을 뜻한다. 이 경우는 신발끈에 엄지발가락과 나머지 발가락을 갈라 신는 발가락을 이른 말이다.

조선 민족은 게다를 신지 않는다. 특히 조선 여성은 예부터 맨발을 절대로 사람 눈에 띄지 않게 하는 관습이 있었기 때문에 게다와는 전혀 관계가 없었다.

그런데 일본인은 남녀 할 것 없이 게다를 신는다. 조선인은 게다를 신는 일본인의 맨발을 보고 쪽발이라고 비웃었다. 다시 말하면 일본인을 낮추어 말할 때 사용하는 비칭이 그런 것이었다.

아무튼 군중은 덕수궁 주변에서 출렁거렸다. 이 부근에 외국인 영사관이 집중되어 있었기 때문이다.

군중의 일단은 미국 영사관으로 밀려갔다. 그곳에서는 문을 닫고 밖으로 뛰어나온 미국인 영사관 직원에게 독립선언서가 건네졌다. 이어 군중은 입에서 입으로 조선 민중이 독립선언을 한 것과 시위운동을 일으킨 것을 미국 정부에 전해달라고 호소했다. 당시 경성에는 외국인 보도 관계자는 한 사람도 없었다. 외국에 통보하는 것은 영사관 직원만 할 수 있었다. 미국인 영사관 직원들은 군중을 향해 크게 손을 흔들며 반드시 그렇게 될 것이라고 큰 소리로 응답했다.

다른 군중의 일단은 서대문 네거리 가까운 곳에 있는 프랑스 영사관으로 밀려갔다.

그런데 프랑스 영사관 문은 단단히 닫힌 채 아무도 나올 기미가 보이지 않았다. 부득이 군중은 거기서 기세를 올린 뒤 발길을 돌리지 않을 수 없었다. 소용돌이치는 무리 속에서 왜성대로 가자는 외침이 터져 나왔다. 왜성대 좌측에는 총독부 청사가 있다. 남산 서쪽 중턱의 왜성대로 통하는 언덕길로 각 방면에서 군중이 우르르 몰려들었다. 그 광경은 소용돌이치는 강물의 흐름과 흡사했다.

한편 총독부 당국은 처음에 이 운동의 배경에 미국 등 외국의 선동이 있을지 모른다고 의심했다. 그런 의혹 때문에 왕궁 앞 경비대를 곧바로 철수시키는 조치를 취했다. 군중과의 충돌을 피하기 위해서였다.

그런데 그 의혹이 풀리자 언덕 위의 기마대 경관들을 불렀다. 말을 탄 경관들은 이미 칼을 뽑아들고 있었다.

군중 속으로 달려 들어간 기마대 경관들은 칼을 휘둘러 밀려드는 군중을 좌우로 갈라놓았다. 양쪽의 군중은 처마가 쭉 늘어서 있는 상점 쪽으로 떠밀렸다. 도처에서 상점의 유리문이 깨지고 판자가 떨어지는 소리가 났다. 군중은 대열을 이탈해 도망치려고 허둥댔다. 어느 샌가 군중은 시내로 되밀려오고 있었다.

그 한편에서 총독부는 용산 지구에 주둔하고 있는 일본군도 출동시켰다. 일본군 병사들이 개미떼처럼 남산으로 올라가는 모습은 시내를 행진하고 있던 군중에게도 보였다. 일본군은 곧 시내로도 나갈 것이다. 해산하기 좋은 기회인지도 모른다. 군중은 시내의 북서쪽으로 이동해 좁은 골목길로 들어가면서 서서히 해산하고 있었다. 오후 6시를 지나고 있었다.

그런데 일부 군중은 지금도 행진을 계속하고 있었다. 그러나 밤 11시쯤에는 모든 물결이 사라졌다. 이날 경성에서는 연인원 대략 60만 명이 데모 행진에 참가했다고 일컬어진다. 상인은 점포의 문을 닫고 학생은 수업을 제쳐두고 시위에 가세했다. 교통 기관도 완전히 마비되었다. 그런 상황을 총독부는 첫날에는 방관했었는데 시위운동을 현재 상태로 평온한 가운데 계속하게 내버려둘 생각이 완전히 없어졌다. 조선사에서 3·1운동으로 특필되는 반일시위운동이 이것이었다.

가령 이런 현상은 같은 날 거의 같은 시각에 평안북도의 의주와 선천, 평안남도의 평양과 진남포, 함경남도의 원산 등지에서도 발생했다. 이들 지방 도시에서도 독립선언서가 흩뿌려지고 학생이나 시민이 맨주먹으로 데모 행진을 했다. 그리고 어떤 도시에서도 군중은 일본군이나 일본 관헌과 맞붙게 되어 온건하게 시위운동이 이어지는 상황은 아니었다.

예상한 대로 이날 경성에서는 밤이 깊어지자 일본군과 일본 관헌이 시내의 요소요소에 출동해 낮의 시위 행진에 가세했던 학생이나 시민을 차례로 검속하기 시작했다. 밤의 어둠속에서 이리저리 움직이는 군홧발 소리가 들리고 달빛에 총검이 번쩍였다. 여기저기서 일본 관헌의 노성과 조선인의 비명 소리가 들렸다. 일본군과 일본 관헌은 낮에는 군중의 맹위에 눌려 관여할 수 없었던 분함을 담아 체포자들을 매우 거칠게 다루었다. 학생과 시민의 일본인에 대한 증오는 지금도 깊었다.

독립운동의 전국 확산

이날 순종은 흰옷에 푸른 대나무를 들고 덕수궁 함녕전咸寧殿에 안치된 고종의 유체에 공손히 3배의 예를 갖추었다. 아버지를 여읜 순종의 가슴속은 천 갈래로 찢어지고 있었다.

생각해보면 아버지의 일생은 일본 침략과의 싸움 그 자체였다. 그럼에도 조선은 일본의 지배하에 들어가고 말았다. 순종은 심중에 아버지의 마음을 생각하며 이중 삼중의 눈물을 흘렸다. 아무리 눈물을 흘려도 원통함은 조금도 사그라들지 않았다.

이후 고종의 유체는 큰 상여에 실려 많은 상여꾼들에 의해 훈련원 광장에 설치된 장례식장으로 운반되었다. 여기에는 순종 이하 영왕 이은, 의왕 이강 등 왕족과 귀족이 참석했고, 총독부에서 보낸 야마가타 이사부로 이태왕 장의총괄자와 이토 히로쿠니伊藤博邦 제사관장의 지휘 아래 장례가 준비되었다. 이토 히로쿠니는 이토 히로부미의 양자다. 다만 왕비나 공작 등의 여성들은 예부터 이어져 내려오는 조선의 관례에 따라 장례 행렬을 전송하거나 장례에 참석하지 않앓다. 장례식장에서의 장례에는 일반 조문객이 단 한 사람도 참석하지 못했다.

총독부는 고종을 장례할 때 매우 까다로운 규정도 만들었다. 그것을 한마디로 표현하면 조선식 장례를 무시하고 일본식 전례典禮에 따랐다고 해도 좋을 것이다. 영왕 이하의 왕족에게는 일본 군복을 입도록 명하고, 귀족이나 친족 관계자에게는 위계에 따른 대례복 또는 연미복을 입도록 강제했다. 총독부가 조선옷 입는 것을 인정한 참석자는 겨우 17명도 되지 않았다. 이런 처사에 대해서도 넋이 살아있는 민중은 증오의 감정이 솟구쳤다.

밤이 되어 고종의 유체는 고양군 금곡리 왕릉지로 옮겨졌다. 지금의 남양주시 금곡동이다. 금곡리는 경성 동쪽 24킬로미터 지점에 있는데 그곳에 조선 왕실의 묘지가 있다. 그리고 이날 밤은 그곳에서 순종 이하의 왕족 외에 일반 조문객도 고종의 유체와 함께 밤을 꼬박 새웠다. 화롯불 아래서 밤을 새는 조문객은 얼추잡아 6,000명을 넘었다. 총독부는 이 군중에게도 규제를 하려고 했는데 그 수가 너무 많아 단속을 유보했다. 총독부의 면목은 상당히 무너졌다.

고종의 죽음을 계기로 총독부와의 사이에 생긴 물의는 다른 데도 있었다. 하세가와 총독은 고종의 죽음을 이용해 총독부의 권위 세우기와 고종의 존재 가치 낮추기를 꾀했다. 그 수단과 방법은 매우 음험했다.

생전에 고종은 고영희高永喜라는 사람을 중국으로 보내 명나라 시대의 왕릉을 연구하게 했고, 그것을 토대로 10년 동안 금곡리 능지에 자신의 능묘를 조영했다. 다만 능호만큼은 본인이 사망한 뒤에 내려지는 것이 보통이기 때문에 결정되어 있지 않았다. 시종장 윤덕

홍릉. 이곳에 고종과 명성황후가 합장되었다.

영尹德榮은 이 문제에 총독부가 깊이 개입할 것임을 예측하고 있었다.

윤덕영은 만일 고종이 죽으면 홍릉洪陵에 능지를 마련해야 한다고 주장했다. 홍릉은 고종의 정비인 민비의 능묘다. 그곳에 합장하라는 것이 윤덕영의 생각이었다.

윤덕영의 주장에 대해 왕족은 물론 주위에서도 크게 반대했다. 왕족이나 주위에서는 고종 정도라면 독자적인 능묘가 있는 것이 당연하다고 생각했기 때문이다. 윤덕영은 지탄을 받았다.

그런데 총독부는 고종이 사망하자 금곡 왕릉지의 매장을 허락했지만 새로운 능호를 짓는 것은 받아들이지 않았다. 고종이 황제도 아니지만 국왕도 아니라는 이유 때문이었다. 생전에 고종의 칭호는 이태왕이다. 총독부는 이태왕 정도의 칭호를 갖는 자에게는 새로운 능호를 명명할 자격이 없다고 강경하게 잘라 말했다. 고종의 존재 가치 낮추기가 이것이었다.

윤덕영은 사전에 이것을 간파하고 있었다. 그래서 윤덕영은 합장이든 무엇이든 어떻게 해서라도 홍릉이 고종의 능묘라는 기존 사실만은 남겨두고 싶다고 생각했다. 현명한 신하의 기지라고 말할 수 있을 것이다. 그런데 총독부는 윤덕영의 속마음을 간파하고 있었다. 결국 총독부는 홍릉의 합장도 허락하지 않았다.

고종의 인산일로부터 이틀이 지났다. 3월 5일이다.
전국 각지에서 상경한 조문객들은 이날 일제히 귀향하기 시작했다. 경성역에서 남대문에 걸친 일대는 귀향하는 사람들로 몹시 붐볐다. 그곳으로 학생과 시민들이 다시 몰려들었다. 이날의 학생들은 교복 대신 조선옷을 입고 있었다. 일본 관헌이 교복 입은 학생을 눈엣가시처럼 여겨 체포할 것임을 알고 있었기 때문이다. 군중은 3월 1일에 이어지는 대대적인 시위운동을 할 태세를 보였다.
  나아가 이날의 많은 군중은 태극기를 흔들었다. 하얀 천에 목판으로 눌러 찍어낸 작은 깃발은 자못 새로웠다. 이날을 위해 급하게 만들었기 때문일 것이다. 그중에는 색이 선명한 굵은 실로 자수를 놓은, 다른 것들보다 큰 태극기도 있었다. 물론 장롱 속에서 꺼냈기 때문에 때가 덜 탄 태극기도 있었다. 어느 것이든 경성 거리에 태극기가 모습을 드러낸 것은 병합 이후 만 9년만의 일이다. 지금까지는 태극기를 갖고 있는 것만으로도 벌을 받았다. 군중은 오랜만에 본 태극기에 격하게 흥분했다. 울부짖는 사람도 있었다.
  한편 이날의 일본과 일본 관헌은 군중을 진압하는 데 신경을 쓰고 있었다. 총독부는 군중을 폭도로 규정하고 탄압에 위신을 걸었다. 따라서 진압하는 데 가차없었다.

학생과 시민들은 마구 얻어맞고 연이어 끌려갔다. 눈 깜박할 사이에 경현수慶賢洙와 경우현慶遇顯, 류준근柳濬根, 김진우金振宇 등 일반 시민들 외에 김원벽金元璧, 강기덕姜基德 등 남학생 71명, 여학생 4명이 체포되었다. 그 속에 여성항일운동가로 이름을 떨치는 김마리아金瑪利亞의 모습도 있었다. 이때 27세였다.

김마리아에 대해 약간 언급해둔다.

이 여성은 도쿄 요쓰야 고지마치 여자학원에 재학하면서 도쿄 조선인 유학생들의 도쿄 2·8독립선언을 도운 뒤 조선에 들어가 있었다. 이 여성은 수감과 출감, 망명과 귀국을 반복하면서 성장했다. 대한애국부인회를 맡아 활동했고 그 뒤 25년 동안 계속해서 항일 자세를 견지했다. 그런데 일본 관헌에게 받은 고문이 원인이 되어 상악동염上顎洞炎이라는 당시로서는 고치기 어려운 난치병에 걸렸다. 그것이 자꾸 악화되어 조국에 자유가 찾아오기 직전인 1944년 3월 세상을 떠났다. 향년 52세였다. 김마리아는 조선이 모든 속박에서 해방되었을 때 맨 먼저 동상이 세워졌고 건국훈장독립장이 추서될 만큼 지혜가 뛰어난 열부烈婦였다.

그 김마리아가 생전에 일본인 재판관과 논쟁한 기록이 남아 있다. 아래는 그 일부다.

"자네는 조선의 독립을 언제 생각했는가?"

"한순간도 독립을 생각하지 않은 적이 없습니다."

"왜 독립이 필요하다고 생각하는가?"

"나는 조선인이기 때문에 당연히 조선의 독립을 원하는 것입니다."

"일한병합과 일본의 정책을 어떻게 생각하는가?"

"조선은 결코 일본에 병합된 적이 없고, 일본이 조선을 통치하는 것은 완전히 정의와 인도에 반하고 있습니다."

"조선독립을 이루려고 하는 다른 이유가 있는가?"

"있습니다. 첫째는 조선의 행복을 이루기 위해서고, 둘째는 일본의 행복을 위해서며, 셋째는 세계의 행복을 위해서입니다.

먼저, 조선과 일본은 역사와 풍속, 언어가 완전히 다르기 때문에 결코 일본에 동화될 수 없고, 우리의 전 황제와 일반 국민도 전혀 병합을 원치 않았습니다. 병합조약에 서명한 것은 일본이 무력으로 협박했기 때문이고, 10년 동안 우리 국민은 앞날의 독립을 위해 남녀노소가 일체가 되어 현재의 고통을 참아왔습니다.

둘째, 우리 국민은 일본의 지배를 원치 않기 때문에 일본이 어떤 압제를 해도 끝까지 반항할 것이며, 일본의 안전을 위해서라도 조선인의 독립을 인정하는 것이 최선의 길입니다.

셋째, 조선과 일본 두 나라가 서로 으르렁거리는 동안 동양의 평화가 존재할 수 없고 세계의 평화도 있을 수 없습니다. 그래서 세계의 평화를 위해서라도 조선은 꼭 독립해야 합니다."

"자네는 교육을 받았으니까 그런 생각을 버리고 일본에 동화되려고 노력하는 것이 어떻겠는가?"

"그럴 수는 없습니다. 나는 조선인이기 때문에 어떤 일이 있어도 조선의 독립을 요구할 것입니다."

다시 말하면 3·1운동은 이런 정신구조 위에서 표출된 발로였던 터이라, 총독부를 비롯한 일본 괴한에게는 그것이 산파되어 있지 않았다. 그래서 대규모적인 무법의 폭력 사태가 되었다.

지금 김마리아는 조선이 일본의 통치 아래로 들어간 것이 10년간이라고 말했는데, 일한병합으로부터 3·1독립운동이 발생하기까지는 정확히 8년 6개월이다. 대강 말하면 대강이지만 그것도 조선인 특유의 감성인지 모른다.

아무튼 일본 관헌과 군중의 충돌은 특별히 경성에 한정된 일은 아니었다.

3월 4일에는 평안남도 성천에서도 사상자가 발생하는 충돌이 일어났다. 성천의 군중은 헌병대 파견소를 습격해 분대장을 뭇매질했다. 헌병대는 그 보복으로 군중에게 총을 쏘며 도검을 들고 달려들었다. 군중은 도망가려고 우왕좌왕했다. 결국 25명이나 되는 사망자와 23명이나 되는 부상자가 발생했다.

경성에서의 조문을 마친 지방 주민들이 향리로 돌아간 뒤의 각지에서는 더욱더 격렬한 충돌이 일었다. 지방에서도 처음에는 평온한 상태로 시위운동이 이루어졌었는데 다시 탄압과 대치하게 되자 무서운 유혈투쟁으로 바뀌었다.

3월 9일 평안남도 영원에서는 군중에게 떠밀려 일본인 헌병 1명이 가벼운 상처를 입는 일이 있었다. 그로 인한 조선인에 대한 보복은 사망자 15명, 부상자 3명, 체포자 30명이었다. 당시 일본인들 사이에는 일본인 한 명이 죽으면 조선인 백 명을 죽이고, 일본인 집 한 채가 불타면 조선인 집 백 채를 불질러 버리자는 슬로건이 있었다. 그래서 군중에 대한 보복은 직전에 일어났던 것처럼 조선인에 대한 증오가 담겨서 이루어졌다.

3월 10일 평안남도 맹산에서는 구인된 지도자 4명을 구출하려고 밀려든 군중과 일본 관헌 사이에 격돌이 벌어졌다. 헌병대는 총검으로 이를 저지하려고 했다. 그래서 헌병대는 군중을 향해 총을 난사하고 일본도나 사벨을 마구 휘둘렀다. 여기서는 오른손으로 태극기를 흔들던 조선인의 팔이 칼에 잘려 떨어지고, 왼손으로 주워들려고 하자 왼쪽 팔도 칼에 잘려 떨어지는 참혹한 광경도 있었다.

그로부터 1주일 사이에 소요와 유혈 참사는 조선 북부에서 남부로 옮겨져 거의 전국에 퍼졌다. 경상남도 진주에서도 23일부터 25일에 걸쳐 시위운동과 탄압이 펼쳐졌다.

진주에서는 군중이 시내를 관류하는 남강 근처의 시가지에서 하루에 세 번 시위행진을 했다. 그들 중에는 흔히 진주기생이라 불리는 400여 명의 아리따운 예기들도 있었다. 연두색 저고리나 붉은 치마를 입은 기생들은 날카로운 목소리로 애국가를 부르고 만세를 외쳤다.

진주는 임진왜란과 정유재란이 일어났을 때 의기인 논개論介가 게야무라 로쿠스케毛谷村六助라는 일본인 무장을 죽인 이야기가 있는 곳이다. 진주를 함락시킨 일본군은 기생들을 모아놓고 전승 주연을 남강변 촉석루矗石樓에서 벌였다. 논개도 그 속에 있었다.

연회가 한창일 때 논개는 구애하는 게야무라를 남강변 절벽 위로 불러내 끌어안고 흐르는 물에 몸을 던졌다. 물론 논개도 그곳에서 목숨을 잃었다. 그 기풍은 이 당시도 항일투지로 견고히 받아들여져 있었다.

또 진주에서의 행렬 속에는 일단의 걸식도 있다. 이 걸식들은 총독부가 상행한 토지조사사업으로 농토를 잃은 농민들이 태반이었다. 그래서 걸식들은 가래나 괭이, 낫 등을 들고, 물론 기를 앞세우고 행진에 가세했다. 그리고 자신들 생존의 길이 일본인에게 저지당한 원한을 마음껏 터뜨렸다. 이 걸식들도 일본 관헌에게 차례로 검속되었다.

병산 장터에서의 만세운동 전야

다시 무대를 경성으로 돌린다.

전국 각지의 이런 정세는 일일이 총독부에 보고되었다. 이를 책임지고 있는 총독부의 하세가와가 괴로운 표정으로 보고를 받았다. 그는 데라우치를 대신해 취임한 2대 총독이었다.

하세가와는 뜻밖의 소동으로 날마다 곤혹스러워하고 있었다. 거기에는 나름의 이유가 있었다. 고종의 장례에서 체면을 잃었을 뿐만 아니라 각지의 진압에서 거듭 실수했기 때문에 식민지 통치의 최고 책임자로서는 입장이 말이 아니었다. 하세가와에게 초조한 기색이 엿보였다.

말을 계속하면 하세가와는 전년도인 1918년에 데라우치 총독도 이루지 못한 총독부 청사 건설 공사에 착수했다. 신청사는 옛날의 왕궁이었던 경복궁의 광화문과 근정전 사이의 광장에 짓는다. 전체를 대리석으로 치장한 5층 건물 청사진은 이미 나와 있었다.

신청사를 그곳에 세우는 것은 조선 왕실의 상징인 근정전 건물을 덮어버리려는 데 의도가 있었다. 단순히 상징을 숨겨버리는 것만의 문제는 아니다. 그곳에 일본의 최고 통치기관 건물을 끼워넣는 것으로 조선의 존재 자체도 부정할 생각이었다. 안하무인이라고 해도 좋다. 이미 이 시기에 기초공사가 시작되었다. 이 거만한 소행에 누구 하나 화내지 않는 사람이 없었다.

아무튼 총독부 신청사 건설 공사는 하세가와에게는 빛나는 사업의 하나가 될 터였다. 물론 본인도 그것을 강하게 의식하고 있었다.

그런데 전국으로 번져가고 있는 소요를 제압하지 못하면 모두가 수포로 돌아갈 판이었다. 사실 하세가와가 총독으로 재임하는 기간에 신청사는 완공되지 않았다. 요컨대 하세가와는 3·1독립운동이 발생한 이후라고 말하지만 당시 신청사 정도의 소요는 없었다.

그러나 하세가와가 다음으로 손을 쓴 것은 졸렬 그 자체였다. 경성에 주둔중인 일본군 부대를 각지에 긴급 배치한 것이다. 게다가 하세가와는 본국의 하라 다카시原敬 수상에게 일본 군대와 헌병대 증원을 요청했다.

한편 하라는 육군대신 다나카 기이치田中義一와 의논해 일본군 6개 대대와 헌병 300명을 급파하기로 결정했다. 어디까지나 극비리다. 일본에서는 3·1독립운동을 '만세 사건'이라고 불렀다. 일본 정부와 군부는 3·1독립운동을 거의 정확히 파악하고 있었는데, 일반 국민에게는 그 규모를 매우 축소시켜 보도하고 있었기 때문이다.

증원 부대의 파견은 결정되었다. 그런데 하세가와는 실제로 증원 부대가 조선에 도착할 때까지 시간을 집요하게 사용해야 했다. 그것은 아마 4월 15일 무렵이 될 것이다. 하세가와로서는 그동안 일 처리를 잘못했다고 하더라도 증원 부대가 조선에 도착할 때까지 상황을 버텨야만 한다. 하세가와는 필사적이었다. 이 총독에게는 지병인 신경통이 있었다. 그 지병이 급격히 악화되었다.

4월 15일이 되었다. 일본으로부터의 증원 부대는 아직 도착하지 않았다. 전국 각지의 유혈 사건은 점점 더 잦아지고 있었다. 하세가와는 어찌할 바를 몰랐다.

이날 하세가와는 조선군 사령관 우쓰노미야 다로宇都宮太郎 중장의 이름으로 한 통의 통첩을 내렸다. 우쓰노미야는 안 된다고 했지만 총독의 명령을 거부할 수는 없었다. 하세가와와 우쓰노미야는 이미 머리에 피가 솟구치고 있었다.

> 이때 군대의 행동이 지나치게 신중하면 그들 폭민으로 하여금 도리어 사태를 조장하게 할 우려가 있다. 고의로 그들이 폭행을 하는 경우는 물론, 또는 완고하게 내 명령에 저항하고, 또는 소요를 반복할 경우, 군대는 당연히 강압적인 수단을 사용해 두려움으로 숨죽이게 해서 일반 국민을 제지한다. 그렇게 해서 신속하게 진압을 평정하는 공을 세우는 것이 중요하다.

이 얼마나 무서운 통첩인가. 3월 1일부터 시작된 3·1독립운동은 5월 말까지 3개월 사이에 218개 군 가운데서 212개 군에서 1,542회의 집회가 있었고, 202만 3,098명이 참가했다. 사망자 7,509명, 부상자 1만 5,961명, 체포자 4만 6,948명이라는 대책도 없는 대량의 희생자가 발생했다. 뒤에 총독부는 소요는 314에서 548개소, 사망자는 553명이라고 공표했다. 사건을 축소시켜 강조한 것이다.

그런데 조선에서 일어난 3·1독립운동이 세계에 미친 영향은 컸다. 인도에서는 그해 4월 6일 마하트마 간디M. K. Gandhi가 지도하는 민족독립운동이 일어났다. 간디는 조선이 일본의 식민지 지배에서 벗어나기 위해 일어났던 것처럼 인도를 영국의 지배로부터 구하기 위해 일으켰다. 간디가 일으킨 민족운동의 기본 방침은 3·1독립운동 같이 무저항·비폭력주의의 관철이었다.

중국에서도 5월 4일 장국도張國燾가 북경학생연합회 선두에 서서 배일운동을 일으켰다. 소위 중국의 5·4운동이 그것이다. 중국에서 일어난 민족운동은 특히 조선 망명자들로부터의 정보와 3·1독립운동의 진척 상황을 지켜보면서 나아가고 있었다.

경성에서의 3·1독립운동은 남학생과 여학생이 중심이 되어 이루어졌다. 독립운동 발생과 동시에 총독부는 즉시 각 학교에 일제히 강제 휴교령을 내렸다. 여학교에서는 저학년 학생들이 운동에 참가하는 것을 못하게 하고 기숙사의 외출도 금지시켰다.

이화학당의 중등과 1년생인 유관순柳寬順도 저학년이었기 때문에 외출을 금지당한 한 사람이었다. 나이는 15세였다. 이화학당은 현재 이화여자대학교의 전신이다. 이화梨花라는 이름을 민비가 내려준 이 여학교는 손가락 꼽는 명문학교였다. 민비가 일본인에게 암살된 탓인지 교풍의 어딘가에 반일적인 분위기가 농후했다.

외출을 금지당한 유관순은 기숙사 창문을 통해 연일 들려오는 만세 소리를 들었다. 유관순은 대지를 뒤흔드는 만세 소리에 마음이 뜨겁게 달아오름을 느꼈다. 외출 금지는 좀처럼 풀리지 않았다. 학교도 휴교한 상태였다. 이윽고 이화학당의 프라이 L. E. Fry 교장은 이 소동이 길어질 것이라 예상하고 저학년들을 일시 귀향시키는 조치를 강구했다. 3월 13일 유관순은 태어난 고향 충청남도 천안군 목천면 지령리로 내려갔다. 현재의 천안시 병천면 용두리다.

유관순이 태어난 유씨 집안은 지방에서는 드문 교육가 집안이었다. 유관순의 아버지 유중권柳重權은 교육에 남다른 열정을 갖고 있었다. 유관순이 세 살 때 유중권은 전답을 담보로 돈을 빌려 흥호학교興湖學校라는 사립학교 설립에 힘을 보탰다. 돈을 빌린 것은 고모타菰田라는 일본인 고리대금업자였다. 차입금은 300원이었다.

그러나 학교 경영이 순조롭지 않아 유중권에게는 빚만 남았다. 갚아야 할 금액은 1년 사이에 3,000원이 되었다. 유중권은 고리대금업자와 그 하수에게 매일 빚 독촉을 받아 맞기도 하고 차이기도 했다. 어떤 때는 우물에 거꾸로 매달리는 경우도 있었다. 유관순은 그런 광경을 보고 자랐다. 유관순에게 일본인은 무섭다는 기억이 박혀 있었다.

그 후 아버지 유중권은 몸에 밴 유교 교육을 넘어 기독교에 흥미를 나타냈다. 이윽고 유중권은 마침 시골로 이사 온 전도사 조인원趙仁元과 친교가 두터워지더니 동향의 유빈기柳斌基 등과 함께 신앙의 길에 들어섰다. 뿐만 아니라 세 사람이 중심이 되어 교회까지 세웠다. 그것은 초가지붕의 변변치 않은 오두막 교회였는데 신자들이 마음 붙일 곳이 되었다. 조인원 등은 그곳에서 신자들에게 조국이 처해 있는 상황을 설명했다. 그것은 바꿔 말하면 반일사상 교육이나 다름없었다.

가령 유관순은 일본어만 가르치는 학교에 자식을 입학시킬 생각은 털끝만큼도 없다고 말했다. 유중권은 일본어 교육은 조선인을 일본인 노예로 만들기 위한 교육이라고 규정했다. 그런 교육을 받으면 조선인은 일본인이 주인이기 때문에 나무꾼이 되거나 물장수가 되어 버린다는 말을 서슴지 않았다. 그래서 유중권은 유관순 동생 유관복柳寬福을 공립 보통 학교에 입학시키지 않고 마을 서당에 보냈다. 서당은 사숙私塾, 즉 글방에 해당한다. 서당은 일본 관헌에게는 숨겨져 있고 아직 몇몇 곳에서는 조선식 교육이 이루어지고 있었기 때문이다.

즉, 총독부는 병합 이듬해에 제1차 '조선교육령'을 발령하고 충성스럽고 선량한 일본 신민을 육성하기 위한 교육방침을 세웠다. 철저한 일본어 교육도 그 속에 포함되어 있었다. 조선인과 조선어를 지구상에서 말살시키려는 생각을 하고 있었기 때문이다. 공립 학교에서는 일본인 교사가 금줄이 달린 제복에 칼을 차고 교단에 섰다. 힘에 의한 일본어 교육 밀어붙이기였다.

그 한편에서 총독부는 비록 소수라도 조선인이 고등화되는 것을 피하기 위해 대학 시설이 있는 각 학교의 학과를 모두 폐지했다. 조선인에게 고등 교육은 필요 없다는 것이다. 이것이 우민화 정책이 아니고 무엇이란 말인가? 조선의 지식인들은 이 정책을 교육상의 대탄압으로 받아들여 격렬히 반발했다. 유중권도 그 한 사람이다. 유관순은 아버지의 배후를 보면서 자랐다.

유관순은 열두 살 때 이웃에서 영리하다는 칭찬이 자자했다. 이 소녀는 아버지의 영향으로 일요일마다 마을 교회의 주일학교에 다녔다. 거기서도 모범생으로 이름을 높였다.

마침 그 시기를 전후해 경성의 이화학당에서는 학교 경영의 목적 중 하나로 지방 학교에서 우수한 여성 인재 육성에 힘을 기울이기 시작했다. 유교적 풍토 속에서 학대받는 가난한 자녀들을 구제하고 여성의 지위를 전체적으로 향상시킬 방침을 세웠기 때문이다. 그를 위해 지방에 거주하는 우수한 여성을 적극적으로 입학시키고 있었다. 이 학교의 방침은 이화학당의 모체이기도 한 기독교 메소지스트파의 교리를 실천하고 있는 것에 다름 아니었다.

그 방침에 따라 각지의 교회가 우수한 자녀를 추천했다. 목천 지역에서는 유관순이 뽑혔다. 마침내 유관순은 부모의 슬하를 떠나 경성으로 교비생 유학을 가게 되었다. 교비생은 장학생에 해당한다. 유관순은 3년 뒤 3·1운동과 맞닥뜨렸다.

고향으로 돌아온 유관순은 조용한 마을 풍취에 마음이 편안해졌다.

그러나 한편에서는 경성이나 고향으로 돌아오는 길에 소도읍에서 보고 들은 열광적인 사람들과의 활동을 떠올리자 왠지 가만히 있을 수 없는 기분이 들었다.

경성과 천안의 거리는 대략 100킬로미터쯤 된다. 물론 경성에서의 독립운동은 천안에도 전해져왔다. 그런데 목천 마을 인근에서는 어쩐지 운동을 받아들이려는 공기가 매우 희박했다. 정보가 적은 탓도 없지 않다. 농촌 특유의 폐쇄성도 있다. 무엇보다 이 지역 주민들에게는 새로운 지도자의 출현을 마음속으로 기다리는 구석이 있었다.

집으로 돌아온 유관순은 경성에서 보고들은 것들을 아버지와 큰아버지 유중무柳重武에게 들려드렸다. 유중권과 유중무는 그것을 조인원이나 고장의 유학자 이백하李柏夏, 청신학교 교장 김구응金球應 등 마을의 유력자들에게 전했다. 조인원은 그것을 신자들에게 들려주었다. 지금 전국을 뒤흔들고 있는 사건을 들은 지역 주민들은 급격히 시위운동에 관심을 나타냈다. 그리고 그 관심은 곧바로 자신들도 뒤를 따라야 한다는 기분으로 일변하고 있었다.

게다가 유중권과 이백하, 김구응 등은 인근 마을을 둘러싼 주변 지역의 유력자들을 만나 시위운동 결기에 대해 들려주었다. 유관순도 어른들을 따라 몇 개의 고개를 넘었다. 이른 봄 고갯길은 질퍽거렸다. 유관순은 몇 차례 발이 빠져 진흙투성이가 되었다.

그저 모든 지역의 유력자들이 쌍수를 들고 찬동해주는 것만으로도 기뻤다. 게다가 유중권 등은 거리가 멀어 가기 어려운 마을에는 그 지역의 유력자들 앞으로 밀서를 보냈다. 연기, 청주, 진천, 성환, 천안 일대의 마을이다. 그 지역의 유력자들도 주저하지 않았다. 유력자들은 곧바로 마을 사람들을 촉구했다. 시위운동 결기를 향한 기운은 더 높아졌다.

그 한편에서 유관순은 인근의 부녀자들을 마을 교회로 데려와 태극기 만들기에 힘썼다. 태극기가 조국 광복의 상징이 될 것임은 누구나 알고 있다. 여자들은 목판에 물감을 칠하고 그것을 흰 천에 찍어내는 작업에 열중했다. 천에 빨강, 파랑, 검정으로 목판을 옮겨가면서 찍자 색이 선명한 태극기가 나타났다.

그사이에 유중권과 조인원 등은 등사판 인쇄로 독립선언서를 찍어냈다. 시위운동을 결기하는 날에 참가자들에게 나누어주기 위해서다. 준비는 착실히 진행되었다. 나머지는 결기 날짜를 언제로 정할 것인지의 문제만 남았다.

당시 조선의 농촌 지방 도시에서는 정해진 날에 장이 열렸다. 시장에서는 길 위에 일용품이나 잡화, 식료품 등이 펼쳐졌고 한 잔 마실 수 있는 포장마차가 즐비하고 매우 혼잡했다. 커다란 북을 치면서 엿을 파는 사람도 있다. 말하자면 그곳은 민중금융의 장이자 정보문화의 장이며 생활의 장인 것이다.

천안 지방에서는 병천면에 서는 장의 규모가 제일 컸다. 다음 병천장은 4월 2일에 열린다. 그날은 음력으로 3월 1일이었다. 경성의 3·1운동에 비추어 보면 그날은 길일이라고 할 수 있었다.

유중권과 조인원 등은 시위운동을 벌일 날을 병천 장날에 맞추었다. 재차 인근의 마을로 격문이 보내졌다. 그 격문에는 음력 2월 28일까지 대표를 선정해두라는 것과, 결기 전날, 즉 음력 2월 29일 밤 12시를 기해서 신호로 봉화를 올리는 것 등이 쓰여 있었다.

드디어 음력 2월 29일이 되었다. 양력으로는 4월 1일이다. 다음 날은 결기일, 즉 4월 2일이었다.

이날 밤, 유관순은 가족들과 함께 저녁 밥상에 둘러앉았다. 이쪽 방에는 어머니 이씨가 있다. 저쪽 방에는 아버지 유중권과 숙부 유중무 등이 있었다. 유교 사회에서는 남녀가 함께 식사를 하지 않는다. 유가네도 그랬다. 그런데 이날의 저녁식사가 가족들 최후의 자리가 되리라고는 아무도 상상치 못했다. 그저 깊은 밤에 피어오를 신호 봉화만 마음에 있었다.

저녁식사 후 유관순은 아버지들과 함께 어둠속 만화천으로 나갔다. 만하천은 지금의 녹동천이다. 이 하천은 병천으로 흘러간다. 그곳에서는 연이어 있는 낮은 산과 몇 개의 고개가 바라다보인다. 결기를 알리는 신호를 이들 고개에서 올리기로 약속되어 있었다. 유관순 일행은 밤 12시가 되기를 기다렸다.

곧 그 시각이 되었다. 멀리 어둠속으로 작은 불빛이 솟아올랐다. 거의 동시에 이쪽 고개 저쪽 봉우리에서도 몇 개의 봉화가 피어올랐다. 봉화는 산과 고개를 잇는 불의 고리처럼 보였다. 유관순의 가슴은 뜨겁게 달아올랐다.

조국 독립을 향한 유관순의 몸부림

날이 밝으면 결기일이다. 아침에는 안개가 자욱했는데 동이 트자 이내 사라졌다.

유관순 일행은 병천 시장으로 서둘러 갔다. 병천에 도착해서는 시장으로 통하는 세 방향의 도로를 따라 각자 자리를 잡았다. 시장에 모여드는 사람들에게 독립선언서와 태극기를 나누어주기 위해서였다.

유관순은 준비해온 태극기가 모자라자 조그만 태극기를 두 개로 나누어 사람들에게 건네주었다.

곧이어 많은 사람들이 시장에 모여들었다. 때는 좋았다. 오후 1시, 광장 중앙에 즉석 연단을 만들고 그 옆에 한길 남짓한 대형 태극기를 세웠다. 한길은 3미터를 조금 넘는 길이를 말한다. 때마침 불어오는 봄바람에 큰 태극기가 펄럭이고 있었다.

단상에 선 사람은 조인원이다. 조인원은 자신이 진행을 맡은 사람이라고 말한 뒤 독립선언문을 낭독했다.

이어 조인원은 단상으로 유관순을 불러 이 소녀가 경성에서 막 돌아온 여학생이라고 소개했다. 단상에 올라간 유관순은 순식간에 자신이 변화되어 가고 있음을 알았다.

아래는 이때 유관순이 군중에게 말한 줄거리다. 조영암趙靈巖의《순국선열전서殉國先烈全書》에 그것이 수록되어 있다.

여러분, 우리는 4천년 빛나는 역사를 지닌 독립국가 국민입니다. 그러나 일본의 강압으로 국가를 잃고 10년 동안이나 압박을 받아왔습니다. 그런데 지금 프랑스 파리에서 열린 강화회의에서는 세계의 약소민족에게 자유와 독립을 부여하려 하고 있습니다. 해외의 우리 혁명가들은 김규식 대표를 보내 우리의 바람을 세계에 호소하고 있습니다. 이럴 때 우리가 침묵하고 있어서야 되겠습니까? 지난 3월 1일 경성에서 사람들은 당당히 자주 독립국임을 선언했고 독립만세 외침은 삼천리 산하에 울려 퍼졌습니다. 여러분, 독립을 쟁취하기 위해 우리도 만세를 외칩시다!

유관순의 외침에 군중은 열광적인 박수를 보냈다. 이제 가만히 있을 수 없었다. 조인원과 유중권 등은 재빨리 그 기운을 간파했다. 유중권이 큰 태극기를 위로 치켜들었다. 데모 행진을 알리는 신호였다.

또 삼천리란 조선을 달리 이르는 칭호다. 한반도 남북의 길이가 조선의 거리 단위로 삼천리이기 때문에 나온 말이다. 조선에서 리里는 일본의 10배, 다시 말하면 일본의 1리는 조선에서는 10리에 해당한다.

아무튼 군중은 움직였다. 그 선두에 기수인 유중권이 서서 큰 태극기를 휘날렸다. 조인원과 유중권에게는 처음부터 군중의 의지를 일본인에게 알리려는 생각이 있었다. 병천에는 일본 헌병대 분소가 있다. 그곳으로 몰려가 만세를 외치고 기세를 올릴 생각이었다. 큰 태극기를 앞세운 행렬은 헌병대 분소로 향했다.

이때 헌병대 분소에는 소장 고야마 쇼헤이小山正平 오장 이하 헌병과 보조원 5명이 근무하고 있었다. 그중 둘은 조선인 보조원이다. 분소에는 소총과 권총 같은 총기류가 비치되어 있었다. 천안 헌병대 본부와는 연락용 전화선도 가설되어 있었다.

분소 앞으로 밀려든 군중은 약간 떨어진 곳에서 분소를 에워싸고 일제히 태극기를 흔들며 목청 높여 독립만세를 외쳤다. 두 개로 나눈 기를 함께 흔드는 사람도 있었다.

한편 헌병들은 밀려온 군중을 보고 기겁을 했다. 살해될지 모른다고 착각한 대원도 있었다. 고야마는 소총을 들고 군중을 향해 두 발을 발사했다. 그중 한 발이 큰 태극기를 흔들고 있던 유관순의 아버지 유중권에게 명중했다. 유중권은 옆구리에 선혈을 흘리며 쓰러졌다. 군중은 숨을 죽이고 조용해졌다. 어떤 알 수 없는 두려운 침묵이 주위를 감쌌다.

다음 순간 유중권 옆에 있던 유중무가 부상자를 등에 업고 분소로 돌진했다. 유중무는 유중권의 형이자 유관순의 큰아버지다. 유중무는 조선인 보조원을 향해 빨리 조처하라고 노발대발했다. 그런데 조처를 할 필요가 없었다. 유중권은 이미 숨이 끊어져 있었다.

이어 조인원이 분소로 돌진했다.

조인원은 군중이 있는 쪽으로 휙 돌아서서 목소리를 최대로 높여 외쳤다. "일본인을 죽여서는 안 된다! 죽인다고 해서 어떻게 될 문제가 아니다!" 조인원은 같은 말을 몇 번 씩 외쳤다.

그 조인원에게 한 헌병이 세차게 달려들었다. 게다가 또 한 헌병이 조인원을 겨냥해 방아쇠를 당겼다. 총탄은 조인원의 왼쪽 가슴에 맞았다.

군중은 그 헌병들을 향해 달려갔다. 유관순이 맨 먼저 달려가고 있었다. 유관순은 헌병이 가진 총에 맹렬히 덤벼들었다. 헌병은 나이도 어린 소녀가 총에 덤벼들었을 때 매우 당황해 엉겁결에 총을 거둬들였다. 그리고 헌병들은 그대로 건물 안으로 도망가 버렸다.

군중은 건물을 에워쌌다. 돌을 던져 유리창을 깨뜨렸다. 전화선도 잡아끊었다. 그러나 천안 헌병대 본부에 이미 통보된 뒤의 일이었다. 천안에서 지원 부대가 달려오는 것은 시간 문제일 것이다. 군중은 그것을 눈치 채지 못하고 있었다.

천안에서 트럭으로 지원 부대가 도착하자 바깥은 순식간에 아수라장이 되었다. 30명 정도의 헌병들은 군중 속으로 갑자기 들이닥쳐 검으로 찌르고 무차별적으로 총을 쏘아댔다. 군중은 비명을 지르며 도망갔다. 유관순의 어머니 이씨도 총에 맞아 죽었다. 김구응金球應 교장도 총대에 맞아 두개골이 깨진 뒤 마구 찔려 죽었다. 김구응의 어머니 채씨는 왜 우리 아들을 죽였냐고 울부짖으며 헌병에게 대들었다. 이 모친도 금세 척살되었다.

결국 이날 병천에서 19명이나 되는 사망자가 발생했다. 사체는 30명이 넘었다는 설도 있다. 부상당한 뒤에 사망한 사람은 그 수가 더 이상 알려져 있지 않다. 체포된 사람은 600명을 넘었다. 흔히 '병천 사건'이라 불리는 일본 헌병의 살육은 오후 5시가 지나서야 겨우 잠잠해졌다.

체포된 사람들은 천안의 헌병대 본부로 연행되었다. 그 속에 유관순도 있었다. 그곳에는 늘 그런 것처럼 고문이 기다리고 있었다. 취조관들은 주모자를 알아내는 데 필사적이었다. 여자라고 해서 용서하지 않았다. 물론 젊은 여자에게는 훨씬 더 기학적인 태도로 임했다. 취조실에는 음탕하고 문란한 냄새가 일었다.

여성에게 가해진 고문에 대해 말해둔다. 노파는 다르다.

취조실에 끌려와 시달린 여성은 예외 없이 발가벗겨졌다. 다음에는 머리카락에 줄을 연결해 천정에 매단다. 그리고 몸을 돌리기도 하고 매질을 하기도 했다.

또는 작은 칼로 유방에 상처를 냈다. 불에 달궈진 인두를 음부에 대고 음모나 국부를 태우는 일도 있었다. 손가락 사이에 쇠를 끼워 넣고 심하게 죄거나 예리한 죽침으로 손톱과 살 사이를 찌르기도 했다.

유관순에게 가해진 고문도 이것과 크게 다르지 않았다. 다만 며칠 사이에 유관순의 몸은 갈기갈기 찢어졌다. 그래도 눈앞에서 살해된 부모님의 한은 잊을 수 없었다. 유관순은 그 한을 조국 독립을 향한 근원으로 삼아 무너지는 자신을 떠받쳤다.

유관순은 아침저녁 일정한 시각 유치장에서 독립만세를 외쳤다. 그 외침은 벽에 부딪혀 유치장 안에 메아리쳤다. 유관순의 강직함은 간수의 입을 통해 취조관에게 전해졌다. 취조관은 오기가 생겼다.

이윽고 유관순의 신병은 경성의 서대문형무소로 옮겨졌다. 그곳에서도 고문 받고 또 고문 받는 날들이 반복되었다. 여름철에 접어들자 유관순의 몸은 훨씬 더 쇠약해졌다.

그 뒤 명색뿐인 재판이 열렸다. 그 재판이 얼마나 무책임한 것이었는지는 재판관이 입회자들의 이름도 밝히지 않고 있었음을 생각하면 짐작이 간다. 일본 당국이 16세 소녀를 정당하게 재판하려는 마음은 애초부터 없었다. 다만 재판에 입회한 사람들은 유관순의 고집에는 애를 먹었다.

이때 일본인 입회자들 중 한 사람이 엷은 웃음을 지으며 조선인의 독립은 대체 어떤 독립이냐고 말했다. 모욕적인 말이 아닐 수 없다. 그 순간 유관순은 얼굴이 새빨개지며 화가 치밀었다.

유관순은 자리에 있던 의자를 들어 그 입회자에게 던져버렸다. 그래서 징역 3년형이 결정되어 있던 피고에게 형량을 높여 4년형이 내려졌다. 재판관이 유관순의 행위를 법정모독죄라고 간주했기 때문이다.

반일무장투쟁: 의열단의 혼

제암리 사건

새해가 밝았다. 1920년이다.

그해 4월 28일 일본의 도쿄에서 영왕 이은과 마사코가 혼례를 올렸다. 이 혼례는 영왕의 아버지 고종 이태왕이 사망한 지 겨우 1년 3개월여 만에 이루어지는 것이다. 조선 왕족의 복상服喪은 3년이라는 옛 풍속을 알면서도 밀어붙이는 강행이었다. 일본 정부와 총독부는 한 치의 오차도 없는 완벽한 식민 지배를 위해 조선의 옛 풍속은 무시했다. 이로써 영왕 이은은 일본 황족의 일원이 되었다. 영왕에게는 대훈위국화대수창이 수여되었고 동시에 육군 중위로의 승진이 인정되었다.

계속해서 말하면 혼례 당일 미시코가 탄 마차에 수제 폭탄을 던진 조선 청년이 있었다. 서상한徐相漢이라는 학생이었다. 이 학생은 도쿄 경교국의 임시 정보 배달원으로 가장해 마차에 접근했다. 서상한

영왕 이은과 나시모토노미야 마사코.
이후 마사코는 이방자가 된다.

은 이 정략혼인에 분개했고 마사코를 암살해 조선 민족의 의지를 나타내려고 했다. 그런데 폭탄이 불발해 서상한은 체포되었다. 물론 이 사건은 극비 중의 극비가 되어 일반인들은 알지 못했다.

아무튼 영왕과 마사코의 혼례로 조선에서는 특별사면이 발령되어 옥중에 갇혀 있던 국사범 거의 전원이 은사의 대상이 되었다. 경성에서만도 540여 명의 국사범이 석방되었다. 하지만 병천 사건과 관련된 유관순은 그 대상에서도 제외되었다. 조석으로 만세를 외치는 것이 괘씸하다는 이유에서였다.

겨울이 지나고 또 더운 여름이 왔다. 특히 그해의 경성은 매우 더웠다. 서대문형무소의 감방은 더했다.

유관순은 상처투성이 몸으로 아직 살아 있었다. 아침저녁의 일과는 결코 거르지 않았다. 그러나 만신창이가 된 육체는 혹독한 무더위를 견딜 재간이 없었다. 여름이 끝난 10월 12일 유관순은 마침내 숨을 거두었다. 죽음의 직접적인 원인은 영양실조였다. 유관순은 겨우 16세의 짧은 생애를 마쳤다.

그 이전에 이화학당 관계자들은 자주 서대문형무소를 방문해 날로 약해져가는 유관순을 계속해서 격려했다. 프라이 교장, 박인덕朴仁德 선생, 어윤희魚允嬉 선생, 김활란金活蘭 여사 등이 그 사람들이었다.

유관순이 독립만세를 외치면서 옥사한 서대문형무소와 감방

박인덕과 어윤희도 서대문형무소에 수감된 적이 있었다.

그때 박인덕은 아침저녁으로 만세를 외치는 유관순에게 몸이 성한 데가 없으니 그만두라고 타일렀는데, 이미 버려진 몸이 된 소녀는 스승의 충고조차 듣지 않았다. 박인덕은 감동했다. 그런 반면 유관순의 센 고집에는 질렸다. 그리고 진정한 열사의 모습을 보았다. 그러나 그 사랑스런 제자는 죽었다. 관계자들은 더 이상 참을 수 없어졌다.

프라이 교장 이하 이화학당 관계자들은 어떻게든 성의를 다해 장례를 치러주겠다고 생각했다. 프라이 교장은 유관순의 유체 인도를 요구했다. 그러나 일본 당국은 그것을 자꾸 꺼려했다.

프라이 교장은 국제 여론에 청원하겠다고 일본 당국을 끈질기게 압박했다. 국제 여론……. 총독부가 가장 두려워한 말이다. 결국 일본 당국은 유체를 인도하는 데 응하게 되었다.

이윽고 유관순의 유체가 모교로 돌아왔다. 유체는 약간 큰 석유통에 상처뿐인 고깃덩이처럼 넣어져 있었다. 악취가 코를 찔렀다. 그것이 훗날 '조선의 잔 다르크'로 칭송되는 여성독립투사의 변화된 모습이었다.

프라이 교장 등은 정동교회에서 미사를 드린 후 유관순의 유체를 이태원 공동묘지에 매장했다. 작은 무덤 위에 큰 태극기를 덮었다. 3·1독립운동 이래 총독부 당국은 태극기에 특히 눈을 부라렸다. 하지만 프라이 교장은 기죽지 않았다. 그리고 그것이 조국 독립을 꿈꾸면서 죽어간 유관순에 대한 그나마 유일한 전별이었다.

병천 사건이 있은 지 10일 뒤, 경기도 수원군 남면의 발안장이라는 시골 읍을 중심으로 부근의 여러 마을에서도 독립운동이 일어났다. 당시의 수원군은 지금의 화성군에 해당한다. 또 발안장과 병천은 50킬로미터밖에 떨어져 있지 않다. 이 마을 사람들도 병천의 독립운동에 자극을 받았다.

총독부 당국은 발안장 부근의 마을에도 일본군을 투입해 차례대로 마을에 불을 질렀다. 그 수는 실제로 64개 마을에 이른다. 마을 사람들은 부랴부랴 낮은 산속으로 도망가 숨었다. 결국 일본군은 주모자를 체포할 수 없었다. 그때 일본군의 방화는 한층 가열되었다.

4월 15일 제암리 마을에도 일본군이 나타났다. 수원 주재 제78연대 아리타 도시오有田俊夫 중위가 이끄는 12명의 일본 병사와 1명의 순사였다. 당시 조선에서는 일본 병사를 왜병이라고 불렀다. 왜병을 안내한 것은 발안장에서 곡물 장사를 하는 사사카 리키치佐坂利吉라는 일본인이었다. 이 심복은 군대나 경찰의 앞잡이가 되어 괘씸한 조선인 고발에 열심이었다.

제암리 마을로 올라간 일본군은 사사카를 통해 마을에 15세 이상 되는 남자를 마을 교회에 모이게 했다. 제암리 성인은 태반이 기독교나 천도교 신자였다. 이 마을 교회는 초가집이다. 아리타 중위는 교회에서 독립운동에 관한 주의를 주려고 한다는 구실을 달았다. 마을 사람들은 아무도 이 구실을 의심하지 않았다.

아리타 중위가 제암리 주민을 어떻게 보고 있었는지는 다음 문서로 알 수 있다. 이 문서는 총독부 경무국장 겸 헌병대 사령관 고지마 소지로兒玉惣次郎가 상관인 총독부 정무총감 야마가타 이사부로山縣伊三郞 앞으로 보낸 보고서의 일절이다.

> 이때 당시의 아리타 도시오 중위는 같은 지방 소요의 근원이 제암리 천도교 신자와 기독교 신자라는 말을 듣고 그들을 검거 위압할 목적으로……

완전한 오해임은 말할 필요도 없다. 그런데 왜병은 용기가 충천해 있었다. 오후 1시 반이 지날 쯤 제암리 교회에 마을 사람들이 모였다. 마을에서는 '제암교회'라고 불렀다. 모두 25명이 교회 안으로 들어갔다.

수원 교외의 제암리에 다시 세워진 제암교회

교회 내부는 평소 흰 천으로 남녀의 자리가 구분되어 있다. 남녀 칠세부동석이라는 유교의 가르침이 여기서도 지켜지고 있었다. 그러나 이날은 흰 천으로 된 칸막이가 없었다. 교회의 안팎을 왜병이 지켰다.

다음 순간 불안을 느낀 한 청년이 교회 밖으로 뛰쳐나왔다. 조경태趙敬泰라는 청년이었다. 이어 또 다른 두 명의 젊은 사람도 뛰쳐나와 도망갔다. 그들을 왜병이 추격했다. 조경태는 도망쳤지만 젊은이 한 명은 왜병에게 총살되었고 또 한 명은 참수되었다. 모두가 순간적으로 일어난 사건이었다.

교회 안의 왜병도 전율했다. 왜병은 총을 들고 뒷걸음질로 건물 밖으로 물러났다. 그리고 재빨리 교회 문 세 곳을 걸어 잠갔다. 이어지는 왜병의 행동은 미친 짓 그 자체였다.

왜병은 교회에 준비되어 있던 석유를 뿌리고 불을 질렀다. 불은 마침 불어오는 강풍에 휩싸여 삽시간에 교회를 집어삼켰다. 뿐만 아니라 왜병은 교회 유리창을 부수고 내부를 향해 총을 난사했다. 교회 안에서 22명이나 되는 사람이 죽었다.

곧바로 아리타는 자신의 실책을 감지했다. 순간 이 군인은 증거를 감춰버리려고 생각했다. 아리타 중위는 병사들을 불러모아 마을 집들을 모조리 태워버리라고 말했다. 여자나 아이들도 살려주지 말라고 소리 질렀다.

왜병은 아리타 중위의 명에 따랐다. 33채의 집을 한 채 한 채 불 지르고 주민을 발견하면 사살하거나 척살했다. 두 남자가 사살되었다. 홍순진洪淳晉의 아내와 강태성江泰成의 새댁도 독수에 걸려들었다. 홍순진의 아내는 발사된 총탄이 복부를 관통해 몸부림치며 뒹굴다 죽었다. 강태성의 새댁은 내리치는 일본도에 목을 맞았는데 죽지 않았고, 두 번째 칼에 피가 튀면서 목이 떨어져 겨우 죽을 수 있었다. 게다가 왜병은 그 사체의 복부를 찔러 내장이 튀어나오게 했다. 모두 29명이 학살되었다. 왜병의 살육은 해떨어지기 전까지 이어졌다. 이것이 식민지 지배 시대에 최악의 오점이 된 '제암리 사건'이었다.

이윽고 날이 밝았다. 왜병이 마을에 나타났을 때 재빨리 산으로 도망갔던 노인과 여자아이들은 해떨어진 산속에서 남자들이 찾아오기를 기다리고 있었다. 그런데 아무리 기다려도 누구 한 사람 찾으러 오지 않았다. 곧이어 마을 남자들이 일본 병사에게 살해되고 집이 불탄 것을 알게 되었다. 그 말을 듣자 노인과 여자아이들은 땅을 치며 목청을 높여 울었다. 일본인이 증오스러워졌다. 일본인을 저주하는 통곡의 외침은 그치지 않았다.

악몽의 밤이 밝았다. 4월 16일이다.

이날 제암리에 외국인 일단이 얼굴을 비쳤다. 미국 영사관원 커티스F. S. Curtis와 미국 기독교 선교사 언더우드H. G. Underwood 일행이었다. 언더우드는 조선의 사정에 밝고 조선말도 잘했다. 연세대학의 전신인 경신학교儆新學校를 설립한 사람도 이 선교사다. 당연히 언더우드는 조선의 입장에 동정적이었고 일본의 조선 지배에 매우 비판적이었다. 그런 탓도 있어서 언더우드는 정보에 특히 민감한 데가 있었다.

언더우드는 이미 며칠 전에 발안장 인근 여러 마을에서 일본군에 의한 방화가 있다는 정보를 들었다. 이 선교사의 날카로움은 자신의 눈으로 그것을 직접 확인하고 싶다고 생각했던 것일 게다. 그리고 곧 그것을 실행에 옮겼다. 언더우드는 커티스와 함께 발안장으로 갔다. 그리고 산속에서 솟아오르는 검은 연기를 목격했다. 언더우드는 그곳으로 급히 갔다. 그곳이 제암리였다.

언더우드가 제암리 마을에 들어섰을 때 아직 검은 사체가 남아 있었다. 내장이 튀어나온 채로 죽은 여성의 사체도 있었다. 마을의 도처에 집들이 잿더미로 변해 있었다. 눈 뜨고는 볼 수 없는 처참한 광경이 그곳에 있었다. 언더우드 일행도 마을 사람들과 마찬가지로 일본군의 잔학함에 전율했고 간담이 서늘해졌다.

나아가 이로부터 8일 뒤에는 영국 총영사대리 로이드O. M. Royde 외에 종교 관계자 7명이 제암리로 갔다. 이때는 불에 탄 사체 등이 처리되어 있었는데, 조금만 눈을 크게 뜨고 주위를 둘러보면 아직도 남아 있는 일본군의 잔학행위 흔적을 볼 수 있었다. 로이드 일행도 간담이 서늘해져 부들부들 떨면서 돌아왔다.

이 외국인들이 제암리에 나타난 것은 총독부에 자세히 보고되었다.

제암리에 조성된 3·1독립운동순국기념묘

총독부가 가장 우려하는 사태가 발생한 것이다. 2대 조선총독 하세가와에게는 이 사실이 외국으로 누설되어 국제 여론이 들끓는 것만큼 무서운 게 없다. 하세가와 총독은 자신의 실책을 후회했다.

아무튼 하세가와 총독은 발생한 사건을 본국에 보고하지 않을 수 없었다. 이하는 하세가와가 하라 수상 앞으로 보낸 비밀 보고서의 일부다. 마지막 문장에 실책투성이가 된 조선총독부의 고민이 짙게 드러나 있었다.

이 지방 폭민暴民에 대한 위압과 범인 검거를 위해 약간 명의 유력한 검거반을 파견했고, 4월 2일부터 14일까지 64개 마을에서 대검거를 단행해 약 800명을 검거했다. 검거 중 폭민 사망자 10명, 부상자 19명이 발생했다. 화재발생 17개 마을, 소실가옥 276호에 이르렀다. 동시에 해당 지방에 병력을 분산시켰고 위에 언급한 검거에 협력하는 곳이 있었다. 그러나 마침 수원군 발안장에 파견된 보병 중위 이하 12명은 4월 15일 부근에 주재하는 순사를 동행해 제암리 기독교 교회당에 기독교와 천도교 신자 약 25명을 집합시켜 놓고 심문 훈계하려고 할 때 신자들이 반항했기 때문에 거의 전원을 사살하고 불을 질렀는데, 강풍으로 인해 28호가 소실된 사실이다.

앞서 언급한 자초지종에 나와 있지만 반항했기 때문에 이런 행위가 나온 것 같다. 이상의 검거반과 군대의 행위는 유감이지만 이미 지나간 일이고, 방화는 형사상 범죄의 구성이 되지만 오늘날 그것을 정당한 행위로 인정하는 것은 군대와 경찰의 위신과 관계되어 있으며, 진압상 불리할 뿐만 아니라 외국인에 대한 평판과도 관계되어 있다. 방화는 모두 검거할 때 생긴 실수로 인한 불로 인정하고, 당사자에 대해서는 아무튼 수단과 방법을 가리지 않고 그 지휘관을 행정처분하기로 한다.

제암리 부근의 상황은 경성에 거주하는 외국인에게 알려져 영국 총영사대리, 미국 영사관 직원, 그리고 외국 선교사가 일부의 상황을 시찰했다. 참고를 부탁드립니다.

하세가와는 '참고를 부탁드립니다'라고 썼다. 그런데 실제로는 참고를 부탁드려야 할 정도의 소동은 아니었다.

한편 조선군 사령관 우쓰노미야 다로宇都宮太郎 육군 대장도 사건 발생 사흘 뒤인 4월 18일 자 일기에 다음과 같은 글을 남겼다. 본래 제암리 사건은 자신이 모르는 사이에 일어난 일이었는데, 일본군은 발표에서 학살이나 방화에 대해서는 부정했다. 그 경위가 일기에 상세하다.

사실을 사실대로 처리하면 가장 간단하지만 그렇게 하게 되면 학살과 방화를 자인하는 꼴이 되어 제국의 입장이 몹시 불리해진다. 그래서 간부들과 협의해 저항한 사람을 살육한 것으로, 그리고 학살과 방화 등은 인정하지 않기로 결정하고 밤 12시 산회한다.

다음 날 4월 19일 자 일기에는

진압의 수단과 방법에 옳지 못한 바가 있어 30일간의 무거운 근

신을 명하기로 약식 결심

이라고 되어 있다. 실제로 해당 병사는 30일간의 근신 처분을 받았다. 이것으로 사건을 조용히 무마하려 한 것은 틀림없을 것이다. 당장은 탈이 없고 편안할지도 모른다. 조선군 사령관도 그 정도로 멍청한 입장은 아니었다.

사실 이 직후부터 일본의 하라 수상에게 조선에서 외국인 선교사들이 연이어 찾아갔다. 웰치에 이어 엘데만, 휘트모어, 홀드콜드 등이다. 조선에 거주하는 이 외국인 선교사들은 직접적 또는 간접적으로 조선에서의 일본군과 일본 관헌의 기독교 신자 박해를 하라에게 호소했다. 그 진정은 그 자체로 일본의 조선 지배에 대한 비난이었다.

웰치 등은 하라를 향해 "만일 총독의 경질을 고려한다면 인선에 마음을 써주기 바란다"라고까지 말했다. 웰치는 하라의 마음속까지 꿰뚫어보고 있었다.

하라도 우쓰노미야 사령관은 제쳐두고라도 하세가와 총독은 경질해야 할 필요성을 느꼈다. 3·1독립운동이 발생한 이래 하세가와가 대응한 방법은 특히 어리석었다. 하라가 이 사건은 비난이 쇄도해도 무리가 아니라는 생각을 굳혔기 때문이다. 그 비난의 화살을 면하기 위해서는 총독 이하의 고관을 갈아치우는 게 낫다고 속단했다.

그해 8월 12일 하라는 하세가와 총독을 해임하기로 결심했다. 후임에는 해군 분야에서 해군 대장 사이토 마코토齊藤實를 기용했다. 하라는 역대 총독이 육군 출신 군인이었으니까 이번에는 해군에서 뽑아 취임시키면 비록 일시적이라 하더라도 과거의 어두운 인상을 지울 수 있겠다는 생각이었다. 아울러 부총독이라 할 수 있는 정무총감도 야마가타 이사부로 대신 내무대신 경험이 있는 미즈노 렌타로水野鍊太郎로 교체했다. 그리고 하라는 새삼 조선 지배 정책에 대한 재검토 시안을 내놓았다. 지금까지의 '무단정치'로는 조선을 계속해서 지배할 수 없다고 판단한 것이다. 하라는 신임 사이토 총독에게 소위 '문화정치'를 주문해서 바로잡아 볼 작정이었다. 그런데 아무리 좋게 봐도 이미 늦었다는 생각을 지울 수 없었다.

남대문역 폭탄 사건

　3·1독립운동을 제대로 진압하지 못한 하세가와 총독의 해임이 결정된 것은 1919년 7월 초순이었다. 사건이 발생한 후 대략 5개월이 지났다. 그리고 그 후임에는 사이토 해군 대장이 기용되었다. 3대 조선총독이다. 사이토 총독은 9월 2일 부임지 경성에 도착하기로 되어 있었다.
　이보다 2개월쯤 전에 러시아령 블라디보스토크에서 한반도의 원산으로 가는 '에치고마루月後丸' 선상에 한 백발노인의 모습이 보였다. 조선인이다. 노인의 이름은 강우규姜宇奎, 연령은 66세였다. 정확히 6월 11일의 일이었다.
　당시의 원산은 동해안 북부에 위치한 조선 최대의 주요 항구였다. 그곳에는 일본군 군사 시설이 갖추어져 있었다. 일본인 거류민도 많았다. 그래서 원산항은 늘 출입이 잦았다. 그만큼 입국 심사가 엄격하고 3·1독립운동 이후에는 특히 조선인 입국자에 대한 검사가 까다로워졌다.

강우규도 상륙 후 입국 심사를 받았다. 이때 강우규는 두루마기를 입고 지팡이처럼 생긴 우산을 들고 비칠비칠 검사관 앞으로 나아간다. 두루마기는 옷자락이 무릎까지 내려오는 외출복으로 바지저고리 위에 입는 조선 특유의 옷이다. 하복은 보통 홑겹의 모시로 만들어진다. 아무리 봐도 유람하러 다니는 옷차림이었다.

검사관은 강우규를 무난히 통과시켰다. 어기적어기적 하는 걸음걸이는 노령인 탓이라고 간주했기 때문일 것이다. 그래서 검사관은 강우규의 삿에 두 개의 수류탄이 매달려 있을 것이라고는 꿈에도 생각지 못했다. 이것으로 강우규는 첫 번째 고비를 넘겼다.

강우규는 이 수류탄으로 조선총독을 살해할 작정이었다. 두 발의 영국제 예화수류탄은 우수리 철도의 청용역 부근에서 러시아인에게 구입했다. 값은 러시아 돈으로 50루브르였다. 문제는 그 수류탄을 어떻게 조선으로 들여갈 수 있을까와 관계되어 있었다.

강우규는 시험 삼아 그것을 삿에 감춰봤다. 역시 비트적거렸다. 그런데 그것이 오히려 노인답게 보이게 했다. 그래서 그 방법을 쓰기로 했다. 결과는 성공이었다.

원산에 상륙한 강우규는 그날 밤 원산부 내의 원일여관元一旅館이라는 싸구려 집에 묵었다. 빈한한 노인의 여행이라고 보이게 하기 위해서였다. 이날부터 강우규의 고달픈 싸움이 시작되었다. 강우규는 목적 달성을 위해서라면 이 정도의 수고는 수고라고도 생각하지 않았다.

원산에서는 망명 시절에 러시아령 니콜리스크에서 알게 된 독립운동가 최자남崔子南을 만났다. 우연한 재회였다. 최자남은 뭔가를 느낀 듯 강우규에게 자신의 집을 숙소로 제공했다. 강우규는 최자남에게 자신의 여행은 유람이라고 끝까지 거짓말을 했다.

이윽고 강우규는 하세가와 총독이 해임되고 그 후임에 사이토가 임명되었음을 알았다. 사이토는 도쿄에서 경성으로 부임한다고 한다. 신임 총독은 기차로 온다. 이 정보를 들었을 때 강우규는 뼈가 떨릴 정도로 생기가 솟았다.

그 이전, 강우규가 니콜리스크에 있을 때 그곳에 망명해 있던 조선인 노인 활동가들 사이에 '애국노인단'이 조직된 적이 있었다. 조국의 독립을 젊은이들에게만 맡겨둘 이유가 없다는 발상에서 만들어진 결사였다. 이승교李承喬, 박은식朴殷植, 최병숙崔秉琡, 김치호金致昊, 이득만李得萬, 윤금옥尹金玉 등이 단원이 되었다. 조직의 규약에 65세 이상이라는 항목이 있었기 때문에 단원은 문자 그대로 모두 노인이었다.

그 중에서 박은식은 특이한 문학자로 알려져 있다. 〈황성신문〉과 〈대한매일신보〉의 주필을 지낸 뒤《안중근의사전安重根義士傳》과 《한국통사韓國痛史》라는 책을 쓴 것도 이 노인 반일활동가다. 나아가 이후에는《한국독립운동지혈사韓國獨立運動之血史》를 저술했고, 상해의 대한민국임시정부에 초빙되어 기관지 〈독립신문〉의 주필에서 사장이 되었고, 이어 임시정부의 대통령까지 된 것도 이 인물이었다.

그런 경력 때문인지 박은식은 애국노인단을 결성했을 때도 문서 활동에 의한 독립운동의 전개를 주장했다. 그래서 서둘러 이승교 등 7명의 대표가 경성으로 가서 노인단의 독립상신서를 총독부 앞으로 전달하기로 했다.

이승교 등은 기차로 경성을 들어갔다. 그런데 총독부에 전달하려고 했던 상신서는 제대로 전달되지 않았다. 이미 총독부는 비밀결사의 문서를 수리할 만큼 어리석지 않았다. 이승교 등 대표들은 완전히 벽에 부딪혔다. 그래도 약간의 시위운동을 해야 했다.

이승교 등은 경성 제일의 대로인 종로 보신각 앞으로 가서 전단지를 뿌리고 각자가 지참한 태극기를 흔들며 큰 소리로 독립만세를 외쳤다. 지금의 종로는 보신각普信閣이라 불리는 누각에 범종이 달려 있는 데서 그 이름이 명명되었다. 예전에는 이 범종의 소리를 신호로 각 성문이 열리고 닫혔다.

이승교 일행의 대표들을 많은 행인들이 둘러쌌다. 그러나 아무도 이들과 함께 독립만세를 외치는 사람은 없었다. 3·1독립운동 발생 이래 일본 관헌의 단속은 급격히 엄격해져 있었다. 여기서 대표들에게 동조하면 어떻게 될지 알 수 없다. 군중의 눈은 냉담했다.

그런 분위기 속에서 대표 노인 한 사람이 격앙했다. 그 사람은 느닷없이 작은 칼로 자신의 목을 그어버렸다. 선혈이 노상에 흩날렸다. 그래도 군중은 흥분하지 않았다. 대표들은 달려온 일본 관헌에게 체포되었다. 노인들의 결의와 시위운동은 아무튼 결과가 좋지 않게 끝났다.

이 사건의 결말을 들었을 때 강우규는 노인독립운동의 한계 같은 것을 느꼈다. 그렇다면 어떤 방법이 있을까? 강우규는 생각을 거듭했다. 그리고 한 가지 결론에 도달했다.

다행히 강우규는 몸은 여위었지만 튼실한 몸을 지니고 있었다. 나이에 비해 민첩하기도 했다. 백발도 상대를 방심하게 하는 효과가 있을지 모른다. 요컨대 강우규는 자신이 암살의 적임자라고 생각했다. 나아가 강우규는 목숨을 건 암살로 젊은이들의 노인단에 대한 얕은 생각을 불식시켜보려는 기백이 넘치고 있었다.

7월 5일 해임된 하세가와가 조선에서 떠났다. 그 전후부터 〈경성신보〉와 〈매일신보〉 등 총독부의 어용 신문은 사이토에 관한 기사를 얼굴 사진과 함께 보도했다. 강우규는 새 총독의 풍모를 확실히 머리에 담아두었다. 그리고 원산을 떠나 경성을 향했다. 8월 4일의 일이다. 강우규는 원산의 교회에서 알고 지내던 허형許炯과 한은계韓殷啓라는 두 노인과 함께 있었다. 허형과 한은계도 유람할 생각이었다.

다음 날 8월 5일 강우규 등은 경성에 들어가 안국동에서 묶었다. 숙소에서 멀지 않은 곳에 경복궁과 창덕궁, 종묘 등 명소가 있다. 그러나 사이토 신임 총독이 하차할 남대문역과는 거리가 꽤 떨어져 있다.

8월 28일 강우규는 숙소를 남대문 거리 쪽으로 옮겼다. 그리고 이날부터 역 주변의 지리를 자세히 살펴두었다.

이어서 말하면 일한병합조약이 공표된 것은 이때로부터 10년 전, 다시 말하면 1910년 8월 29일이었다. 조선 사람들은 그날을 국치일國恥日이라 불렀고, 매년 그날이 되면 통한의 생각을 되새겼다. 그리고 10년째를 맞는 국욕일國辱日에는 대대적인 항의운동을 펼칠 것이라는 소문이 있었다. 모든 상점이 문을 닫고 시민은 극장이나 오락장을 드나드는 것도 자숙한다는 말이 흘러다녔다.

나아가서는 9월 2일 경성에 부임하러 들어가는 신임 총독에 대한 항의를 위해 남대문역에서 시내로 이어지는 연도에서 위해를 가하는 자가 나올 거라는 소문도 있었다. 그런 탓도 있어서 경계는 특별히 엄중했다. 총 끝에 단검을 꽂은 무기로 완전무장한 일본 군경이 남대문역 주변을 중심으로 시내의 도처를 순찰했다.

강우규는 그런 경비 상황도 자세히 살폈다. 물론 촌뜨기처럼 일부러 두리번거리기도 했다. 게다가 이 노인은 만일의 불심검문에 대비해 빈틈없이 준비했다.

9월 2일이 되었다. 이날의 경성은 오후가 되어 가끔 소나기가 내렸다.

오후 5시 사이토 일행이 탄 특별열차가 남대문역으로 미끄러져 들어왔다. 이미 역사 안팎에는 장막과 만국기가 걸려 있었고, 우쓰노미야 조선군 사령관과 일본인 관계자들 외에 이완용

조선복 차림으로 교태를 부린 총독부 정무총감 미즈노 렌타로

백작 이하의 조선인 관계자들, 할레 영국 총영사와 외국인 관계자들 등 마중 나온 사람들이 많이 몰려 있었다. 신임 총독의 환영식은 긴장된 가운데서도 화려한 공기로 감싸여 있었다.

이때 일반 군중은 일본군경에 의해 북쪽 연도로 밀려나 있었다. 일본 군경은 군중을 등진 방향으로 일렬로 도열했다. 그 군중의 혼잡한 틈바구니에 강우규가 있었다. 정확한 위치는 역사 쪽의 인력거를 세워두는 곳이다. 강우규는 여전히 두루마기 차림에 우산 하나를 들고 있었다. 그런데 그 품에는 비단 천으로 감싼 수류탄이 숨겨져 있었다.

남대문역에서 내린 사이토 일행은 곧바로 지붕이 달린 의전용 쌍두마차 두 대에 나누어 탔다. 한 대에는 사이토 총독이, 다른 한 대에는 미즈노 정무총감이 탔다. 그 주변을 기마병이 단단히 지켰다. 마차 행렬은 곧 움직이기 시작했다.

남대문역 폭탄 사건을 보도한 1919년 7월 10일 자 〈매일신보〉 기사

 강우규는 그 순간을 기다리고 있었다. 강우규는 품에서 폭탄을 꺼내 비단 천을 굼뜨게 벗기고는 마차 행렬을 향해 던졌다. 폭탄은 하늘을 날았다. 그 순간 강우규는 자신이 기독교 신자임도, 장년 시절에 많은 사립학교를 세운 교육자임도 잊었다.
 다음 순간 땅위에 청백의 섬광이 번쩍였다. 이어 폭발음이 울려퍼지고 흰 연기가 솟았다. 폭탄은 사이토가 탄 마차와 미즈노가 탄 마차의 중간 약간 앞쪽, 4미터쯤에서 떨어져 작렬했다.

연기가 사라지자 그곳에는 피투성이가 된 사람이 쓰러져 있었고, 마구의 파편이 어지럽게 흩어져 있었다. 마차도 상처투성이였다. 그런데 폭탄 파편은 사이토의 마차를 관통해 총독의 군복 세 곳과 허리띠를 파손시킨 데 지나지 않았다. 말하자면 강우규가 던진 폭탄은 마차에서 굴러떨어진 미즈노를 땅 위에 주저앉게 만들었고 그 외에도 일본인 37명을 살상했지만, 총독에게는 한 곳도 부상을 입히지 못했다. 그러나 미즈노에게 공포의 기억만큼은 단단히 뇌리에 각인시켰다.

군중은 정신이 들자 앞쪽이 뿔뿔이 흩어졌다. 그 속에 강우규도 있었다. 군중은 어느 누구도 노인이 범인이라고는 생각하지 못했다. 일경도 마찬가지였다. 다만 〈매일신보〉는 '남대문역 폭탄 사건'의 유력한 혐의자를 즉시 체포했다고 보도했다. 물론 허위 보도다. 일경의 조사는 처음부터 난항을 겪고 있었다.

강우규가 체포된 것은 사건 발생으로부터 2주일 지난 9월 17일이었다. 조선인 경부 김태석金泰錫이 군중 속에 장신의 노인이 있었다는 정보를 확보하고 시내의 노인들을 뒷조사해서 강우규가 사직동 여관에서 묵고 있음을 알아냈다. 강우규는 숨어 있었던 것이 아니다. 그래서 강우규는 경관대가 나타나자 태연히 체포에 응했다.

다음은 그 이후의 재판에서 강우규가 예심판사 나가시마 유조長島雄藏에게 한 말의 일부다.

"일한병합에서 오늘에 이르기까지 하루 24시간, 단 한 시간도 국가의 회복을 잊은 적이 없다. 죽어야 멈춘다."

그래서 죽음을 각오하고 총독 살해를 결의했다는 뜻이다. 또 강우규는 "나의 죽음이 청년들 마음에 작은 존경심을 불러일으킬 수 있다면 그것이 교육이다"라고도 말했다. 이런 보고를 들은 사이토는 고의로 재판을 지연시켰다.

1920년 4월 26일 거듭 연기되었던 재판이 다시 열렸다. 예정대로 강우규에게 사형 판결이 내려졌다. 그러나 여기에도 음습하기 이를 데 없는 다음과 같은 도식이 은폐되어 있었다.

당시의 형법상으로는 판결 후 만 3일간은 미결수였다. 미결수는 은사의 대상이 되지 않았다. 따라서 강우규는 이틀 뒤인 4월 28일 이루어진 영왕 이은과 마사코의 혼례식에 따른 특별 사면에서도 미결수라는 이유로 그 대상에서 제외되었다.

일본은 총독을 암살하려고 한 범인을 어떻게 해서라도 처형할 작정이었다. 그것은 바꿔 말하면 사이토의 의지이기도 했다. 그래서 고의로 판결 일정을 지연시켰던 것이다.

11월 29일이 되었다. 이날 오전 9시 30분, 강우규의 형이 집행되었다. 교수형이다. 장소는 서대문형무소의 어두컴컴한 처형실이었다.

밀양 폭탄 사건

아무튼 사이토 총독 암살은 미수에 그쳤다. 하지만 이 사건이 조선 내외에 잠복하는 활동가들에게 미친 영향은 결코 적지 않았다. 특히 비폭력·무저항을 표방한 3·1독립운동에 불만을 가지고 있던 과격파 활동가들은 기회를 놓칠세라 무릎을 치면서 투쟁은 반드시 있어야 한다고 생각했다. 당시 중국 봉천에 있던 김약산金若山이라는 청년도 그

중 한 사람이었다.

약산若山은 호다. 본명은 김원봉金元鳳이다. 경상남도 밀양 출신이다. 이때 약관 22세, 보통 체격에 중키, 특별히 두드러진 데 없는 젊은이였다.

김약산은 조선을 독립시키기 위해서는 군대를 가져야 한다는 생각을 갖고 있었다. 5만이나 10만 병력이 아니다. 최소 60만이 필요하다고 생각했다. 그 병력을 갖고 일본군과 싸워 조선에서 일본군을 몰아내고 조국의 독립을 회복시키는 것이 이 청년의 계획이었다.

김약산이 군대 조직에 얼마나 의욕적이었는지는 군인을 훈련시키기 위한 땅을 찾고 있었던 데서도 이해된다. 김약산은 만주의 길림 지방 각지로 들어가 군용지를 물색하고 다녔다.

그 한편에서 김약산은 자금을 모집하는 일에도 분주했다. 60만 명 분에는 턱없이 못 미치지만 무기를 갖출 정도의 자금은 모았다. 그러나 무기와 훈련용 부지만으로 군대를 조직할 수는 없다. 김약산은 병사를 어떻게 양성할 것인지의 문제와 맞닥뜨렸다. 단기간에 병사를 양성하는 것은 어렵다. 이 문제에 골몰하고 있는 사이에 시간이 헛되이 흘러가고 있었다.

김약산이 하나의 결단을 내린 것은 3·1독립운동으로부터 8개월 뒤였다. 그때 김약산은 군대 조직을 단호히 단념하고 대신 강력한 암살 조직을 만들기로 결심했다. 다소의 자금은 있다. 김약산의 결의에 쌍수를 드는 동지도 적지 않다. 김약산은 군대 조직을 만드는 데는 좌절했지만 암살 조직을 만드는 데는 큰 용기를 가졌다.

암살자의 무기는 폭탄이 효과적이다. 김약산은 먼저 폭탄 제조 기술의 필요성을 통감했다. 김약산이 만주의 서간도 지방에 있을 때 상해에서 가끔 그곳으로 찾아온 중국인이 있었다. 주황周況이라는 남자였다. 주황은 폭탄 제조에 능숙했다. 김약산과 동지들은 그 중국인에게 폭탄 제조하는 방법을 실제로 배웠다. 이후에는 암살 조직으로서의 비밀결사를 결성할 필요가 있었다.

1919년 11월 9일 김약산은 만주에 있었다. 길림성 파호문巴虎門 밖에 있는 중국인 집이었다. 거기서 동지들과 함께 암살 조직을 결성하기로 되어 있었다.

이윽고 동지들이 모였다. 김약산 이하 윤세주尹世冑, 이성우李成宇, 곽재기郭在驥, 이종암李鐘巖, 한봉근韓鳳根, 한봉인韓鳳仁, 김상윤金相潤, 신철림申喆林, 배동선裵東宣, 서상락西相洛, 권준權俊 등 30명이었다. 이 동지들은 천하의 정의를 맹렬히 실현한다는 슬로건을 갖고 있었다. 물론 정의를 위해 목숨을 버리는 것을 애석해하는 사람은 단 한 명도 없었다.

그 자리에서 김약산은 암살 조직의 이름을 발표했다. 정의에서 '의義'를 취하고, 맹렬에서 '열烈'을 취해 의열단義烈團이라 명명했다. 뒤에 총독부가 이름을 듣는 것만으로도 부들부들 떨었던 의열단 명칭은 그렇게 만들어졌다.

그때 의열단원들은 김약산을 의백義伯에 천거하기로 결정했다. 의백이란 의리를 맹세한 형제들 중에서 맏형이라는 뜻이다. 다시 말하면 단장이다. 의열단 본부도 의백이 거처하는 곳으로 정했다. 김약산은 그 후 거처를 상해나 북경, 광주 등지에 정했기 때문에 본부도 중국 본토 각지를 전전하고 있었다.

그 이후의 의열단원은 상시 50명 전후가 김약산을 핵심으로 모이고 흩어지며 의백의 지시에 따라 그룹별로 활동을 전개했다. 모두 합하면 600명을 넘는다. 따라서 단원 동지의 횡적 연대는 없는 것이나 마찬가지여서 실행단 외에는 단원 동지라도 얼굴이나 이름을 모르는 사람이 많았다. 그래서 그 실태는 매우 파악하기 어려웠다.

이어 김약산과 단원들은 암살해야 할 대상을 선정했다. 파괴해야 할 대상도 정했다. 흔히 의열단의 칠가살七可殺이라 불리는 암살, 파괴의 목표가 이것이었다.

먼저 암살해야 할 인물로는 조선총독과 조선총독부 고관, 일본군 수뇌, 대만총독, 조선인 매국노, 조선인 친일파 두목, 조선인 스파이, 조선인 반민족 토호와 품격 없고 예의 없는 열신이 있었다. 파괴해야 할 시설로는 조선총독부, 동양척식주식회사, 조선식산은행, 매일신보사, 경찰서, 그 외에 일제의 주요 기관이 거론되었다. 암살 대상에 대만총독이 포함되어 있는 것은 대만 주민이 조선 인민과 마찬가지로 일제의 압정 아래 있었기 때문이다. 이들 목표를 열거했을 때 김약산과 단원들은 몸서리칠 것 같은 앙분에 휩싸였다.

1차 암살과 파괴 계획이 신속히 실행에 옮겨졌다. 그 일은 먼저 무기나 탄약, 폭탄 등을 가지고 조선으로 잠입하는 데서부터 시작되었다. 의열단원 장건상張建相 차례였다.

장건상은 상해에서 구입한 3개의 탄피와 화약, 부속품을 중국 안동현의 영국인 세관원 유스 포인에게 보냈고, 그것들은 그의 손을 거쳐 먼저 조선에 도착해 있던 곽재기와 이성우 등에게 건네졌다. 또 같은 방법으로 폭탄 13발과 총 2자루, 탄환 100발도 조선으로 가지고 들어오는 데 성공했다. 이들 무기류는 한반도를 남쪽으로 내려가 경상남도 밀양에 있는 김병환金鉼煥 집 토장에 숨겨졌다.

그런데 어디서부터 비밀이 새어나간 것일까? 돌연 부산경찰서와 밀양경찰서가 중심이 된 일경들이 김경환 집을 습격해 곽재기 등 일당 16명을 체포하고 폭탄류를 압수했다. 그 동안 곽재기 일행의 수고는 한순간에 수포로 돌아갔다. 흔히 말하는 '밀양 폭탄 사건'이 이것이었다.

아무튼 이 사건은 문자 그대로 미수 사건이었다. 그러나 총독부 당국은 테러 사건의 다발을 예상했었는지 범인에게는 특별히 엄벌주의로 임했다. 주범으로 간주된 곽재기와 이성우에게는 징역 8년형이 내려졌다. 이밖에도 3명을 제외한 전원이 유죄가 되었다. 곽재기 등은 청진형무소로 보내졌다. 그런데 이성우는 거기서 탈옥을 시도했기 때문에 2년이 추가되어 10년형이 되었다.

부산경찰서 폭탄 사건

이수택李壽澤이라는 남자도 이 사건의 용의자로 부산경찰서에 연행되었다. 물론 의열단원이다. 그러나 이수택은 취조관을 상대로 1주일간 시종 벙어리 시늉만 했다. 다른 사람인 체한 것이다. 취조관은 이수택을 언어망각증으로 판정해 무죄 방면하는 일막이 있었다.

석방된 이수택은 고향인 경상북도 칠곡군으로 돌아갔다. 그곳에서 이수택은 말털을 가지고 조선 특유의 상투를 만들고 거기에 망건을 씌워 일반 백성인 체했다. 동시에 이수택은 조선의 상황을 해외의 김약산 휘하로 계속해서 보고하고 있었다. 이수택도 4년 뒤에 붙잡혀 2년 6개월 징역형에 처해졌다.

김약산이 2차 암살 계획을 지시한 것은 1920년 9월 초순이었다.

김약산은 밀양 폭탄 사건으로 의열단원을 모질게 대했던 부산경찰서 서장을 조준했다. 그것은 의백으로서의 의무이자 동지로서의 복수이기도 했다.

2차 계획 실행자로는 박재혁朴載赫이 선정되었다. 박재혁은 싱가포르에서 상해로 날아왔다. 이 동지도 복수로 불타고 있었다. 박재혁은 두 번의 답장으로 임무를 떠맡았다.

그런데 김약산은 이때 한마디 해버렸다. 그 한마디 말 때문에 살아서 돌아올지도 모를 박재혁을 죽음으로 몰아버렸다. 그럴 정도로 의백의 명령은 준엄했다. 김약산은 박재혁을 향해 "그냥 살해만 해서는 안 된다. 자신이 누구에 의해 살해되는지, 왜 살해되는지, 그것을 알려주고 나서 살해하도록……"이라고 말했다. 어려운 주문이다. 살해할 상대 가까이 접근해야 하기 때문이다. 박재혁은 지혜를 짜냈다.

이윽고 박재혁은 상해를 출발했다. 등에는 중국 고서가 잔뜩 담긴 버드나무로 만든 손짐을 짊어지고 있었다. 물론 그 속에는 독일제 폭탄도 들어 있었다. 폭탄이 발각되면 만사가 끝이다. 박재혁은 신중하게 부산으로 코스를 정했다.

당시 상해에서 부산으로 직행하는 배는 없었다. 박재혁은 상해를 뒤로하고 먼저 일본의 나가사키로 갔다.

나가사키에서 부산으로 가기 위해서는 시모노세키로 가서 그곳에서 부산행 연락선을 타는 것이 보통이다. 시모노세키~부산 간 연락선은 일본이 러일전쟁에 승리하기 직전인 1905년부터 운항되고 있었다. 이 정기 항로는 일본과 조선을 잇는 바다의 대동맥이었기 때문에 출입국 검사는 특별히 까다로웠다.

또 한 가지 나가사키에서 쓰시마를 거쳐 부산으로 가는 소형 부정기편이 있었다. 이쪽은 의외로 입국 검사를 빗겨갈 수 있는 길인지도 모른다. 결국 박재혁은 쓰시마를 경유해 부산으로 들어가기로 했다.

나가사키를 출발했을 때 박재혁은 상해의 동지들 앞으로 한 통의 편지를 썼다. 봉함엽서를 사용했다. 봉함엽서라도 검열을 받을 우려가 있다. 그래서 박재혁은 먼저 장사 상황을 알리는 극히 평범한 글을 쓴 뒤 마지막에 다음과 같은 한시풍의 문자를 나열했다.

"熱落仙他地末古 大馬渡路徐看多"

이 한자를 조선말로 읽으면 "연락선타지말고 대마도로서간다"이다. 이 발음을 풀어서 읽으면 "연락선을 타지 않고 대마도로 간다"라는 뜻이 된다. 다시 말하면 암호다. 박재혁은 코스 변경과 부산으로 가는 샛길이 있음을 한자와 한글만으로 표현할 수 있는 암호를 사용해 동지들에게 알렸던 것이다.

9월 13일 박재혁은 부산에 상륙했다. 그리고 다음 날 박재혁은 부산경찰서로 가서 서장의 면회를 요청했다. 중국의 희귀한 고서를 보여드리고 싶다는 것이 면회의 구실이었다. 박재혁은 2층의 소장실로 맞아들여졌다. 서장이 나왔다. 누군지 모르겠다. 박재혁에게 그것은 아무래도 상관없었다. 박재혁은 빨리 손짐을 풀어서 여러 책을 꺼내 보여주었다. 짐 밑바닥에서 폭탄과 전단지가 나왔다.

다음 순간 박재혁은 폭탄과 전단지를 들고 유창한 일본어로 외쳤다. 이 암살자는 일본인 소학교부터 부산상업고등학교를 다녔기 때문에 일본인과 다르지 않을 정도로 일본어를 교묘하게 말했다.

"나는 상해의 의열단원이다! 자네가 내 동지를 붙잡아 우리 계획을 방해했기 때문에 죽인다!"

말이 끝나자마자 박재혁은 발아래 탁자를 새게 내리쳤다. 폭탄은 폭음과 함께 작렬했다. 박재혁과 소장 모두 휙 날아가 버렸다.

1층에서 경찰서 직원이 뛰어 올라왔을 때에는 이미 서장은 한 쪽 다리를 잃고 기절해 있었다. 박재혁도 온몸에 피를 흘렸고 몸을 움직일 수 없었다. 그런데 머리 한쪽 구석에서 자신의 목숨은 스스로 끊어야 한다는 생각을 할 여유는 있었다.

부산경찰서 취조관은 중태인 박재혁에게 고문을 해서 배후 관계를 캐려고 했다. 그러나 박재혁은 입을 열지 않은 채 거기에 응하지 않았다. 뿐만 아니라 박재혁은 잡힌 날부터 밥 한 톨 먹지 않고 물 한 모금 마시지 않았다. 굶어죽을 작정인 것이다. 그리고 9일째 되던 날 박재혁은 영양실조와 출혈과다로 숨을 거두었다. 27년의 생애였다. 소위 '부산경찰서 폭탄 사건'은 박재혁의 귀중한 죽음과 맞바꾼 것으로 어렵사리 목적을 달성했다.

밀양경찰서 폭탄 사건

김약산이 3차 계획을 지시한 것은 부산경찰서 폭탄 사건으로부터 2개월 뒤였다. 최수봉崔壽鳳이라는 청년이 밀양경찰서를 겨냥했다. 소위 '밀양경찰서 폭탄 사건'이다. 사건이 발생했을 때 밀양경찰서가 동지들을 가혹하게 취급한 것이 목표로 선정된 이유였다.

12월 27일 최수봉은 두 발의 수제 폭탄을 감추어 밀양경찰서로 접근했다. 그리고 창문 안으로 폭탄을 던졌다. 폭탄은 천지를 뒤흔들었다.

그러나 최수봉은 이 폭발로 경찰관 몇 명이 죽었는지 몇 명이 부상을 당했는지 알 수 없었다. 폭탄을 던졌고 그것으로 일본인이 죽었으면 된 것이다. 최수봉은 스스로에게 그런 말도 들을 만하다며 잽싸게 달아났다. 그런데 따라붙은 경찰관이 있었다. 바짝 추격을 당했을 때 최수봉은 작은 칼로 자신의 목을 그었다. 그러나 죽지 않고 결국은 잡혔다.

뒤에 최수봉은 대구지방법원에서 무기징역 판결을 받았다. 그런데 그 판결에 의열단을 증오하는 총독부가 문구를 만들었다. 엄벌에 처한다는 것이다. 결국 고등재판소에 해당하는 대구의 복심법원覆審法院은 앞의 판결을 뒤집고 새로 사형판결을 언도했다. 최수봉은 이때 21세였다. 열혈의 청년은 교수형으로 이 세상을 떠났다.

밀양경찰서 폭탄 사건으로부터 약 10개월이 지났다. 1921년 9월이다. 이달 12일 오전 10시 10분, 일제의 총 본산이라고 해야 할 총독부 내부에서 폭탄 사건이 발생했다.

그 이전에 하세가와 총독의 뒤를 이은 사이토 신임 총독은 3·1독립운동을 진정시킬 목적으로 연이어 개혁안을 내놓았다. 무단정치를 대신하는 문화정치가 그것이었다.

사이토는 일한병합 이후의 무단정치에 대한 악평을 일소하고 문화정치를 통해 새로운 조선 지배의 기반을 다져갈 생각이었다.

이를테면 사이토 총독은 '헌병경찰제도'를 없애고 '보통경찰제도'로 바꾸었다. 금실로 짠 견장과 칼을 찬 일본인 교사의 복장에 대한 규정도 폐지했다. 하지만 경찰력은 오히려 네 배 가까이 더 늘었고 헌병과 군대는 언연히 존재하고 있었다. 일본인 교사도 복장이 바뀌었을 뿐 내용에서는 아무 변화가 없었다.

또 조선어 신문이나 잡지 발간도 허락했다. 〈조선일보〉와 〈시사신보〉, 〈동아일보〉 같은 신문이나 《개벽》, 《신천지》, 《조선지광朝鮮之光》 등의 잡지가 간행되었다. 다만 사전 검열을 받아야 한다. 총독부의 사전 검열은 질릴 정도로 엄격해 작은 골칫거리라도 있으면 발간해도 압수되고, 벌금이 부과되고, 정간이나 폐간 처분이 반복적으로 이루어졌다.

게다가 총독부는 조선인에게도 정치에 참여시키려 한다는 선전으로 부府와 면面에서 협의회원을 민선으로 뽑게 했다. 그런데 이것도 일본인 주민이 많은 곳에 한정하고 부유한 조선인에게만 선거권을 준다는 안배였다.

청산리전투

한편 사이토 총독은 3·1독립운동과 연동해 활발해지고 있는 독립저항 문제에 직면했다. 이는 특히 압록강과 두만강 맞은편의 간도 지방에서 활발했다. 사이토는 간도 지방의 독립저항 세력이 조선으로 침투해 습격하는 것을 극도로 두려워했다. 만일 그렇게 되면 일본의 조선 지배는 졸지에 위험해지게 된다. 이 문제는 곧 궁지에 몰리게 되었다. 사이토가 취임한 지 10개월 지난 1920년 여름이었다.

조선과 중국, 소련의 국경 가까운 두만강 동쪽의 중국에 훈춘이라는 시가지가 있다. 총독부는 훈춘 근처에 조선독립군 거점이 있음을 주시했다. 사실 북간도에는 김좌진金佐鎭이나 홍범도洪範圖, 이청천李靑天, 이범석李範奭 등의 장군이 이끄는 각 부대가 있었고, 합하면 5천이 넘는 독립군이 있었다. 독립군 병사는 둔전병이기도 했다. 그래서 그 실태는 매우 파악하기 어려웠다. 그 가운데서 김좌진은 들에 풀어놓은 호랑이 같은 맹장으로 알려져 있었다.

　김좌진은 김약산과 교유가 있었다. 두 사람이 만났을 때 김좌진은 군대 조직은 내게 맡기라고 가슴을 쳤다. 김약산이 군대 조직을 단념하고 의열단 조직에 전념하게 된 것은 김좌진의 그 한마디 때문이었다. 그 정도로 두 사람은 독립에 거는 의지와 함께 서로 존경하는 마음이 깊은 사이였다.

　아무튼 김좌진이나 홍범도가 이끄는 각 부대는 가끔 두만강 기슭에 출현해 일본군 수비대나 초소를 위협했다. 구체적으로는 그해 3월 17일 미점과 월파, 농교동을 급습해 일본군 수비대 병사 300여 명을 살상했다. 또 6월 4일에는 삼둔자에서 일본군과 싸워 450여 명을 사상시켰고, 소총 160여 자루, 기관총 3자루를 탈취했다.

　이어 6월 6일에는 독립군이 왕청에서 조선으로 건너가 일본군 수비대와 교전을 벌여 승리했고 110여 명의 사상자를 냈다. 나아가 6월 7일 미명에는 봉오동에서 싸워 승리를 거두었고 350여 명을 사상시켰다. 요컨대 북간도와 북부 조선의 일본군 수비대는 독립군에게 위협을 가했다. 그리고 독립군은 언제 조국에 공격해 들어갈지 몰랐다.

　사이토는 우쓰노미야 조선군 사령관에게 시켜 구실을 만들기 위한 모략을 꾸몄다.

　총독부와 군사령부는 몰래 장강호長江好라는 중국인 마적 두목에게 무기와 탄약, 금품을 주고 훈춘을 습격하게 시켜 간도 일본 영사관 훈춘 분관과 일본인 주택에 불을 질렀다. 일본 영사관 분관 직원들은 사전에 짜놓은 대로 피신해서 무사했지만 일본인 주택에서는 부녀자 9명이 마적에게 살해되었다.

총독부와 군사령부는 이 마적의 습격을 괘씸한 조선인 집단의 소행이라고 비난했다. 괘씸한 조선인 집단이란, 즉 독립군을 가리키고 있었다.

그간 채비를 갖춘 사이토는 본국 정부에 출병을 요구했다. 일본 정부는 10월 17일 정식으로 간도 출병을 내각회의에서 결정했다. 그리고 그 결정에 따라 조선 북부에서는 함경북도 나남에 주둔하고 있던 일본군 약 8,000명이 간도 지방에 투입되었다.

히가시 오토히코東乙彦 육군 소장이 이끄는 일본군은 두만강을 넘어 간도로 들어갔다. 그리고 조선인 마을을 차례차례 습격해 69개 마을에서 교회와 학교, 인가를 가리지 않고 불을 질렀다. 3,400여 명의 조선인이 살해되었고 300여 채의 가옥과 3,800여 석의 곡물이 불탔다. 일본군의 삼광작적三光作戰은 무시무시했다.

당시 간도 지방을 전도하러 다니던 미국인 선교사 마틴D. S. Martin은 가끔 마을에서 이런 광경을 목격했다. 그 목격담이 《현대사자료》에 수록되어 있다.

> 날이 밝을 무렵 한 무리의 일본 병사들은 마을을 물샐틈없이 포위해 골 깊은 곳에 높게 쌓아둔 짚단이나 곡물에 불을 지르고, 마을 사람들에게 밖으로 나오라고 명했다. 마을 사람들이 밖으로 나오자 어른과 아이를 가리지 않고 눈에 띄는 사람은 모조리 총으로 쏘고, 죽어 쓰러지는 사람에게는 건초를 덮어 형체를 알아볼 수 없을 때까지 태워버렸다…….

이 시기 김좌진이 이끄는 군정서군軍政署軍 부대와 홍범도가 이끄는 대한독립군大韓獨立軍 부대가 어디 있었는지는 알 수 없다. 그러나 두 장군이 함께 화가 나서 치를 떨고 있었음은 쉽게 상상할 수 있다. 이 직후 김좌진과 홍범도는 군정서군과 대한독립군을 통합했다. 그 병력은 3,600명이라 일컬어진다. 게다가 두 장군은 일본군에게 정면으로 싸움을 걸었다.

독립군은 일본군과 교전할 장소를 백두산 동북쪽 기슭의 화룡현 삼도구 청산리로 정했다. 그곳은 숲이 울창한 계곡이다. 두 장군은 10월 20일을 발단으로 1주일 사이에 크고 작은 10여 차례 이상의 전투를 벌였다. 조선독립운동사상 최대 규모의 전투가 이 청산리 결전이었다.

전투가 끝났을 때 일본군에서는 3,300여 명의 사상자가 발생했다. 그에 비해 독립군 사상자는 100여 명에 지나지 않았다. 독립군은 대승을 거두었다.

그 후 독립군은 북쪽의 시베리아 방면으로 이동했다. 전투 능력을 기르기 위한 일시적인 철수였다. 김좌진과 홍범도의 행방도 묘연했다.

다만 김좌진 소식은 9년 뒤에 알려졌다. 1930년 1월 24일 김좌진은 한때 자신의 부하였던 박상실朴尙實에게 살해되었다. 이때 42세였다. 이 맹장이 세상을 떠난 곳은 흑룡강성 영안현 산시역전의 정미소 앞이었다. 공산주의자 박상실은 일본군에게 매수되었다는 설이 있지만 정확히 밝혀져 있지는 않다.

한편 홍범도도 시베리아로 갔다가 러시아 혁명이 끝난 뒤에 수립된 소비에트 정권과 대립해 독립군을 해산시킬 운명에 휩쓸렸다. 소비에트 정권도 독립군의 존재에 위협을 느꼈으리라. 홍범도는 조선이

조선독립운동사상 최대의 승리를 거두었던 청산리전투를 묘사한 민족화

해방되기 2년 전인 1943년 카자흐스탄의 쿠즈이르 오이다에서 숨을 거두었다. 향년 75세였다.

한마디 덧붙여둔다. 청산리전투로부터 10년 뒤, 즉 1931년에 일본 관동군이 본격적으로 만주 지역을 침략하기 시작한 것은 간도 지방에 변함없이 세력을 갖고 있는 조선 독립군의 존재와 결코 무관하지 않았다. 물론 관동군은 독립군을 괴멸시킬 목적으로 만주를 침공했다. 독립군을 괴멸시키지 못하면 만주 땅을 점령할 수 없을 뿐만 아니라 조선을 유지하는 것이 위험했기 때문이다. 그 정도로 만주 독립군의 존재는 일본의 조선 지배를 계속해서 위협했다.

조선총독부 폭탄 사건

아무튼 이 시기의 사이토와 총독부는 간도와 조선 북부의 독립군 대처에 쫓기고 있었다. 다른 한편에서는 의열단의 암약에도 애를 먹고 있었다. 총독부는 참으로 사면초가였다. 그 와중에 의열단에 의한 '조선총독부 폭탄 사건'으로 받은 충격은 엄청나게 컸다. 총독부는 면목을 잃고 있었다.

총독부에 폭탄을 던진 인물은 김익상金益相이라는 의열단원이었다. 단장보다 세 살 연상인 30세였다. 김익상은 1921년 9월 10일 단장 김약산 등 동지들의 전송을 받으며 북경을 출발해 봉천과 안동, 신의주를 거쳐 경성을 향했다. 이때의 임무는 너무 무거워 아무리 생각해도 살아 돌아가기는 어려웠다.

곧 김익상은 봉천을 지나 안동에 닿았다. 봉천은 현재의 심양, 안동은 현재의 단동이다. 열차는 그대로 압록강 철교를 건너 경성과 신의주를 연결하는 소위 경의철도에 들어섰다. 안동과 신의주는 중국과 조선의 국경에 위치해 있다. 따라서 열차 내에서의 입국 심사는 매우 엄격했다. 특히 조선인에 대해서는 신체 검사에서 수하물 검사에 이르기까지 물샐틈없는 철저한 조사가 이루어졌다.

그때 김익상은 대학생 교복을 입고 있었다. 그리고 봉천에서부터 열차 안에서 알게 된 일본 여성과 맞은편 좌석에 앉아 있었다. 김익상은 일본어가 능숙했다. 일본 여성도 아이가 딸린 여행이 편하지는 않았을 것이다. 두 사람은 곧 친해졌다.

입국 검사관과 헌병은 두 사람이 일본인 부부라고 생각했던지 한마디 말도 걸지 않았다. 폭탄을 숨겨놓은 손짐에도 눈길 한 번 주지 않았다. 김익상은 무사히 국경을 통과하고 있었다.

경성의 남대문역에 도착했을 때도 그랬다. 김익상은 아이를 안고 여객검문 앞을 통과해 유유히 개찰구를 빠져나왔다. 폭탄이 들어 있는 손짐은 일본 여성에게 들게 했다. 일본 여성과는 역전에서 헤어졌

김익상이 폭탄을 던진 조선총독부 청사. 남산 중턱에 있었다.

다. 9월 11일 저녁 무렵의 일이었다.

다음 날 9월 12일 오전 9시가 막 지난 시각, 남산 중턱에 있는 총독부청사 앞에 한 전기공이 나타났다. 김익상이었다. 그날의 김익상은 시루시반텡이라는 검정색 상의와 흰색 계통의 작업복 차림에 어깨에는 작업 도구함을 메고 있었다. 폭탄이 그 속에 들어 있었다.

당시 총독부 청사 정문에는 헌병이 매서운 눈초리로 감시하고 있었다. 예상한 대로 헌병은 김익상에게 불심검문을 했다. 하지만 으레 하는 상투적인 질문만 하고 출입을 허락했다. 김익상은 천천히 중앙 마당을 가로질러 건물 2층으로 올라갔다.

그러나 김익상은 내심으로는 놀라 어떻게 해야 할지 몰랐다. 총독실을 찾을 여유는 없었다. 김익상은 다급히 가까이 있는 문을 밀어젖히고 폭탄을 던졌다. 비서실이었다. 그런데 폭탄은 터지지 않았다.

다음 순간 김익상은 재빨리 옆방의 문을 열고 폭탄을 던졌다. 회계과였다. 바로 그때였다. 큰 폭음과 함께 책상과 의자가 날아가고 유리창 곳곳이 깨지는 것이 보였다. 직원들의 비명도 들렸다.

김익상은 발길을 돌려 계단을 뛰어내려왔다. 도중에 뛰어올라오는 헌병·직원들과 마주쳤다.

순간적으로 김익상은 손을 가로저으며 "위험해, 위험해!"라고 남의 일처럼 소리를 질렀다.

헌병과 직원들은 기가 죽었다.

그렇게 연막을 친 김익상은 그 옆을 헤엄치듯 빠져나왔다. 헌병과 직원들은 이 전기공도 사고를 피해 뛰어나오는 사람이라고 생각했다.

총독부를 탈출한 김익상은 황금정으로 나와 일본인 상점에서 직공들이 주로 입는 간단한 윗도리와 바지를 샀다. 황금정은 병합 이후에 일본이 붙인 행정구역 명칭으로 지금의 을지로에 해당한다.

다음으로 김익상은 한강 부근으로 가서 작업복을 벗고 새로 산 시루시반텡과 모모하키라는 바지로 갈아입었다. 입던 옷은 그 속에 돌을 넣어 한강에 던졌다. 김익상은 이번에는 일본인 도편수인 척했다.

이 사건이 발생한 직후 각 역과 국경에 비상경계망이 펼쳐졌다. 그런데 일본인 도편수로 가장한 김익상은 이 비상경계망을 무난히 빠져나가 경성에 들어올 때와 거의 같은 루트로 북경으로 돌아갔다. 9월 17일의 일이었다.

홍구 부두 폭탄 사건

조선총독부 폭탄 사건으로부터 반년이 지났다. 1922년 3월이다. 정확히 그 무렵 의열단 의백 김약산은 다음 암살 목표를 정했다. 4

차 암살 계획이다. 그 표적은 싱가포르에서 돌아오는 길에 상해에 들르기로 되어 있는 다나카 기이치田中義一 육군 대장이었다. 다나카는 그 직전에 육군대신에서 물러났는데 군부의 가장 우익으로 알려져 있었다. 1928년에 장작림張作霖 폭살 사건을 계기로 만주사변을 일으킨 것도 이 군인이다. 그 후 총리대신 겸 외무대신으로 승진했다. 제국 일본의 국위 신장에 매진한 것도 이 침략주의자였다.

다나카 암살자로는 김익상과 오성윤吳成崙, 이종암 세 사람이 선정되었다. 김익상은 총독부 폭파 실적이 있어서 뽑혔다. 세 사람은 각자의 역할이 있다. 오성윤이 권총으로 저격하고, 김익상은 저격한 뒤 폭탄을 던지고, 거기에 이종암이 폭탄을 던지는 3단계 작전을 세웠다. 이 작전은 만전을 기해야 했다.

3월 28일 오후 3시 30분, 다나카가 승선하고 있는 기선이 상해 황포탄 홍구 부두에 정박했다. 부두를 끼고 있는 홍구 광장에는 많은 사람들이 무리지어 있었다. 이 광장은 지금의 로진 공원이다.

이윽고 트랩에서 다나카가 내려왔다. 다나카는 육군 대장 차림이었다. 오성윤이 권총으로 먼저 가슴을 겨냥했다. 오성윤은 이어 세 번 방아쇠를 당겼다.

그런데 이때 생각지도 못한 일이 발생했다. 오성윤이 쏜 총은 때마침 다나카 앞을 지나던 외국인 여성의 가슴에 맞았다. 총에 맞은 여성은 소리도 지르지 못하고 쓰러졌다. 주위에 비명이 있었다. 그때 다나카는 몸을 굽히고 뛰기 시작했다. 그것을 겨냥해 다음에는 김익상이 두 발을 발사했다. 그런데 그 탄환도 다나카의 군모 창을 스쳐 지나갔다. 기회를 놓치지 않고 김익상은 권총을 왼손에 옮겨들고 오른손으로 폭탄을 던졌다. 그런데 폭탄은 터지지 않았다.

다나카는 자동차 속으로 기어들어갔다. 그곳을 겨냥해 다음에는 이종암이 폭탄을 던졌다. 폭탄은 땅위를 굴렀다. 그런데 그 폭탄도 터지지 않았다. 폭탄은 미국 해병대 병사에게 걷어차여 강물에 떨어졌다.

결국 다나카 암살은 실패했다. 이종암은 붐비는 곳을 교묘히 빠져나왔는데 김익상과 오성윤은 군중에게 방해를 받았고, 이어 많은 인력거에 막혀 중국인 경찰에게 잡혔다. 김익상과 오성윤의 신병은 상해의 일본 총영사관 경찰에게 인계되었다. 총영사관 경찰 당국은 이 사건의 전모를 경성의 총독부에 상세히 보고했다.

세상에는 직감력이 예리한 사람이 있다. 조선인 경부 김태석도 그 한 사람일 것이다. 남대문역 앞에서 일어난 사이토 신임 총독 암살 미수 사건의 범인 강우규를 찾아낸 사람이 민완 경부였다.

김태석은 상해에서 도착한 보고 내용을 검토하고 총독부 폭탄 사건 자료와 몇 번씩 맞추어보았다. 그리고 김익상이라는 남자의 인상과 풍체에서 많은 공통점을 발견했다. 김태석은 이 남자가 진짜 범인이라고 확신했다.

김태석은 상해로 급행했다. 김익상에 대한 취조는 그때부터 1개월여 동안 지속되었다.

그런데 김익상은 철저히 시치미를 뗐다. 그러나 김태석도 허술하지 않았다. 조선인이 조선인에게 고문을 가했다. 그것은 어느 모로 보나 일본에 의해 초래된 조선 민족의 비극이었다.

5월 1일 김익상의 신병은 상해에서 나가사키로 옮겨졌다. 그리고 9월 25일 나가사키 지방재판소에서 무기징역 판결이 언도되었다. 그런데 10월 30일에는 사형 판결로 바뀌었다. 고문을 견디지 못한 김익상이 사실 관계 일부를 인정했기 때문이라고 일컬어진다.

그런데 이때도 김익상은 태연히 "극형 이상의 형이라도 전혀 개의치 않는다!"라고 말했다.

처음부터 죽을 각오는 되어 있었다. 김익상은 가끔 잡힌 몸이 되어 있는 것이 견디기 어려울 만큼 괴로웠다. 그러나 김익상의 형은 좀처럼 집행되지 않았다. 그뿐만 아니라 특사라는 명목으로 종신형으로 감형되었다. 1927년에는 징역 20년으로 감형되었다. 게다가 일본 정부와 총독부, 일본 당국은 의열단 암약에 손을 썼고 그 사실을 감추려 하지도 않았다. 의열단에 대한 정보가 국내외에 미치는 영향을 두려워한 것이다. 그래서 김익상도 만기가 되기 전에 석방되었다. 하지만 출옥과 거의 동시에 일본 관헌에 의해 제거되어 버렸다.

한편 김약산은 다나카 암살 실패에 악감정을 가졌다. 동지가 연이어 잡혀버린 것도 작용했다. 무엇보다 폭탄이 불발로 끝난 것이 안타까웠다. 폭탄이라도 터졌으면 잡힌 동지들도 원망이 없었을 것임을 생각하면 김약산의 가슴은 더욱 아팠다.

그래서 김약산은 다시 폭탄의 성능 개선을 모색했다. 북경에 폭탄 제조를 잘하는 외국인이 있다는 정보를 들었다. 김약산은 북경으로 향했다. 그곳에서 김약산은 이탈리아인, 독일인, 오스트리아인 폭탄 제조 기술자들과 만났다. 헝가리인과도 만났다. 그러나 이 외국인 기술자들이 제조한 폭탄은 이전보다 좀 낫다고는 하지만 김약산을 만족시킬 정도는 아니었다.

그런데 김약산은 북경에서 뜻하지 않은 인물을 만났다. 항일 운동가로 이름이 높은 신채호申采浩가 그 사람이었다.

신채호, 이 사람은 〈황성신문〉과 〈대한매일신보〉 등에서 열띤 애국계몽 논설을 전개했었는데, 일한병합 이후에는 일본의 식민지 아래서 살아가는 것을 부끄럽게 여겨 만주로 망명했다. 그리고 상해나 북경으로 이동, 조선사 연구가로 이름을 높였다. 이때 42세였다.

신채호가 상해에 있을 때 조선에서 3·1독립운동이 일어났다. 이 사건은 당시 상해에 망명해 있던 항일 운동가들에게도 큰 충격을 주었다.

3·1독립운동이 일어난 지 열하루 지난 3월 12일 상해의 항일 운동가들은 한 가지 목적을 갖고 집회를 열었다. 이 집회에는 시베리아와 만주에 있던 망명 정치가들도 모였다. 전체 30여 명이다. 집회 장소는 프랑스 조계지의 보창로에 연해 있는 허름한 옛 가옥이었다.

상해에 모인 망명 정치가들은 민족 주권의 정당성에 대해 큰 논의를 했다. 이미 논의의 목적은 결정되어 있다. 정통 정부로서의 정치기관 설립이 그것이었다.

어느 조직의 구도: 상해임시정부

상해임시정부 수립

　상해에서 모인 조선의 망명 정치가들이 '대한민국임시정부'를 수립한 것은 1919년 4월 10일과 11일이었다. 흔히 '상해임시정부'라고 한다. 경성에서 3·1독립운동이 일어난 지 42일 뒤의 일이다. 이 정부는 군주제君主制가 아니라 입헌공화제立憲共和制를 채택한 것이 특징이었다. 이는 조선의 역사에서 일찍이 없었던 획기적인 사건이었다.
　먼저 망명 정치가들은 상해임시정부 수반에 이승만李承晚을 추대했다. 수반은 국무총리에 해당한다. 훗날 해방 이후 대한민국 초대 대통령이 된 인물이다.
　당시 이승만은 미국 로스앤젤레스에 있었다. 미국에서의 망명 생활은 이미 15년째에 이르고 있었다. 그러나 이승만은 1920년 12월 중순 몰래 상해로 건너와 임시정부 대통령에 취임했다. 이때 44세였다. 임시정부 청사는 프랑스 조계지 하비로에 개설되어 있었다. 2층

상해 프랑스 조계지 하비로에 있었던 대한민국임시정부 청사

의 석조 건물이었다.

내무총장에는 안창호가 선정되었다. 외무총장은 파리에서 돌아온 김규식이 임명되었다. 군무총장은 이동휘李東輝였다. 총총한 눈매였다. 진정으로 나라를 걱정하는 많은 인사들에 의해 운영되는 신정부의 장래는 전도양양하게 보였다.

상해임시정부는 기구나 제도의 측면에서는 그다지 문제될 것이 없었다. 그러나 인사의 측면에서는 약간의 문제가 있었다.

상해임시정부를 수립할 때 망명 정치가들은 소위 미국파, 상해파, 시베리아파, 만주파에서 사람을 뽑았다. 각지에서 수립하고 있던 임시정부와 민족주의, 공산주의 등의 주의주장을 통합해 일체화시키려고 했다. 그런데 그것이 뒤틀려 신정부에 파벌을 야기하는 원인이 되었다.

거기에다 실제로 임시정부 수립으로 분주했던 망명 운동가들의 불만이 터졌다. 여운형과 선우혁, 서병호徐丙浩, 한진교韓鎭教 등 신정무에서 만족할 만한 지위나 임무를 맡지 못한 사람들과 공경을 받지 못한 사람들이다. 그 중에 신채호도 있었다.

특히 신채호는 예부터의 양반 기질을 노골적으로 드러내 서로 자리다툼하는 신정부 각료들을 매우 혐오했다. 양반 기질은 특권 의식이라고 바꾸어 말할 수 있다. 그리고 가령 그것이 과도기 현상이라고 해도 일본으로의 투쟁을 가장 중요하게 여기는 신채호에게는 용납될 수 없는 일이었다. 결국 신채호는 신정부와 관계를 끊고 나왔다.

그 신채호가 의열단 의백 김약산을 만났다. 이 시기의 신채호는 임시정부의 존재에 의문을 가졌고 동시에 의열단 활동에는 대단히 주목하는 뭔가가 있었다. 의열단의 의거활동 외에도 조국을 다시 일으키려는 자격성刺激性이 강하다는 생각이 있었던 것이다. 신채호의 생각은 일면에서는 지지받는 성격의 것이라고 해도 좋았다. 지금 김약산이 그랬다.

신채호와 김약산은 금세 속마음을 터놓고 친하게 지내는 사이가 된 듯했다. 두 사람은 곧 새로운 항일투쟁에 대해 이야기를 나누었다. 무장투쟁은 아니다. 의열단의 존재를 공표하는 글을 통한 새로운 투쟁이다. 의열단의 '조선혁명선언'이 그것이었다.

의열단의 조선혁명선언에 대해서는 이 정도만 하고 그 전에 상해임시정부의 성장세를 나타내둔다. 확실히 임시정부는 미숙에서 성숙으로의 피할 수 없는 길을 걸어야만 했다.

국무총리에 취임한 이승만도 파벌 대립에 실망했다. 그래서 채 반년도 견디지 못하고 다시 미국에서의 생활을 이어가기 위해 1924년경 상해를 떠났다.

그러나 그 후 실력파인 여운형이나 사상파인 안창호 등이 요직에 취임하고 주석에 최대 실력자인 김구를 모셔온 1924년경부터 임시정부 활동은 눈에 띄게 활발해졌다. 김구는 앞서도 말했던 민비 살해에 대한 복수심으로 일본군 쓰치다 육군 중위를 살해한 일로도 유명하다. 또 데라우치 암살 미수 사건에 연루되는 의혹을 초래한 일도 있었다. 김구는 각별히 지도성이 큰 인물이 되고 있었다. 그 인물이 주석이 되었다.

당시 중국 국민당 정부의 총통은 손문孫文이었다. 손문은 1911년 신해혁명辛亥革命에 성공해 임시총통에 취임하지만 곧 원세개袁世凱에게 양위되었고, 원세개는 광동을 기반으로 새로운 혁명정부를 일으켰다.

김구는 그 손문에게 상해임시정부를 정식으로 승인받았다. 김구와 손문 사이를 주선한 것은 중국의 최고 지도자와 교유가 있었던 여운형이다. 손문은 상해임시정부를 물심양면으로 지원하겠다고 약속했다. 손문은 김구와의 약속을 실제로 지켰다.

1925년 3월 손문이 사망했다. 손문이 죽은 뒤 국민당 정부의 실권을 장악한 것은 장개석蔣介石이다. 장개석은 지일파이긴 했지만 중국을 위해서는 항일 정치가로 철저했다.

김구는 장개석으로부터도 지원해주겠다는 약속을 받았다. 장개석은 일본의 식민지 아래서 신음하는 조선 민족에게 깊은 관심을 나타내면서 그 약속을 잘 지켰다. 임시정부는 확실히 존재감을 강화시키고 있었다. 즉, 일본 정부와 총독부는 상해임시정부의 성장세에 일시 어리벙벙했다.

그러나 임시정부가 상해의 프랑스 조계지 내에 있었기 때문에 그 실태를 좀처럼 파악하지 못했다. 프랑스 조계지가 치외 법권이었기 때문이다. 그렇다고 일본 당국도 마냥 손을 놓고 있을 만큼 만만치는 않았다.

일본 정부는 임시정부를 염탐하기 위해 경시청 특고내선과 경부 이우명李愚明 일행을 상해로 파견했다. 한편 총독부도 선우순鮮于錞, 황옥黃鈺, 한경순韓敬順 경부 등을 상해로 보냈다. 물론 일본인 형사도 다수 잠입하고 있었다. 그 직후부터 프랑스 조계지 언저리에 일본인 형사나 조선인 형사, 비밀첩보원, 밀정이 끊임없이 출몰했다.

그 결과 일본 당국은 22명의 각별히 주의가 필요한 인물을 파악했다. 그 인물들을 일본 당국은 "준동하는 임시정부 요인"이라고 표현했다. 준동蠢動이란 본래 벌레 따위가 꿈적거리는 것을 이르는 말인데, 여기서의 경우는 와전되어 책동하는 불순한 세력을 일컫고 있다. 또 불령선인不逞鮮人이라는 말도 사용했다. 순종하지 않는 조선인을 그렇게 불렀다.

손정도孫貞道, 현순玄楯, 여운형, 여운홍呂運弘, 이광수, 이시영李始榮, 이동녕李東寧, 조성환曺成煥, 신채호, 신규식申圭植, 윤원삼尹愿三, 김동조金東祚, 선우혁, 남형우南亨祐, 신익희申翼熙, 남형우南衡祐, 서병호, 배형식裵亨湜, 서세원徐世袁, 조정曺檉, 이광李光, 신석우申錫雨 등이 그 면면들이었다.

이광수라는 이름이 기억나지 않는가? 1919년 2월 8일 도쿄에 거주하는 조선인 유학생들이 2·8독립선언을 했을 때 그 독립선언문을 기초한 인물이다. 이광수는 한국 근대문학의 아버지라고 칭해지는 명문가다. 그런데 어찌된 일인지 뒤에 일제의 지배를 용인하는 언동을 해서 민족으로부터 모욕을 당하는 운명에 처해졌다.

또 여운홍은 여운형의 친동생이다. 여운홍은 실무가 기질을 지닌 기개 있는 젊은이로 자주 형의 활동을 도왔다. 그리고 기록가이기도 했다. 형을 이야기한 《몽양夢陽 여운형》은 임시정부의 수립 경위를 후세에 전하는 귀중한 사료가 되었다.

아무튼 일본 정부와 총독부는 상해 총영사 야마자키 게이치山崎馨一와 영사관 경찰이나 밀정을 데리고 임시정부 요인들을 일망타진하려고 했다. 그러기 위해서는 먼저 프랑스 조계지로 들어갈 수 있는 방안을 마련해야 했다.

일본 정부는 재일베트남인 스파이 1명을 석방하는 대신, 프랑스 조계지로 출입할 수 있게 해줄 것과 조선인 요원 22명을 체포할 수 있게 해줄 것을 프랑스 영사 올든과 프랑스 조계 경무청 당국자들과 교섭했다. 프랑스는 22 대 1은 가당치 않다고 난색을 나타냈었지만 결국은 일본의 요구를 받아들였다.

때를 놓치지 않고 일본 관헌과 조선인 경부들이 프랑스 조계지로 서둘러 들어갔다. 다만 이때는 임시정부 요인들 태반이 도망간 뒤였다. 윤원삼과 신석우가 잡힌 데 지나지 않았다. 일본은 일을 크게 잘못하고 있었다.

올든과 프랑스 조계 경무청 당국자들은 일본 정부의 면목 잃은 모습을 보고 비웃었다. 프랑스가 웃기만 한 것은 아니다. 이후 어떤 이유가 있어도 일본이 프랑스 조계지에 발을 들여놓는 것은 허락할 수 없다고 선언했다. 프랑스의 이 선언으로 임시정부는 점점 안전한 입장이 되었다.

이쯤에서 상해임시정부가 내세운 정책에 대해 언급해둔다.

임시정부는 만주파에 기대어 만주 지방에 무관학교를 설립했다. 그 한편에서 조선인 청년자제들을 중국의 운남강무당雲南講武堂이나 보정군관학교保定軍官學校, 황포군관학교黃浦軍官學校 등에 파견해 군인 양성에 나섰다. 뒤에 광복군이 되는 항일독립군의 토양은 임시정부 수립 직후인 이 시기에 형성되었다.

1932년에 1차 상해사변이 발발하자 상해는 전체가 일본군 침공 아

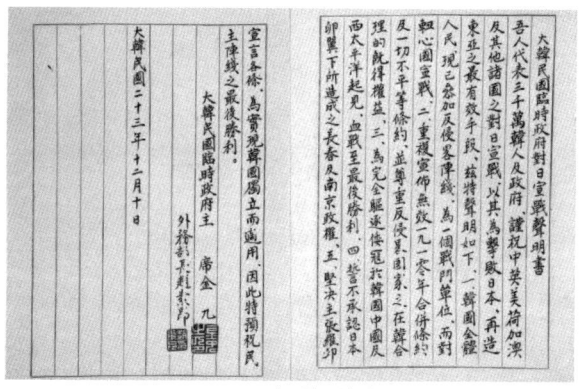
1941년 12월 10일 김구는 일본에 선전을 포고했다.

래로 들어왔다. 임시정부는 난을 피해 이동해야 했다. 그래서 항주로 옮겼다.

5년 뒤인 1937년에는 노교구 사건이 발단이 되어 중일전쟁이 발발했고 그로 인해 임시정부도 중국 대륙의 도처를 전전하는 운명에 휩쓸렸다. 임시정부는 항주에서 가흥으로, 가흥에서 진강으로, 진강에서 장사로, 장사에서 광주로, 광주에서 유주로, 유주에서 기강으로, 기강에서 다시 중경으로 옮겼다. 다만 김구를 비롯한 임시정부 요인들은 아무리 어려운 역경에 처해도 누구 한 사람 민족 해방의 날, 즉 광복의 날을 믿어 의심치 않았다. 요인들의 의기는 불편한 처지를 극복하려고 맞섰다.

1941년 12월 8일 미명, 일본은 하와이 진주만을 기습해 '대동아전쟁'에 돌입했다. 청일전쟁과 러일전쟁에 이어 세 번째 뜻밖의 습격을 가한 것이다. 공격개시 직후에 일본 정부는 미국 정부에 선전을 포고했다. 다음 날 9일 미국 정부도 일본 정부에 선전을 포고했다. 대동아전쟁은 곧이어 '태평양전쟁'이라고 공식 명칭을 바꾸었고, 이는 일본, 독일, 이탈리아 등의 구축국과 미국, 영국, 프랑스, 소련, 중화민국 등의 연합국에 의한 세계적 규모의 대전쟁인 제2차 세계대전의 일부가 되었다.

임시정부도 주석 김구와 외무부장 조소앙趙素昻의 이름으로 일본 정부에 선전을 포고했다. '대한민국임시정부 대일 선전성명서'가 그것이다. 정확히 개전 다다음 날인 12월 10일의 일이었다.

의열단의 조선혁명선언

임시정부에 대해서는 여기서 일단 멈춘다. 시간을 김약산과 신채호의 만남으로 되돌린다. 이 두 사람이 모색한 투쟁 방침이 임시정부에 어떤 영향을 미쳤는지 해명하기 위해서다.

신채호를 만난 김약산은 희대의 역사가이자 문장가이기도 한 신채호의 문재文才를 투쟁의 무기로 삼고자 했다. 신채호도 이의는 없었다. 신채호는 종이와 붓과 두뇌로 투쟁의 무기를 만들었다. 의열단의 조선혁명선언서가 그것이었다.

신채호는 북경으로 자리를 옮겨 선언문 집필에 착수했다. 그리고 1개월 반에 걸쳐 6,400여 자로 이루어진 장문의 선언서를 작성했다. 그것은 일본에 의해 왜곡된 조선의 근대사 그 자체였다.

조선혁명선언

강도 일본이 우리나라 국호를 없애고, 우리 정권을 빼앗으며,

우리 생존에 필요한 조건을 모두 박탈했다. 경제의 생명인 산림·천택川澤·철도·광산·어장……소공업 원료까지 모두 빼앗고, 일체의 생산기능을 칼로 자르고 도끼로 찍었으며, 토지세·가옥세·인구세·가축세·백일세百一稅·지방세·주초세酒草稅·비료세·종자세·영업세·청결세·소득세……등등 각종 잡세를 날마다 늘려 조선인의 혈액을 모조리 빨아가고, 주요한 상업가들은 일본의 제조품을 조선인에게 매개하는 중개인이 되었다. (그리하여 조선은) 자본집중의 원칙 아래서 점차 멸망해가고 있을 뿐이다.

……

최근 3·1독립운동 이후에도 (강도 일본은) 수원·선천 등 국내 각지에서부터 북간도와 서간도, 러시아령 연해주 등지에 이르기까지 도처에서 거류민을 도륙하고, 마을을 불 지르고, 재산을 약탈하고, 부녀를 욕보이고, 목을 베고, 생매장하고, 화형에 처하고, 또는 신체를 둘 셋으로 찢고……할 수 있는 온갖 잔혹한 수단을 써서 공포와 전율로 우리 민족을 압박하여 인간의 산송장을 만들고 있다.

……

일반 민중이 배고픔과 추위, 고난, 아내의 울부짖음, 아이의 울음소리, 납세의 독촉, 사채의 재촉, 행동의 부자유 등 온갖 압박에 눌려, 살려니 살 수 없고 죽으려니 죽을 바를 모르는 상황 아래서, 만일 그 압박의 주요 원인인 강도정치의 집행인인 강도를 때려눕히고, 강도의 일체 시설을 파괴하고, 복음이 사해四海에 전해져 뭇 민중이 동정의 눈물을 흘리고, 그래서 사람들이 굶어죽기보다 오히려 혁명의 길이 남아 있음을 알고, 용기 있는 자는 그

의분을 이기지 못하고, 약한 자는 그 고통을 이기지 못해 모두가 이 (혁명의) 길로 모여 잇달아 돌진하고, 이것이 (민중에게) 전해져 거국일치의 대혁명이 되면 교활하고 잔인한 강도 일본이 마침내 쫓겨나게 될 것이다. 그러므로 우리 민중을 깨우쳐 강도의 통치를 타도하고 우리 민족의 새로운 생명을 개척하려면, 10만 의병보다 폭탄 한 번 던지는 것이 필요하고 수천억 신문잡지보다 폭동 한 번 일으키는 것이 필요하다.

……

그리고 조선 민중이 한편이 되고 일본 강도가 한편이 되어, 상대가 망하지 않으면 우리가 망할 외나무다리 위에서 싸우지 않을 수 없음을 알게 되면, 우리 2천만 민중은 일치해서 폭력파괴의 길로 돌진해갈 것이다.

……

민중은 우리 혁명의 대본영이다.

폭력은 우리 혁명의 유일한 무기다.

우리는 민중 속으로 들어가 민중과 손잡고, 끊임없는 폭력·암살·파괴·폭동으로 강도 일본의 통치를 타도하고, 우리 생활에 불합리한 일체의 제도를 고쳐 바꾸고, 인류에 의한 인류의 압박을 허락하지 않고, 사회에 의한 사회의 박탈을 허락하지 않는 이상적인 조선을 건설하리라.

단기 4256(1923)년 1월
의열단

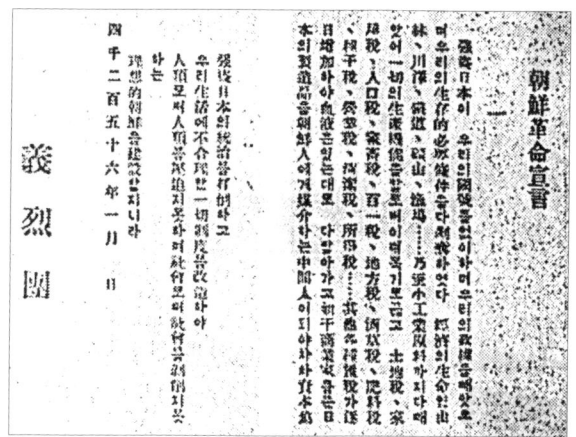
조선 민중의 독립 의욕을 각성시킨 조선혁명선언

 격렬한 말들의 나열이다. 이 선언문을 읽은 의열단원들은 이전보다 훨씬 격렬하게 투쟁할 의욕을 불태웠다. 의열단원이 아니라도 큰 감동에 동요되었다. 선언문이 인쇄되어 각 방면으로 배포된 뒤에는 감동의 소용돌이가 더 멀리 퍼졌다.

의열단의 2차 국내 거사 계획

 조선인 경부 황옥도 선언문을 읽었다. 이 경부에 대해서는 임시정부 요인을 잡기 위해 발을 들여놓은 부분에서 언급했다. 황옥은 일제의 앞잡이 가운데서도 손꼽히는 우수한 형사였다.
 선언문에 감동을 받은 황옥은 참지 못하고 김약산을 만나보고 싶어졌다. 황옥은 의열단 조사를 위해 천진으로 가 있었다. 물론 빈틈이 있으면 체포할 작정이었다. 한편 김약산은 황옥이 천진에 와 있다는 정보를 들었다. 황옥이 자신을 만나고 싶어 한다는 것도 알았다. 그 정보는 의열단원 유석현劉錫鉉과 김시현金始顯으로부터 들었다. 유석현은 황옥의 수하로 바뀌어 경성에서 이 경부를 따라 천진에 와 있었다.

김약산도 황옥을 만나보려고 생각했다. 주위의 동지들은 입을 모아 반대했다. 상대는 현직에 있는 경부다. 너무 위험하다는 것이 동지들의 반대 이유였다.

그러나 김약산은 주위의 반대를 무릅쓰고 황옥을 만나기로 했다. 만날 장소는 천진의 프랑스 조계지로 정했다. 김약산도 자신의 안전에 대해 충분한 생각을 하고 있었다.

김약산과 황옥이 언제 만났는지는 잘 알 수 없다. 무슨 이야기를 나누었는지도 확실히 모른다. 다만 둘은 이후에도 종종 프랑스 조계지에서 몰래 만났다.

김약산은 술을 즐긴다. 황옥은 술고래였다. 두 사람은 만나면 반드시 밤부터 낮까지 술잔을 주고받았다. 그때만큼은 김약산은 의백이라는 것을 잊었고, 황옥은 경찰관이라는 것을 잊었다.

어느 때는 이런 일도 있었다.

그때 황옥은 김약산에게 한 통의 전보문을 보여주었다. 그것은 경기도 경찰본부에서 황옥 앞으로 보낸 비밀전보였다. 전보문에는 다음과 같은 글이 쓰어 있었다.

"의열단장 김약산이 상해를 떠나 북경으로 향했다는 정보가 있다, 그쪽에서 좀 더 자세히 경도를 조사할 것……."

김약산과 황옥은 같이 한바탕 웃었다.

그 황옥이 조선으로 의열단의 무기와 탄약, 문서류를 가지고 들어가는 일을 도왔다. 의열단원 유석현과 박기홍朴基弘을 조선으로 잠입시키는 일도 떠맡았다. 김약산은 그 무기와 탄약, 동지들을 데리고 다음 투쟁에 나설 작정이었다.

황옥 등이 천진을 떠나던 날 김약산은 은근한 어조로 이렇게 말했다. "우리의 혁명운동은 이번만으로 끝나는 것이 아니다. 우리의 이상이 실현될 때까지는 끊임없는 투쟁이 필요하다. 우리 대에 이루지 못하면 자식 대에, 자식 대에도 안 되면 손자 대까지 이어 나가야 한다."
황옥은 고개를 끄덕였다. 아울러 황옥은 자신이 어떤 입장에 쫓기더라도 비밀은 절대로 누설하지 않겠다고 약속했다. 그리고 황옥은 그것이 일제의 지배로부터 조선을 해방시키기 때문이라고도 말했다.
황옥 일행은 무사히 조선으로 들어왔다. 모든 검문은 현직 경찰관임을 증명하는 황옥의 신분증명서 덕분에 어려움 없이 통과했다. 조선 내에서는 황옥 외에 먼저 움직이고 있던 동지들이 있었다. 김시두金始頭와 김재진金在震이라고 말하면서 다니는 이 동지들에 의해 무기류는 경성으로 운반되었다.
그런데…… 어디서부터 비밀이 새어나간 것일까?
유석현 일당 12명은 체포되었고 무기류는 압수당했다. 황옥도 붙잡혔다. 이 사건이 보도되자 여론은 황옥이 배신했다고 생각했다. 그러나 사실은 달랐다. 김재진이라고 이름을 댔던, 자칭 동지가 실은 경찰의 앞잡이, 즉 개였다.
붙잡힌 황옥은 시종 자신은 의열단의 음모를 파헤치기 위해 조직에 접근했다고 둘러댔다. 김약산과의 약속을 지킨 것이다. 그 외의 것에 대해 황옥은 일체를 부인했다.

그런데 총독부는 황옥의 주장을 의심했다. 의심스러울 때는 처벌해버리는 것이 상책이다. 결국 총독부는 황옥을 의열단원이라고 결정했다. 그리고 1년 뒤 1924년 4월 16일 일당 전원에게 판결이 내려졌다. 김시현 징역 12년, 유석현 징역 10년……, 황옥도 최고 징역 12년 형이었다.

관동대지진 조선인 학살 사건

황옥 일당이 잡힌 1923년은 일본에 있는 조선인에게도 악재의 해였다. 그해 9월 1일 오전 11시 58분, 갑자기 관동 지방에서 대지진이 발생했다. 소위 '관동대지진' 발생이었다.

그 지진으로 관동 지방에서는 사망자 약 9만 명, 부상자 약 10만 명, 파괴 및 소실가옥 약 68만 호가 발생했다. 일본은 관동 지방을 중심으로 대혼란에 휩싸였다.

관동대지진 재해의 혼란을 뜻밖의 호기로 생각한 것은 내무대신 미즈노 렌타로와 경시총감 아카이케 아쓰시赤池濃였다. 미즈노는 3대 조선총독 사이토 마코토 아래서 정무총감을 지냈다. 남대문역 폭탄 사건에서 구사일생으로 살아난 인물이다. 그때 경험한 공포의 기억은 지금도 단단히 뇌리에 새겨져 있다. 또 아카이케도 사이토 총독 아래서 경무국장을 지낸 조선통이었다. 아카이케에게도 같은 경험과 기억이 있었다.

그때를 전후해 미즈노와 아카이케는 일본에 잠복하고 있는 조선인 독립운동가 대책으로 많은 골머리를 앓고 있었다. 독립운동가들이 일본으로 잠입해 재일조선인에게 비밀리에 운동을 전개한다는 정보가 있었기 때문이다. 내무성에서는 재일조선인을 37만 명으로 파악하고 있었는데, 일본에 잠복하고 있는 독립운동가들의 실태에 대해서는 전혀 알 수 없었다.

그곳에서 대지진이 발생했다. 미즈노와 아카이케는 독립운동가들을 처리할 절호의 기회라고 생각했다. 먼저 우치다 고사이內田康哉를 수반으로 하는 임시내각은 대지진이 발생한 다음 날 해산하고 미즈노도 내무대신에서 물러났는데, 이 조선통 수완가는 소위 조선인 사냥에 이상할 만큼의 집념을 나타냈다.

미즈노와 아카이케는 먼저 일본 군대와 경찰을 통해 조선인 폭동설을 일본에 흘렸다. 대지진 이틀 뒤인 9월 3일의 일이었다. 전국에 내린 훈령은 지진 피해를 모면한 지바현 후나바시 해군무선통신지령소에서 발령되었다. 도쿄, 가나가와, 지바 지구로 출동한 군병과 경찰관에게 유언비어를 퍼뜨렸다. 말하자면 조선인이 쳐들어온다…… 말하자면 조선인이 방화한다…… 말하자면 조선인이 우물에 독을 풀어 넣는다…… 등이 그것이었다.

일반 시민은 떠돌아다니는 이 말을 믿었다. 시민은 재향군인이나 소방단원을 중심으로 자경단을 조직해 조선인을 찾아내는 데 혈안이 되었다. 자경단은 1일 밤부터 4일 밤 사이에 3,689개소에서 조직되었다. 그 자경단에 일부 군대는 총검을 대여했고 지역의 유력자들은 술과 음식을 대접했다.

일본인과 조선인은 겉모습만으로는 거의 구별하기 어렵다. 하지만 단 한 가지 구별할 수 있는 방법이 있었다. 일본어 발음이다.

자경단 일본인은 조선인처럼 보이는 사람을 발견하면 '주고엔 고주

고센+五円五+五錢'을 발음해보라고 강요했다. 조선인은 일본어의 '주' 발음이 잘 안 된다. 아무리 해도 '추'라고 발음이 되는 것이다. 이렇게 발음한 사람은 그 자리에서 맞아 고꾸라지거나 찔려 죽었다. 조선인이 조선인이라는 이유만으로 도처에서 공연히 살해되었다. 조선인으로 보이면 여자들도 예외가 없었다.

살해되지 않고 사로잡힌 사람도 비슷한 취급을 받았다. 조선인은 밧줄이나 철사로 손을 뒤로 해서 꽁꽁 묶인 채 트럭으로 지바현에 있는 나라시노 포로수용소나, 군 및 경찰서 수용 시설로 연행되었다. 그리고 그대로 며칠씩 방치되었다. 부상자는 상처 난 입에 구더기가 들끓고, 손목에 새끼줄이나 철사가 묶여 있고, 거기에 고리 모양의 상처가 생기고 있었다.

각 수용소 주변에서는 더 잔혹한 장면이 보였다. 이들 수용소에서

관동대지진 때에 자경단에 살해된 조선인들

는 반항적인 조선인은 제멋대로 행동하는 놈으로 취급해 그 신병을 자경단으로 넘겼다. 공적을 세우지 못하는 자경단에 점수를 보태주기 위해서였다. 자경단 일본인들은 기다렸다는 듯이 앞다투어 조선인을 살해했다. 공적이 없는 자경단에서는 다른 자경단이 살해한 조선인 사체를 훔쳐가는 일도 있었다.

관동대지진을 계기로 학살된 조선인은 전국에서 6,400명을 넘었다. '관동대지진 조선인 학살 사건'이 그것이었다. 대체 무엇을 위한 살인이었을까? 그러나 이것이 미즈노와 아카이케의 실적이 되었다. 그 증거로 인해 이듬해 미즈노는 기요우라 게이고淸浦奎吾 내각의 내무대신 자리에 올랐다. 아카이케도 다시 경시총감이 되었다.

이중교 폭탄 사건

관동대지진 재해를 계기로 발생한 조선인 학살 사건으로 근저부터 마음속에서 화가 치밀었던 사람은 누구였을까? 물론 조선인이다. 상해에 있는 의열단 의백 김약산은 물론이고, 의열단원 김지섭金祉燮도 그 한 사람이었다.

김약산과 김지섭은 일본인의 포학함이 용서되지 않았다. 그렇다고 일본과는 멀리 떨어져 있는 상해에서 어찌할 도리는 없었다. 그래도 김약산과 김지섭은 조선 민족이 일본 민족에 대한 복수의 의지가 있음을 어떻게 해서라도 보여주어야 한다고 다짐했다. 두 사람은 거듭해서 묘안을 짜냈다.

그해도 저물어가는 12월 20일 김지섭은 상해에서 일본의 규슈 야하타항으로 오는 화물선 '아마기마루天城丸'에 올랐다. 올랐다고 말하면 듣기가 좋다. 김지섭이 숨어든 곳은 배 밑바닥의 석탄 창고였다. 김지섭은 밀항자나 밀수자로 통하고 있는 일본인 선원 고바야시 간이치小林寬一와 구로도리 호시노리黒鳥星經의 주선으로 큰돈과 바꾸어 배를 탈 수 있었다.

그때 김지섭은 나카무라 히코타로中村彦太郎라고 인쇄된 명함 30매와 폭탄 3개를 감추어 소지하고 있었다. 김지섭은 일본어가 능숙한 데다 매우 뛰어난 한자 소양이 있었기 때문에 조선인처럼 보일 가능성은 전혀 없는데도 조심 또 조심했다.

그러나 김지섭은 신체가 약했다. 게다가 나이가 39세다. 칠흑같이 어두운 배 창고에서의 날들은 뼈에 사무쳤다. '아마기마루'는 열이틀 째 되는 12월 31일 드디어 야하타항에 도착했다. 김지섭은 기진맥진했다.

날이 밝으면 1924년이다. 야하타항에 발을 들여놓은 김지섭은 규슈에서 도쿄로 향했다.

1월 4일 오후 6시가 막 지난 시각, 김지섭은 다이쇼 천황의 거처 앞 광장에 나타났다. 김지섭은 2명의 일본인 관람객을 데리고 있었다. 세 사람이 가는 앞에는 이중교二重橋가 보였다.

이 세 사람을 보고 수상히 여긴 히비야 경찰서의 오카모토 시게하루岡本繁榮 순사는 야간에 구경하는 것은 금지되어 있다고 주의를 주었다. 세 사람은 조용히 물러섰다.

그런데 잠시 후, 한 사람이 되돌아갔다. 김지섭이다. 김지섭은 중절모에 오버코트를 입고 있었고 그런 옷차림으로 일본인에게 다가서

이중교 폭탄 사건을 보도한 1924년 3월 22일 자 〈동아일보〉 기사

고 있었다. 김지섭은 갑자기 오카모토 순사를 따돌리고 이중교 중앙을 향해 달려갔다. 오카모토 순사가 그 뒤를 쫓았다. 이중교 대기소에서 근무를 서고 있던 근위부대의 보초도 그것을 눈치 채고 함께 쫓았다. 그 사이에 김지섭은 두 발의 폭탄을 던졌다. 하지만 두 발 모두 불발이었다. 보초들과 김지섭은 맞붙어 싸우게 되었다.

그런데 김지섭은 격투를 하면서 폭탄을 하나 더 던졌다. 폭탄은 굉음과 함께 작렬했다. 흔히 말하는 '이중교 폭탄 사건'의 발생이었다.

김지섭은 잡혔다. 그러나 조선 민족이 아직도 독립에 대한 집념을 잃지 않고 있다는 시위는 멋지게 성공했다. 다만 일본의 각 신문은 호외를 내서 불령선인의 과격한 행위로 보도하고 독립운동과의 관련을 부정하는 데 집착했다. 어쨌든 일본 정부와 경비 당국은 황거에 폭탄이 날아든 데에 크게 당혹해했다.

이 시기는 야마모토 곤노효에山本權兵衛 내각이 마침 총 사직한 직후였다. 그런데 야마모토는 차기 총리로 지목되는 기요우라와 내무대신에 복귀하는 미즈노를 불러 긴급회의를 열고 선후대책을 강구하는 일에 신경을 쓰고 있었다. 그 결과 내무차관 쓰카모토 세지塚本清治를 견책 처분, 경보국장 오카다 다다히코岡田忠彦를 감봉 처분, 경시총감 유아사 구라헤이湯淺倉平와 경무부장 소리키 마쓰타로正力松太郎, 아타고경찰서장 아카다 히로타弘田久壽治를 면직 처분하는 방향으로 사건 수습을 상의했다. 소리키는 뒤에 〈요미우리신문〉의 사주가 되는 관료였다.

한편 김지섭에게는 재판 결과 무기징역형이 내려졌다. 김지섭은 4년 뒤인 1928년 2월 20일 지바 형무소에서 옥사했다. 병든 몸으로 인한 쇠약사라고 일컬어진다. 그러나 조선인 정치범의 죽음에는 반드시 의문이 따라다닌다. 이 경우도 예외는 아니었다.

김지섭의 행위는 조선에서 '의거'로 평가되고 있다. 그리고 그 의거에 남보다 갑절이나 감격한 사람은 대한민국임시정부 요인 김구였다. 김구는 그로부터 7년 뒤에는 자신이 직접 지휘해 '한인애국단韓人愛國團'이라는 조직을 창설했다. 조선사에서 불멸의 이름을 남기게 되는 의사 이봉창李奉昌과 윤봉길尹奉吉 등은 이 조직에서 나왔다.

6·10만세운동

관동대지진 재해로부터 3년이 지났다. 1926년이다. 그해 4월 26일 오전 1시에 순종 이왕이 훙거했다.

순종은 지병이 있었는데 3월 상순경부터 병세가 급격히 악화되더

유릉. 순종의 인산일에 맞추어 6·10만세운동이 일어났다.

니 점점 쇠약해져 세상을 떠났다. 순종의 측근은 자주 양약을 복용하라고 권했는데 왕실의 관례에 집착한 순종은 거들떠보지도 않고 한방에만 의존해 죽음을 재촉했다고 일컬어진다. 순종은 조선 왕실의 전통이 하나씩 하나씩 상실되어 가는 것을 견뎌야 했기 때문이었으리라. 재위는 황제로 3년, 왕으로 16년, 53세의 생애였다.

순종의 유체는 왕실 작법에 따라 빈전에 1개월 여 동안 안치했다가 금곡리 왕릉지에 안장하기로 되어 있었다. 장례는 6월 10일로 정해졌다.

노파심에서 말하면 순종의 장례는 국장은 아니다. 나라를 잃은 왕의 장례는 어디까지나 왕실의 독자적인 자격으로 집행할 수밖에 없었다. 장례식 날 경성부에서는 불온한 공기가 감돌았다. 시민들은 고종의 인산일 직전에 일어난 3·1독립운동을 상기했다. 그리고 순종의 영여가 창덕궁을 나서 시내를 향하기 시작하자 연도의 시민들과 학생들은 제각기 독립만세라는 말을 영여에 던졌다. 영여는 3,000명이나 되는 사람들에게 맡겨졌다. 연도의 군중은 30만 명을 넘었다. 영여를 맨 사람도 연도의 군중도 감회가 북받쳐 울음을 터트리는 사람이 끊이지 않았다.

한편 총독부 당국은 이날의 소란을 예측하고 있었다. 이미 권오설權五卨 등 불온분자 125명은 검거되었다. 권오설은 간신히 결성한 조선공산당 활동가로 알려져 있었다.

나아가 총독부는 당일의 소요에는 단호한 태도로 임할 방침을 세워 놓고 있었다. 그 때문에 헌병과 경찰관 1만 명을 출동시켰다. 남대문역 폭탄 사건 이후 일본 관헌의 경비는 군중의 일선에서 등을 돌리고 서는 방식에서 군중을 향해 서는 방식으로 바뀌었다. 이날도 그랬다. 대검이 꽂힌 총을 들고 군중을 향하고 있던 일본 관헌은 수상한 행동을 하는 자들을 연이어 검속했다. 그 수는 순식간에 260명을 넘었다. 그래서 '6·10만세운동'이라고 이름 붙인 반일운동은 3·1독립운동 때와 같은 규모로 늘어나지 않고 끝났다.

순종이 죽은 뒤 왕위는 일본에 있는 왕세자 영왕 이은이 계승하게 되었다. 이 시점부터 영왕은 이왕은李王垠 전하가 된다. 그러나 인질은 경우가 조금도 바뀌지 않는다. 왕세자비 이방자에게도 이왕비라는 칭호가 붙여졌다. 즉 이왕은이나 이왕비 방자 모두 식민지 정책의 일환으로 붙여진 명목적인 칭호에 지나지 않았다.

사라질 위기에 처한 조선 건축

순종이 훙거한 지 8개월이 지났다. 12월 25일 새벽녘 다이쇼 천

황이 황실 별장 하야마토치키에서 숨을 거
두었다. 사망 원인은 악성뇌막염이다. 이
질환은 매독성만큼 사망률이 높았다. 재위
15년, 48세의 일생이었다.

일본의 황위는 섭정이자 황태자인 히로
히토裕仁 천황이 계승했다. 훗날의 쇼와 천
황이다. 연호도 쇼와로 바뀌었다. 일본이
전례 없는 대전쟁에 돌입하는 시대의 개막
이었다.

조선 민족에 끝없는 이해를 나타낸
야나기 무네요시

일본이 쇼와로 연호를 바꾼 1926년은 일
한병합 16년째에 해당한다. 그 사이 조선에서의 식민지 체제는 한반
도를 짓누르고 있었다. 차근차근 확실하게 진행되어 가고 있었다. 조
선 안에 일본이라는 나라가 만들어지고 있었다.

가령 식민지 지배의 상징인 조선총독부 신청사는 그해 1월 6일,
햇수로 10년 세월과 공사비 640만 엔이라는 거액을 투자해 가까스
로 준공을 마쳤다. 대리석으로 된 5층 건물로 연건평 3만 3,000평
방미터다. 중앙 전면에 한 단계 높은 탑이 치솟아 있고 돔형의 천
개와 첨탑이 하늘로 솟구쳐 있다. 독일인 게오르크 데 랄란데Georg
de Lalande와 일본인 노무라 이치로野村―郞가 청사진을 그렸고 시미
즈쿠미가 건설을 맡았다. 자재는 모두 금강산에서 생산된 대리석
을 사용했다.

총독부 신청사를 지을 때 장소가 문제였다. 총독부 당국은 장소도
아무데나 선정하지 않았다. 조선 왕조 오백 년 역사의 상징은 한때
의 정궁이었던 경복궁景福宮이다. 이 정궁은 조선의 상징 그 자체라

고 말해도 좋다.

총독부는 신청사를 이 정궁의 맨 앞에 짓기로 했다. 그것도 정문인 광화문光化門과 정전인 근정전勤政殿 사이에 펼쳐진 10만 평방미터 정도의 공간이다. 정확히 말하면 이 공간에는 근정전 앞에 근정문이 있는데 왕궁에서 가장 중요한 위치다. 거기에 거대한 건축물이 끼어들면 경복궁의 모든 전각이 덮여버리기 때문이다. 그렇게 되면 풍수적으로 기맥이나 지맥이 끊긴다. 총독부의 의도도 실은 거기에 있었다.

공사에 착수했을 때 광화문이 거추장스러워졌다. 총독부는 그것을 헐어버릴 생각이었다.

거기에 반대한 인물이 민예운동의 창시자 야나기 무네요시柳宗悅였다. 어엿한 일본인이다. 야나기는 순수한 문화인기도 했다.

그 이전에 야나기는 조선의 민예품을 통해 조선 민족의 고뇌를 알았다. 조선에도 자주 왕래했다. 이 문화인이 남달랐던 점은 침묵은 죄악이라는 신념을 지닌 데 있었다. 야나기는 그 신념을 관철시키기 위해 억압받던 민족에게 동정을 표하는 글을 썼다. 〈요미우리신문〉에 1919년 5월 20일부터 24일에 걸쳐 연재한 '조선인을 생각한다'라는 제하의 글이 그것이었다.

이 기사는 이듬해 4월에 조선인 기자 염상섭廉想涉에 의해 조선어로 번역되어 〈동아일보〉에도 실렸다. 조선에서 큰 반향을 일으켰다. 이 글에는 다음과 같은 내용이 있고 마지막에는 아래와 같은 말로 맺어져 있었다.

……일본은 거액의 돈과 군대와 정치가를 조선에 보냈지만 언

제 한 번 마음의 사랑을 보내본 적이 있는가……우리 일본인이 지금 조선인의 입장에 있다고 가정해보자. 아마 의분義憤하기 좋아하는 우리 일본인이야말로 가장 많은 폭동을 일으키는 무리였을 터이다. ……

조선인들이여, 만일 내 나라의 지식인 모두가 당신들을 아가리질하거나 당신들을 괴롭히는 일이 있어도 그들 중에 이 글을 초草한 자가 있음을 알았으면 한다. 아니, 나뿐만 아니라 내가 사랑하는 모든 내 친구들은 같은 애정을 당신들에게 느끼고 있음을 알았으면 한다. 그리하여 우리나라가 올바른 인도人道를 걷고 있지 않다는 분명한 반성이 우리 사이에 있음을 알았으면 한다. 나는 이 짧은 글을 통해 조금이라도 당신들에 대한 나의 정情을 피력할 수 있으니 더 없는 기쁨이다.

야나기는 조선에서 3·1독립운동이 일어났던 것은 지극히 당연하다고 말한다. 이 논설문은 있는 그대로의 깔축없는 사실인데 식민지 지배에 대한 통렬한 비난으로 이루어져 있다. 야나기의 신변에 특별고등경찰 형사가 따라붙었다.

나아가 야나기는 1922년에 발간된 잡지《개조改造》9월호에 '사라질 위기에 처한 조선 건축을 위하여'라는 제목으로 항의문을 발표했다. 사라질 위기에 처한 조선 건축이란 광화문을 가리킨다. 이 항의문도 조선에서 큰 반향을 불러일으켰다.

총독부는 그 반향을 무시할 수 없었다. 결국 총독부는 광화문 철거를 단념하고 서쪽에 옮겨짓기로 했다. 권력 기구가 민간인의 항의에 굽힌 것이다. 대신 일본 정부와 총독부 당국은 지금까지 이상으로 야

철거를 면한 광화문

나기를 위험인물로 바라보게 되었다.

이어서 말하면 종전 후 조선이 일본의 모든 속박에서 해방된 뒤 광화문은 본래의 위치로 되돌아왔다. 그때 총독부 청사도 헐어버리자는 여론이 비등했다. 그런데 식민지 시대의 고뇌를 잊지 않기 위해서라는 이유로 굳이 원형을 영구 보존하기로 결정했다. 조선의 왕궁 사이에 끼어든 일본 건물, 이 기묘한 광경은 그로부터 실로 51년간이나 서울 하늘 아래 있었다.

동척·식은 습격 사건

한편 1923년 경성에서는 남대문역을 대신하는 경성역이 출현했다. 지금도 남아 있는 붉은색 연와의 호화롭고 장쾌한 역사驛舍가 그것이다. 쓰카모토 야스시塚本靖가 설계하고 시미즈쿠미가 건설했다. 1925

년 9월 30일 준공했다.

동양척식주식회사와 조선식산은행 사옥도 유달리 눈길을 끌었다. 흔히 '동척東拓'이라 불리는 동양척식주식회사는 식민지 경영을 목적으로 만들어진 국책기관으로 조선 토지에서는 처음부터 쌀이나 곡물, 면화 등 모든 산물을 강제로 수탈했다. 그 상징에 걸맞게 4층 건물의 붉은색 연와로 지어진 사옥은 위엄으로 가득 차 있었다.

그리고 동척에 자금을 후원한 기관이 '식은殖銀'이라 불리는 조선식산은행이다. 착취 관련 기관이라는 점에서 둘 사이에는 차이가 없다. 조선식산은행도 4층 대리석 건물이고 위풍당당했다.

조선의 아름다움은 곡선에 있다는 말이 있다. 건물도 예외가 아니다. 조선식 건물의 지붕은 모두 아름다운 곡선이 반영되어 있다. 이에 비해 일한병합 이후 일본인이 건축한 건물은 은행이나 회사, 학교, 병원, 극장, 백화점 등 그 대부분이 직선과 직각으로 이루어져 있었다. 남산에 올라 시가지를 내려다보면 일본 건물과 조선 건물의 이런 차이를 한눈에 구별할 수 있었다. 조선인들은 직선과 직각으로 이루어진 건물이 증가하는 것을 보고 질금질금 침투해 들어오는 일본의 식민지 지배를 실감하고 있었다.

또 남산 중턱에는 국가신도의 상징인 관폐대사나 조선신사가 출현했다. 조선신사의 조영은 다이쇼 초기 데라우치가 총독으로 있던 시기에 야마가타 정무총감에 의해 계획되었다. 그로부터 10여 년 현재의 남산공원 자리에 배전拜殿과 사전祀殿, 대조거大鳥居, 사무소 등의 건물이 지어져 장내한 신역神域이 완성되었다. 조선신사의 조영이 마무리된 것은 1925년 7월 18일이다. 아마테라스 오미카미天照大神와 메이지 천황이 제수되었다.

남산 중턱에 위치한 관폐대사 조선신궁

그런데 같은 해 10월 15일에는 조선신궁으로 이름이 바뀌었다. 일본이 신사 이름을 바꾼 것은 한 지역에서 조선 전역으로 그것을 확대하기 위해서였다. 바꾸어 말하면 천황제 국가신도에 의한 절대주의를 확립하기 위해서이기도 했다. 그래서 일본에서 칙사 소노이케 사네야스園池實康가 조선을 찾아 새삼 진좌제鎭坐祭를 지냈다.

그로부터 7년 뒤 총독부는 '내선일체內鮮一體'라든가 '황국신민화皇國臣民化'라는 기치 아래 조선 민족에게 신사참배를 강요했다. 6대 총독 우가키 가즈시케宇垣一成 시기의 일이다. 그 무렵이 되면 남산에는 조선신궁 외에도 경성신사, 노기신사, 덴만구, 이나리신사가 늘어서게 되었다.

아울러 총독부는 1930년대 후반부터 한 면에 한 신사神社, 또는 한 면에 한 신사神祠 정책을 철저히 했다. 나아가 조선인 각 가정에도 신을 모셔놓는 감실을 만들게 하고 아마테라스 오미카미 부적을 갖추게 해서 매일 아침 참배를 강제했다.

그러나 조선인들은 일본 신을 왜귀신이라고 뒤에서 험담만 했지 진심에서 우러나는 절을 하는 사람은 아무도 없었다. 오히려 어리석은 강요를 마음속으로 비웃고 있었다. 결국 신사 건물은 눈에 거슬리는 방해물이 되었다.

일본인이 세운 건물 중 조선인들이 가장 증오한 것은 조선총독부 청사였다. 경복궁 앞에 모습을 나타낸 신청사도 그랬지만 남산 중턱에 있던 구청사도 그랬다. 그러나 구청사에는 의열단 김익상金益相이 폭탄을 던져 조선 민족의 손실을 보답하고 있었다. 1921년 9월 12일에 일어난 '총독부 폭탄 사건'이 그것이었다.

총독부 청사에 이어 조선인들이 증오한 것은 동양척식주식회사와 조선식산은행이었다. 각각 최대 규모의 수탈 기관으로 기능을 하고 있었다. 조선 사람들은 이들 수탈 기관을 습격하지 않으면 조선 민족으로서의 면목이 서지 않았다. 특히 동척 파괴를 칠가살로 정한 의열단 의백 김약산은 거기에 매우 집착했다.

당시 김약산은 천진에 있었다. 김약산이 동척을 파괴하겠다고 결정한 것은 일본이 쇼와를 맞던 해, 즉 1926년 5월 중순 무렵이었다. 마침 거기에 이름을 올린 동지가 있었다. 나석주羅錫疇라는 청년이었다. 나석주는 북간도 나자구 신흥무관학교에서 군사 훈련을 받은 뒤 김구의 도움으로 중국의 하남성 황포군관학교에 들어갔고, 그곳을 거쳐 중화민국군 장교를 지낸 경력도 갖고 있었다. 당연히 신체가 단련되어 있고 사상도 반듯했다. 중국어도 발군의 능력자였다.

그해에도 연말이 가까운 12월 26일 오후 2시, 중국의 영구를 출발

최대 규모의 수탈 기관이었던 동양척식주식회사 사옥

한 화물선 이통호利通號가 인천항에 입항했다. 승객은 모두 120명, 그중에 조선인이 셋 있었다. 나머지는 모두 중국인이다. 그 중국인들 틈에 나석주가 있었다. 나석주는 검은 중국옷을 입고 있어 중국인이 되어 있었다.

이틀 뒤인 12월 28일 오후 2시 직전, 나석주는 경성시 황금정 대로변의 동양척식주식회사 앞에 나타났다. 나석주는 여전히 중국 복장에 오른손에는 신문지로 싼 작은 꾸러미를 들고 있었다. 나석주는 일단 내부를 살핀 다음 수위에게 일부로 더듬거리는 조선말로 길을 물었다. 그러고는 그곳을 떠났다.

다음으로 나석수가 나타난 곳은 황금정 대로와 남대문 대로에 있는 조선식산은행 앞이었다. 나석주는 성큼성큼 통용문 가까이에 가서는 철책 너머로 불쑥 폭탄을 던져 넣었다. 폭탄은 대부계 뒤쪽 벽을 맞고 떨어졌다. 그러나 불발이었다.

나석주는 재빨리 발길을 돌렸다. 그런데 그사이에 폭탄을 본 은행원이 본정경찰서에 급히 신고했다. 경찰관이 달려오는 것은 시간 문제였다.

나석주는 어느새 동척 앞에 또다시 모습을 드러냈다. 이미 신문지 꾸러미에서 권총을 꺼내 들고 있었다.

나석주는 정문 안의 수위실에 일본인이 책상을 향하고 있는 모습을 보았다. 먼저 그 일본인을 쏘았다. 일본인은 나가떨어졌다. 그 일본인은 수위가 아니라 다카키 요시에高木吉江라는 잡지기자였다.

다음 순간 나석주는 나는 듯이 2층으로 뛰어올라갔다. 그리고 뒤를 돌아보면서 추격해온 일본인을 쏘았다. 일본인은 계단을 굴러떨어졌다. 총에 맞은 사람은 동척 직원 다케치 히카루武智光였다.

이어 나석주는 토지개량부 기술과에 침입했다. 실내에는 두 명이 있었다. 아야타 유카타綾田豊 과장과 오모리 다시로大森太四郎 과장차석이었다. 나석주는 느닷없이 오모리 과장차석을 쏘아 고꾸라뜨리고 도망가려는 아야타 과장에게도 총탄을 퍼부었다. 그리고 폭탄을 던졌다. 그런데 또 불발이었다.

나석주는 계단을 붕 날듯이 1층으로 내려왔다. 동문으로 탈출할 생각이었다. 동문 수위실에서 수위 마쓰모토 하쓰이치松本筆一와 마주쳤다. 옆에는 우연히 대금을 받으러 온 천진당 점원 기무라 에쓰조木村悅造가 있었다. 나석주는 이 두 사람에게도 총을 쏘고 밖으로 달아났다. 그곳은 황금정 큰길이었다.

큰길에는 제복을 입은 경찰관들이 달려와 있었다. 구경꾼들도 있었다. 경찰관을 향해서도 총을 쏘았다. 경기도 경찰부 경무과 다하타 다다쓰구田畑唯次 경부보가 가슴에 피를 줄줄 흘리며 쓰러져 즉사

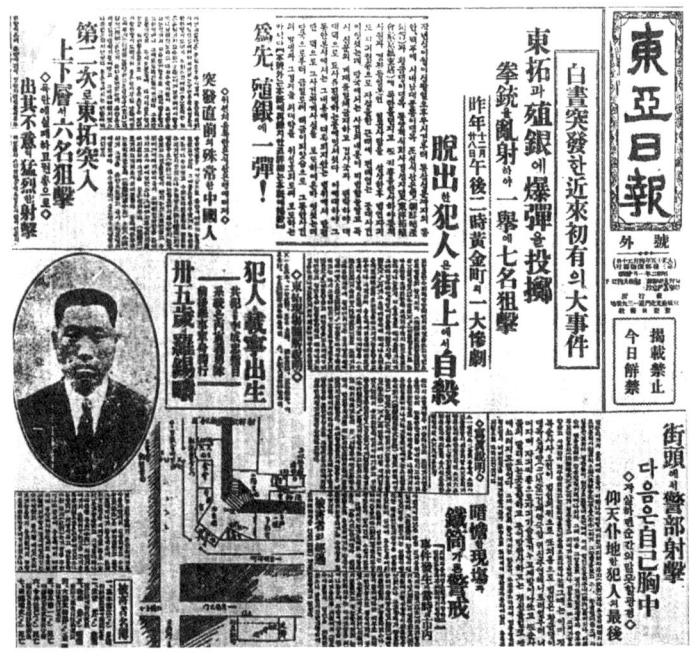
동척·식은 습격사건을 보도한 1927년 1월 13일 자 〈동아일보〉 호외

했다. 그러나 도망갈 수 없음을 인식했다. 나석주는 각오했다.

나석주는 구경꾼들을 향해 큰소리로 외쳤다.

"우리 2천만 민중이여! 나는 2천만 민중의 자유와 행복을 위해 희생한다. 나는 조국의 자유를 위해 싸웠다. 2천만 민중이여! 쉬지 말고 싸우자!"

그렇게 외친 뒤 나석주는 눈을 감고 과감히 자신의 가슴에 권총을 대고 방아쇠를 세 번 당겼다. 두 발이 관통했다. 한 발은 몸속에 박혔다. 나석주는 옮겨다 들여놓은 총독부 의원 한편에서 1시간 반 뒤에 숨을 거두었다.

이 사건은 흔히 '동척·식은 습격 사건'이라 불린다. 나석주는 자신의 생명과 맞바꾸어 일본인 3명을 죽이고 4명에게 중경상을 입혔다. 일본인을 살해한 목적은 확실했을 것이다. 그러나 나석주에게는 이 사건으로 조선 민족의 독립정신을 각성시키고 고양시키려는 의도도 분명 있었다.

이 사건은 발생 당시에 보도가 일체 금지되었다. 신문 보도가 허락된 것은 이듬해인 1927년 1월 13일부터였다. 각 신문은 일제히 호외를 발간해 사건을 대대적으로 보도했다. 특히 〈동아일보〉의 보도가 자세했다. 진실로 조선 민중은 나석주 의거로 다시 독립정신을 깨닫게 되고, 각성하게 되고, 북돋우게 되었다. 그런데 매일 삼엄한 경계 체제 아래 놓여있는 조선에서 대규모 운동은 본래부터 어찌해볼 도리가 없었다.

우국지사들: 이봉창과 윤봉길

도쿄 의거

　경성에서의 동척·식은 습격 사건에 크게 감동을 받은 사람은 상해 임시정부의 수뇌 김구였다. 김구가 암살자 나석주와 알고 있던 사이였기 때문이다. 무엇보다 이 수뇌는 김약산이 이끄는 의열단 활동에 매우 놀랐다. 선망이라고 해도 좋다. 그 선망은 이윽고 김구에게 의열단에 필적할 만큼의 조직인 '한인애국단韓人愛國團'을 결성하게 만들었다. 나석주의 죽음으로부터 5년 지난 1931년의 일이었다.
　당시 김구는 상해 프랑스 조계지에 거주하고 있었다. 프랑스 조계지에서 한 걸음이라도 나가면 홀연히 체포될 몸이다.
　어느 날 김구 아래로 한 청년이 찾아왔다. 청년은 이봉창李奉昌이라고 했다. 이봉창은 조선어와 일본어를 섞어서 말했다. 일본인이 임시정부臨時政府를 임시정부假政府라고 부르는 것을 배웠는지 이봉창도 그런 말을 했다. 그런가 하면 조선인이 일본을 가리켜 왜倭라고 말하는 것을 들었는지 그런 표현을 쓰기도 했다. 또 일본의 오사카 시타마치 철공소에 일하러 갔다가 일본인 친구에게 인정을 받아 양자가 되었고, 기노시타 쇼조木下昌藏라는 일본 이름도 갖고 있다고 말했다. 이봉창은 실제로는 1900년 한성 근교의 용산에서 태어났다. 생가는 가난했던 듯하다. 토공이나 허드렛일, 공장 노동을 하면서 성장했다. 이때 이봉창은 김구에게 자신의 성장 내력을 조금 말했는데, 오사카에서 상해까지의 여비나 식비 등에 대해서는 일체 밝히지 않았다. 김구는 이 청년에게 신뢰가 가지 않는다는 인상을 받았다.

며칠 후 이봉창이 김구를 다시 찾아왔다. 이때의 이봉창은 위에는 하오리, 아래는 하카마 차림에 게다를 신고 있었다. 한인애국단 동지의 조사보고에 의하면, 이봉창은 술에 취하면 일본 노래를 자주 불렀고 재일 동료들 사이에서는 니혼단나日本旦那라는 별명도 갖고 있었다. 일본의 주장이라는 뜻이다. 김구는 어안이 벙벙해졌다.

그러나 이때의 이봉창은 자신도 열렬한 애국자임을 나타내고 있었다. 아래는 김구와 나눈 대화의 일부다.

김구가 이봉창에게 물었다.

"어떻게 상해에 왔는가?"

"나는 벌써 서른 한 살입니다. 앞으로 31년 더 산다고 해도 일제의 지배 아래서는 지금보다 즐거울 게 없습니다. 그래서 영원한 즐거움을 위해 독립에 몸을 바치려고 상해에 왔습니다."

이봉창은 나긋나긋한 모습으로 그렇게 대답했다.

한껏 심정을 토로하고 있는 것 같았다. 그러나 김구는 이 청년의 연약함에 의심을 갖지 않을 수 없었다.

그런데 그 다음에 이봉창이 김구에게 던진 말은 매우 충격적이었다. 이봉창은 말했다.

"왜 일본 천황을 암살하지 않습니까!"

눈초리가 보통 사람이 아니었다. 이 청년은 폭탄과 도쿄까지 갈 수 있는 여비만 있으면 그일은 가능하다는 말도 덧붙였다. 김구는 떨릴 정도의 감동을 받았다. 이를 기회로 이봉창은 정식으로 한인애국단 동지가 되었다.

12월 13일 수류탄 두 발과 자금이 갖추어졌다. 수류탄은 상해 공병창에서 근무하는 왕웅王雄이라는 조선인 기사와 송식표宋式驃라는 반일 중국인이 만들었다. 자금은 미국 본토와 하와이 동포들에게 지원을 받았다. 김구는 그것을 이봉창에게 건넸다. 수류탄 한 발은 천황 암살용, 또 한 발은 이봉창 자살용이었다.

이때 이봉창은 웃으며 태극기 앞에서 기념사진을 찍자고 했다. 김구가 굳은 표정을 하고 있으니까, 이봉창은 나는 죽으러 가지만 얼굴 좀 더 펴주세요, 라고 말해 임시정부의 거물을 쓴웃음 짓게 했다.

그리고 마지막으로 이봉창은 오직 한 사람, 가슴에 천황 암살을 다짐하는 맹세문을 새기고 양손에 수류탄을 든 모습으로 사진을 찍었다. 얼굴도 생글생글 웃고 있었다.

그 이봉창이 어떤 경로를 통해 일본에 잠입했는지는 알려져 있지 않다. 다만 이듬해인 1932년 1월 8일 오후 11시 무렵, 도쿄의 도라노몬에서 가스미가세키를 지나 사쿠라다몬으로 이어지는 길에 이봉창이 모습을 나타냈다. 이봉창은 신사복에 외투를 입고 있어 일본인이 되어 있었다.

이날 쇼와 천황은 요요기 연병장에서 거행된 신년 연례행사인 열병식에 참석했다. 그리고 행사가 끝난 뒤 황거로 돌아가는 길에 그곳을 통과하기로 되어 있었다. 이봉창은 군중 틈에서 천황이 탄 마차 행렬이 나타나기를 기다렸다.

잠시 후 마차 행렬이 나타났다. 선두는 마쓰다이라 요시타미松平慶民 식부차장이 탄 마차였다. 이어 두 번째 마차에는 이치키 기토쿠로一木喜德郞 궁내대신이 타고 있었다. 세 번째가 쇼와 천황이 탄 마차다. 그 마차가 이봉창 앞에 이르렀다. 이봉창은 수류탄을 한 발 던졌다. 그런데 거리를 잘못 가늠했는지 수류탄은 너무 동떨어진 곳에 떨어져 효과가 미약했다.

이어 이봉창은 두 번째 수류탄을 던졌다. 이 수류탄은 마차 가까이 떨어졌는데 불발이었다.

이봉창은 관헌에게 포위되었다. 그래도 이봉창은 품에서 태극기를 꺼내 머리위로 높게 흔들면서 조선독립만세를 외쳤다. 이봉창이 만세삼창을 마쳤을 때 이미 손발은 쓸 수 없게 되었다.

이 사건은 일본에서 '사쿠라다몬 사건'으로 보도되었다. 조선에서는 '도쿄 의거'로 불렸다. 중국 국민당 기관지인 〈국민일보〉는 특호의 대활자로 "韓人李奉昌狙擊日皇不幸不中(한인이봉창저격일황불행부중)……"이라고 보도했다. "不幸不中(불행부중)"…… 다시 말하면 '불행하게도 맞지 않았다'는 표현에 주목해야 할 것이다. 여기에 당시 중국인들의 국민감정이 묻어나 있다. 그러나 일본 군부는 이 문구를 쓴 것에 대해 중국 정부에 엄중한 항의를 했다. 이뿐만 아니라 때마침 상해에서 일본인 승려가 살해된 것을 구실로 그 달 28일 군사 행동을 일으켜 '1차 상해사변'으로 몰아갔다.

도쿄 의거로부터 10개월 지난 10월 10일, 이봉창은 재판이라고도

폭탄을 던지는 순간을 전하는 이봉창 동상

할 수 없는 재판을 받은 뒤 대역죄라는 죄명이 씌워져 이치가야 형무소에서 사형을 당했다. 교수형이었다. 겨우 33년의 생애였다.

뒤에 이봉창의 용기 있는 행동은 63주기를 계기로 조국의 유지들에 의해 동상으로 재현되었다. 외투를 입고 폭탄을 던지는 순간이 전해지고 있다. 서울 국립효창공원 앞에 서 있는 젊은이의 모습이 그것이다.

상해 의거

쇼와 천황의 암살 실패로 후회한 사람은 바로 김구였다. 분명히 도쿄 의거는 실패했다. 그런데 한인애국단 동지들 사이에서는 그것을 기리는 소리가 활발했다. 동지들은 이봉창의 행위를 몹시 선망했다. 그것은 바꿔 말하면 다음 목표를 향한 싸움의 시작이기도 했다. 그리고 그 조준은 그해 4월 29일 상해에서 열리는 천장절 겸 전승축하기념식에 맞추어졌다.

이윽고 4월 29일이 되었다.

그날 상해의 홍구 공원에서 천장절 겸 전승기념축하식이 열렸다. 홍구 공원은 지금의 로진 공원이다. 천장절은 천황의 출생을 축하하는 날이다. 행사장에 임시로 설치해놓은 단상에는 상해파견군 사령관 시라카와 요시노리白川義則 대장을 비롯해 제3함대 사령장관 노무라 기치사부로野村吉三郞 중장, 제9사단장 우에다 겐키치植田謙吉 중장, 상해 주재 일본 공사 시게미쓰 마모루重光葵, 상해총영사 무라이 구라마쓰村井倉松, 상해 일본거류민단장 가와바타 데이지河端貞次, 상해 일본거류민단서기장 도모노友野盛가 나란히 서 있었다. 시라카와는 다나카 기이치田中義一 내각에서 육군대신으로 민완을 발휘한 군벌의 최우익이다. 이때의 시라카와는 일본군이 시작한 1차 상해사변 전승과, 나아가 중국 오지로의 총공격을 지휘할 목적으로 상해에 와 있었다. 아무튼 행사는 순조롭게 진행되고 있었다.

그런데 일본 국가國哥 '기미가요' 제창에 이어 '기미가요 행진곡'이 연주되었을 때, 일반석에 앉아 있던 한 남자가 일어나 우측 후방에서 본부석으로 접근, 단상을 향해 두 개의 검은 물체를 던졌다. 폭탄이었다. 폭탄은 도시락과 수통 모양을 하고 있었다. 폭탄은 둘 다 시라카와 발아래 떨어졌다. 10시 40분이었다.

다음 순간 폭탄은 큰 소리를 내며 폭발했다. 행사장 단상은 흰 연기로 휩싸였다.

흰 연기는 곧 사라졌다. 그 연기 속에서 부동자세로 서 있는 시라카와의 모습이 나타났다. 그런데 바로 이어 그 모습도 무너졌다. 온몸에 피를 흘리고 있었다. 너진 싱치는 스무 군데에 이르렀다. 이 상처로 인해 시라카와는 한 달 조금 못 미친 5월 26일 아침에 사망했다.

다른 사람들도 모두 쓰러졌다. 그리고 전원이 피를 흘렸다. 노무라

천장절축하기념식 단상에 폭탄이 떨어진 직후의 상황을 보여주는 기록 사진

는 왼쪽 눈을 잃었다. 오른쪽 새끼손가락도 잘렸다. 우에다는 왼쪽 어깨와 왼쪽 발가락이 부서졌다. 시게미쓰도 왼쪽 정강이 삼분의 일이 날아갔다. 훗날 1945년 9월 2일 미국 군함 '미주리호'에서 태평양전쟁 항복문서 조인에 임했을 때, 외무대신 시게미쓰가 지팡이에 몸을 의지했던 것은 이때의 부상 때문이었다.

행사장 위의 혼란은 아직도 수습되지 않았다. 가와바타 데이지河端貞次도 이미 파리 목숨이었다. 가와바타는 여드레 지난 5월 7일 숨을 거두었다.

혼란은 행사에 참가한 군중도 마찬가지였다. 군중은 모두 일어서 있었다.

폭탄을 던진 남자는 일본 해군육전대 수병 노지모토 다케히코後本武彦, 상해영사관 경찰관 다카야나기 기치에高柳吉衛 등에게 붙잡혔다. 윤봉길尹奉吉이라는 조선인 청년이었다. 평상시 윤봉길은 중국옷을 입고 홍구 시장이나 길거리에서 야채를 파는 행상이었다. 군중 속의 누군가는 윤봉길의 얼굴을 알고 있었다. 군중은 범인이 어제까지 야채 바구니를 메고 무나 푸성귀를 팔러 다니던 청년이라는 것을 알게 되자 몹시 동요했다.

행사일이 가까워지자 〈상해일일신문〉은 축하회에 참석하는 사람은 도시락과 수통, 일장기만 들고 오라는 주의를 촉구하는 기사를 실었다. 테러를 경계하기 위해서였다. 김구는 이 기사를 읽고 도시락형 폭탄과 수통형 폭탄 제조를 생각했다. 그 폭탄은 상해 공병창에서 근무하는 김홍일金弘壹이라는 조선인 기사와 송식표宋式驃라는 반일 중국인에게 부탁했다. 두 사람은 천황 암살용 폭탄이 불발이었던 것에 책임을 느껴 매우 주의해서 꼼꼼하게 만들었다. 폭탄은 행사가 열리기 사흘 전에 이미 만들어져 있었다.

당일 윤봉길은 매일 입던 중국옷 대신 신사복으로 갈아입었다. 그리고 이태창李泰昌이 되어 태극기 앞에서 기념사진을 찍었다. 가슴에 맹세문을 세기고 왼손에 폭탄을 들고 있는 포즈까지 똑같았다. 그 후 폭탄을 수통과 도시락에 채웠다. 수통형 폭탄은 어깨에 메고 도시락형 폭탄은 목욕탕 깔개로 포장했다.

마지막으로 축하회장으로 가는 윤봉길을 김구가 전송했다. 자동차에 오른 윤봉길은 그저 한마디, "저세상에서 만납시다"라고만 했다. 이를 데 없을 만큼 시원스런 얼굴이었다.

윤봉길은 폭탄을 던졌다. 그 폭탄으로 일본인 군민 2명이 사망하고 4명이 중상을 입었다. 이 사건을 조선에서는 '상해 의거'라고 불렀다. 일본에서는 '상해 폭탄 사건' 또는 '홍구 공원 사건'으로 기록했다. 아무튼 윤봉길의 장거는 조선 민중에게는 물론, 반일감정이 극도에 달

가나자와시 노다야마 미쓰코지에 있는 윤봉길 암매장 기념비. 지금도 헌화가 끊이지 않는다.

해 있던 중국 인민에게도 매우 큰 감명과 영향을 주었다. 손문의 뒤를 이은 중국 국민당 정부 지휘자 장개석 총통이 상해임시정부에 대해 지금까지 이상으로 물심양면으로 섭섭하지 않은 지원을 해준 것은 이 사건 이후였다.

일본 군경에게 잡힌 윤봉길의 신병은 상해파견군 군법회의에 회부되어 사형을 선고받은 뒤 일본의 오사카로 보내졌다. 오사카에서는 오사카 성내의 육군위무형무소에 수감되었다. 본래 일본 본토 이외에서의 일본군은 군법회의를 열 수 없다. 군법회의법에 금지되어 있기 때문이다. 게다가 범인은 식민지 아래고 조선의 민간인이나. 그럼에도 상해파견군은 법을 어기면서까지 억지로 군법회의를 열어 판결을 내렸다. 그리고 오사카에서는 어느 날 갑자기 제9사단 본부가 있던 가나자와로 이송되었다. 그 다음날 아침 교외에 위치한 노다야마 미쓰코지 공병작업장 한쪽에서 사형되었다. 군법회의에서의 사형이었기 때문에 총살이었다. 미간에 한 발, 관통에 의한 즉사였다. 사건이 발생한 지 8개월 지난 12월 19일 오전 7시 40분의 일이다. 윤봉길은 겨우 24년 6개월의 생애였다.

더욱이 윤봉길의 유체는 암매장되었다. 조선에서는 시신을 몰래 파묻는 것을 암매장이라고 한다. 도리에 어긋난 장례라는 의미도 있다. 사실 윤봉길의 유체는 공병작업장과 육군묘지로 통하는 비탈길 아래 매장되었다. 잠복하는 조선인 독립운동가들에게 유골을 탈취당하지 않기 위해서였다. 그만큼 윤봉길의 쾌거는 영웅시되었다.

그런데 암매장한 진짜 이유는 다른 데에도 있었다. 작업장이나 육군묘지에는 병사나 일반 민중이 오르내린다. 그 병사나 일반 민중에게 조선 영웅의 사체를 짓밟히게 하기 위해서였다. 일본인 요인이 다수 살상된 데 대한 한을 풀어주겠다는 것이다. 일본인은 이후 13년간이나 의사의 사체 위를 걸었다.

윤봉길의 유해가 조국으로 돌아간 것은 광복 1년째인 1946년 5월 21일이었다. 7월 7일에는 서울운동장에서 국민장이 집행되었다. 이 장례에는 10만 명 이상이 참석했다.

윤봉길에게는 장부출가생불환丈夫出家生不還이라는 유묵이 있다. 장부가 뜻을 세워 집을 나가면 뜻을 이룰 때까지 돌아오지 않는다는 뜻이다. 나라에 몸을 바치는 마음 자세의 표현이라고 바꾸어 말해도 좋다. 윤봉길은 이 글을 1930년 3월 6일 향리인 충청남도 예산군 덕산면 생가에서 썼다. 23세 때였다. 이 시기의 윤봉길에게는 부인과 3남 1녀가 있었다. 그러나 가족 모두를 국가를 위해 버렸다.

마지막으로 자식들에게 준 유훈을 실어둔다. 지식인이었던 윤봉길의 면목이 생생하다.

너희들도 만일 피가 있고 뼈가 있다면
반드시 조선을 위해 용감한 투사가 되어라.
태극기 깃발을 높이 드날리고
나의 빈 무덤 앞에 찾아와 한잔 술을 따르라.
그리고 너희들은 아비 없음을 슬퍼하지 말라.
사랑하는 어머니가 있으니
어머니의 교양에 의한 성공자를
동서양 역사에서 보건대
동양에는 문학가 맹가孟軻가 있고
서양에는 프랑스 혁명가 나폴레옹이 있고
미국에는 발명가 에디슨이 있다.
바라건대 너희 어머니는
그 사람들의 어머니가 되고
너희들은 그 사람이 되어라!

의왕 이강의 망명

무대를 다시 경성으로 돌린다.

조선에 진출한 일본이 한편에서는 일본 건물을 짓고 다른 한편에서는 조선 왕실 땅을 몰수하고 있던 것을 말하기 위해서다. 물론 조선 왕실 땅을 몰수하는 선두에는 총독부가 있었다.

고종은 슬하에 3왕자 1왕녀를 두고 있었다. 순종 이척李坧과 의왕 이강李堈, 영왕 이은李垠, 옹주 덕혜德惠다. 옹주란 정실의 왕비가 아니라 후궁에게서 난 딸을 가리킨다. 덕혜 옹주는 일한병합 이후에는 일본식으로 덕혜德惠 희姬라고 불렸다. 희는 일본말로 공주라는 뜻이다. 어머니는 측실의 복녕당 양귀인梁貴人으로 고종이 59세 때에 어렵사리 얻은 옹주였다. 그런 사정도 있어서 고종은 덕혜 옹주를 눈에 넣어도 아프지 않을 만큼 예뻐했다.

1907년 헤이그 특사 사건이 계기가 되어 고종이 퇴위하자 왕위는 순종이 물려받았다. 그와 거의 동시에 영왕이 왕세자로 정해졌다. 형 의왕은 제쳐놓았다. 의왕의 방탕이 너무 심해 왕위 계승자로 걸맞지 않다는 것이 이유였다.

왕세자로 정해진 영왕은 열 살 때, 다시 말하면 순종이 즉위하던 해에 이토에 의해 일본으로 납치된 이후 이 시기가 되어도 일본 육군의 군인으로서, 또 이방자의 지아비로서 여전히 인질 생활을 하고 있었다. 요컨대 총독부는 이미 영왕을 무해한 인간으로 간주했다.

1919년 고종이 붕어했다. 이때 총독부 당국자들은 성가신 왕이 죽어 시원하다는 감개를 가졌다. 고종이 온몸으로 일본의 침략을 거부했던 군주였기 때문이다. 사실 고종의 생애는 일본의 침략에 저항하는 일로 일관한 일생이었다.

고종이 사망한 뒤 순종은 마음의 지주를 잃었다. 순종은 독차 사건 후유증으로 허약한 데다 정신적 피로가 무거웠다. 순종 시대에 일본의 식민지화가 급속히 진행된 탓도 있었다. 순종이 장수하지 못할 것임은 누가 보더라도 분명했다. 총독부도 그렇게 생각하고 있었다. 이제 조선 왕실의 거추장스런 사람은 조선에 건재한 의왕 이강과 옹주 덕혜밖에 없다. 이 두 사람만 해결하면 조선 왕실은 완전히 없어져

버리게 된다. 총독부 당국은 그 이전부터 몰래 의왕과 옹주의 시말을 획책하고 있었다.

그런데 총독부에서는 생각지도 못한 사건이 발생했다. 의왕 이강이 조선으로부터의 도망을 계획했던 것이다.

전부터 의왕은 일본의 지배에 굴한 조선에서의 삶을 떳떳치 않게 여겼다. 총독부의 혹독한 감시 아래서는 자유도 없었다. 무엇보다 의왕은 해외에서 이루어지는 독립운동가들의 활약에 큰 자극을 받고 있었다. 이미 방탕은 멈추었다. 스스로 나라를 다시 일으켜보려는 기개도 의왕에게는 없지 않았다.

마침 그때 상해임시정부로부터 비밀결사 대동단大同團을 통해 밀사가 왔다. 밀사는 임시정부 요인들이 의왕을 환영하고 있음을 전했다. 의왕은 그것을 받아들일 마음이 되어 있었다. 의왕은 신속히 처남 김춘기金春基와 조선을 탈출할 전략을 세웠다.

1919년 11월 9일 경성에서 출발해 신의주에 도착한 열차에 방갓을 쓰고 상복 차림을 한 두 남자가 타고 있었다. 의왕과 김춘기였다. 열차는 압록강 대교를 건너 중국령 안동에 도착했다. 그곳에서 승객들은 입국 검사를 받았다. 이 검사에서 의왕은 간파되었다.

결론부터 말해둔다.

의왕과 김춘기는 안동에서 잡혔다. 그리고 일본 관헌에 의해 경성으로 송환되었다. 의왕의 조선 탈출은 실패로 끝났다.

총독부는 조선 탈출을 기획한 의왕을 엄격히 질책했다. 당연히 연금이다. 그럼에도 총독부는 언제 의왕이 항일분자에 의해 빼돌려질지 걱정하지 않을 수 없었다. 차라리 일본으로 납치해버리는 것이 더 안전했다.

결국 의왕에게 일본 정부의 대훈위국화대수장大勳位菊花大綬章이 수여되었다. 일본으로 연행하기 위한 명목이었다. 그러나 의왕은 일본으로 건너오지 않았다. 의왕은 1930년 돌연 은거에 들어갔다. 그 후 1955년 안국동 별궁에서 세상을 떠났다.

덕혜 옹주

다음이 덕혜 옹주다. 덕혜 옹주를 일본으로 납치하려는 계획은 1925년 3월 초순에 구체화되었다. 조선 왕족은 일본의 학습원에서 공부해야 한다는 것이 그 이유였다. 사이토 총독이 그것을 실행에 옮겼다.

당시 덕혜 옹주는 일본인 학교인 경성부립 히노데 소학교에 다니고 있었다. 6년생 열세 살이었다. 물론 덕혜 옹주는 왕족이기 때문에 각별한 취급을 받았다. 조선 왕실의 문장인 이李가 장식된 마차로 매일 전송과 마중을 받았고 나인들이 등하교를 함께 했다.

각별한 취급은 교실이나 교정에서도 마찬가지였다. 덕혜 옹주는 일반 학생들과 책상을 나란히 하지 않고 별도로 교탁 바로 옆에 책상을 두고 공부했다. 교정에서 신사의 제사가 있는 날 축하 행사라도 열리면 덕혜 옹주는 늘 교장이나 내빈보다 윗자리에 앉았다. 그것은 댕기머리 세일러복 차림의 소녀가 점점 희미해져가는 조선 왕실의 위신을 떨치고 있는 듯했다. 다시 말하면 덕혜 옹주는 아무런 불편 없는 환경 속에서 생활하고 있었다.

그 덕혜 옹주를 일본으로 유학시키려 하는 건은 순종에게 전해졌다. 순종은 투덜대며 불쾌한 내색을 했다.

"인질은 영왕 한 사람만으로 충분하다! 옹주까지 데려가는 것은 너무 잔인한 처사다……"

순종도 얼마쯤 저항해봤지만 아무 소용없음을 알고 있었다. 결국 덕혜 옹주는 3월 25일 경성을 떠나 도쿄로 향했다. 인질 생활의 시작이었다.

일본으로 온 덕혜 옹주는 갑자기 너무 변했다. 어린 소녀를 억지로 부모에게서 떼어놓은 데다 말도 통하지 않고 생활 습관도 다른 이국 땅으로 데려왔으니 신경이 상하는 것도 당연했다. 덕혜 옹주는 심한 신경쇠약에 걸렸다. 부모의 슬하를 멀리 떠난 마음고생이 원인이었다. 의사는 정신분열증이라고 진단했다. 덕혜 옹주의 병 상태는 좋아졌다 나빠졌다를 반복하면서 점점 악화되고 있었다.

이듬해인 1926년 순종이 훙거했다. 덕혜 옹주는 급히 서둘러 조선으로 돌아갔다. 그러나 총독부는 공부중이라는 이유를 달아 어머니 양 귀인도 만나지 못하게 했다. 일본으로 다시 돌아온 덕혜 옹주의 병 상태는 더 악화되었다.

그로부터 3년이 지난 1929년 5월 30일 이번에는 생모 양 귀인이 충청남도 부여의 친정에서 급서했다. 향년 48세였다. 사망 원인은 유방암이라고 일컬어진다.

이때도 덕혜는 본국으로 늘어갔다. 다만 이 경우도 어디까지나 일시적인 귀향이었다. 장례가 끝난 뒤에는 급히 일본으로 데려왔다. 어머니를 잃고 난 이후의 덕혜는 훨씬 심하게 여위었다.

그 덕혜가 19세가 되었을 때 일시 병 상태가 좋아지고 있었다. 수

척한 모습은 여전했지만 아무튼 조금 건강을 되찾았다.

　일본 정부의 내무성 당국은 이때를 노리고 있었다. 덕혜를 일본인과 혼인시킬 계획을 했던 것이다. 상대는 쓰시마 소가宗家의 38대 옛 번주인 소 다케유키宗武志였다. 그 무렵의 다케유키는 상경해서 도쿄제국대학 문학부에서 영문학을 공부하고 있었다. 물론 순종이 사망한 뒤 왕위를 계승하는 이왕은李王垠이 대표하는 재일조선 왕실 측은 이 혼사를 크게 반대했다. 쓰시마의 소가 측에서도 탐탁지 않게 여겼다. 그러나 내무성 당국은 '일선융화'와 '동화同化'를 선전해 전격적인 속도로 양가의 혼사를 성사시켰다.

　이 시기의 이왕은은 일본 군부의 육군 중좌였다. 34세가 되어 있었다.

　영왕 이은이 나시모토노미야 마사코와 혼례를 올린 것은 1920년 4월 28일이었다. 11년 전의 일이다. 당시 영왕은 23세, 마사코는 19세였다. 이후 마사코는 이방자李方子가 된다. 두 사람은 비록 여러 어려운 문제가 있긴 했어도 행복의 밝은 빛을 발견했다.

　분명히 영왕은 평온한 날들을 보냈다. 육군대학 35기생으로 입학한 것도 이 무렵이다. 그리고 이듬해인 1921년 8월 18일에는 장남 진晉도 얻었다. 이진李晉이다.

　이듬해인 1922년 4월 23일 영왕과 마사코는 생후 8개월 된 진을 데리고 조선으로 건너갔다. 친견 의식, 즉 조선에서 혼례를 올리고 피로연을 하기 위해서였다. 의식은 2주일 여에 걸쳐 이루어졌다. 혼삿날 마사코는 궁중 대례복인 적의翟衣와 치마裳를 입고 금비녀로 큰 머리를 틀어올린 가발을 쓰고 예식을 올렸다. 그런데 그 예식이 끝나가는 5월 11일 오후 3시가 지나는 시각, 진晉이 차갈색 오액을 토하면서 호흡이 머졌다. 급성소화불량이었다고 일컬어진다. 독이 든 우유를 마셨다는 설도 있다. 이후 영왕은 이전보다 말수가 더 적어졌다. 일본으로 돌아온 뒤 1923년 9월 1일의 관동대지진을 계기로 일어난 관동대지진 조선인 학살 사건을 알게 되자 영왕은 점점 무뚝뚝해졌다. 육군 대위로 진급했을 때도, 육군대학을 졸업했을 때도, 이듬해인 1924년 참모본부에 배속되었을 때도, 1926년 조선군 사령부 소속 겸 참모본부 대원이 되었을 때도 조금도 다르지 않았다.

한편 이방자가 받은 충격도 컸다. 그러나 이방자는 언제까지나 애석하게 여기지는 않았다. 총명하고 본성이 꿋꿋한 이 여성은 자신이 슬프면 영왕에게 부담을 주게 된다는 것을 알고 있었다. 그래서 경문經文을 베껴 쓰는 데 힘썼다.

당시 이방자가 읊었던 일본 노래가 있다.

저승길에서 다시 만나는 날까지
내 가슴에서 떠나야만 했던 우리 아기
오래오래 코마[고려, 조선의 옛 이름]의 도읍에 잠들어
백성과 나라를 지켜라 아가야

그 후 이왕은이 된 영왕과 방자는 대략 1년간 유럽 여행을 즐겼다. 1927년부터 28년에 걸친 일이다. 일본으로 돌아온 뒤 이왕은은 육군 소좌로 승신했다. 3년 뒤인 1931년 10월 29일에는 차남 구玖를 얻었다. 이구李玖다. 그러나 이때도 이왕은은 즐거운 마음과 슬픈 마음을 표정에 나타내지 않고 과묵했다. 그리고 덕혜 문제와 맞닥뜨리고 있었다.

덕혜 문제는 잠시 접어두고 그 후의 이왕은에 대해 언급한다.

이왕은은 1931년에 육군 중좌로 승진한 뒤 1935년부터 37년까지 도치기현 우쓰노미야 제14사단 보병 제59연대장으로 현지에 부임했고, 방자와 구 셋이서 지방 생활을 했다. 보통의 가정집에서 살았다. 방자는 몸뻬 차림으로 장을 보러 가곤 했다. 휴일에는 셋이서 등산이나 스키도 즐겼다. 한 가정으로서는 가장 즐거운 시기였을지도 모른다. 1938년 7월에는 이왕은이 육군 소장으로 진급했다.

그러나 평화로운 시기도 오래 가지 못했다. 전쟁의 어두운 그림자가 밀려왔기 때문이다. 우쓰노미야에서의 임기가 완료된 뒤 이왕은과 이방자, 이구는 도쿄의 기요이초에 있는 이왕은 집으로 돌아갔다. 이왕은은 육군 중장으로 승진했다. 43세가 되어 있었다. 그리고 1941년 12월 8일 일본은 대동아전쟁에 돌입했다. 방자는 40세가 되어 있었다.

전시 중의 이왕은은 제일항공군 사령부 소속의 제일항공군 사령관, 군사참의관 등을 맡았다. 그런데 아무리 열심히 군 생활을 해도 상황은 좋지 않은 쪽으로 치닫고 있었다. 1945년 8월 15일 일본은 무조건 항복을 하게 된다…….

다시 이야기를 소 다케유키와 덕혜 옹주로 돌린다.

내무성 당국이 일선융화와 동화라는 구실을 달아 전격적인 속도로 양가의 혼사를 성사시켰던 것은 앞서 말했다.

1931년 5월 8일 소 다케유키와 덕혜 옹주의 혼례가 도쿄에서 이루어졌다. 다케유키 23세, 덕혜 19세였다. 주위의 어떤 사정에도 불구하고 젊은 두 사람에게는 행복한 날들이 기다리고 있었다. 소 덕혜宗

행복했던 결혼 당시의 다케유키와 덕혜

德惠로 성이 바뀐 덕혜는 다케유키와 함께 도쿄의 시타야 니초마치에 있는 집에서 살았다. 둘은 사이 좋게 지아비 고향인 쓰시마를 찾기도 했다.

이듬해인 1932년 8월 14일 두 사람 사이에 딸아이가 태어났다. 소마사에宗正惠라고 이름을 지었다. 그런데 행복은 여기까지였다.

그 직후 덕혜의 병이 재발했다. 출산 후의 회복이 좋지 않았던 탓이라고 일컬어진다. 무엇보다 덕혜에게는 일선융화와 동화라는 일본의 압력이 마음의 무거운 짐이 되어 있었다. 조선 민족의 순수한 혈통을 지키지 못한 서글픔이라고 말해도 좋을 것이다. 덕혜의 병 상태는 급격히 나빠졌다. 침대에 붙어 있는 날들이 많아졌다.

이후의 덕혜에 대해서는 간략히 언급한다.

덕혜는 도쿄 교외에 있는 마쓰자와 병원에 입원했다. 정신과 전문 병원이다. 병원에 입원한 지 얼마 지나지 않아 정신에 이상이 생겼다.

1945년 8월 15일 일본이 패전하던 날, 조선이 해방의 날을 맞아도 덕혜의 병 상태는 여느 때와 다르지 않았다.

전후 8년째 되는 1953년 다케유키로부터 합의이혼이 거론되기 시작했다. 덕혜에게는 병고와 이혼의 시련이 무거워졌다. 결국 2년 뒤인 1955년 합의이혼이 이루어졌다. 덕혜의 성명이 이번에는 양덕혜梁德惠로 바뀌었다. 1년 뒤에는 딸 마사에가 실종되는 더 큰 불행이 덕혜를 엄습했다.

당시 마사에는 22세였다. 마사에는 메이지 대학 영문과를 졸업했다. 대학을 졸업한 뒤에 음악을 통해 알고 지내던 일본인 남자와 결혼했다. 그런데 정신병을 앓는 어머니가 있다는 것이 알려져 결혼 생활이 틀어졌다. 마사에는 행방불명이 되었다. 일설에는 어머니 조국으로 가는 배에서 현해탄에 몸을 던졌다고 일컬어진다. 1956년 여름날의 일이었다. 아무튼 마사에의 생사는 알 수 없게 되었다.

그 일을 알게 된 덕혜는 정신병이 훨씬 심한 수렁에 빠졌다. 그럼에도 그때는 신경이 회복되어 딸 이름을 부르곤 했다. 병원 생활은 1962년까지 실로 30년이나 지속되었다. 그간 덕혜는 귀신처럼 변해 가고 있었다. 그리고 그대로 방치되었다.

덕혜가 다케유키와 혼례를 올린 것은 1931년이다. 이듬해인 1932년에는 아들이 태어났다. 그리고 그해에는 한인애국단 활동가들에 의한 도쿄 의거와 상해 의거가 발생했다. 조선인들은 덕혜의 정략혼례를 포함해 일본에 더 뿌리 깊은 원한을 가졌다.

그러나 조선에서는 행동을 드러나게 하는 일은 점점 어려워지고 있었다. 조선인 사회에 대한 일본인의 감시가 심해진 탓도 있다. 조선인 자신의 활동에 대한 사기가 꺾인 탓도 없지 않다. 그렇다고 너나없이 저항의 정신까지 부패해버린 것은 아니었다. 신문이나 잡지 관계자들은 일본으로의 저항 정신을 버리지 않았다. 물론 탄압이 심해지면 심해질수록 저항 정신을 뜨겁게 불태우는 날들을 보내고 있었다.

일장기 말살 사건

일본에서 2·26사건이 발생한 1936년의 일이다.

그해 8월 1일부터 16일까지 독일 베를린에서 제11회 베를린 올림픽이 열렸다. 이 올림픽은 주최국 독일 히틀러 총통의 의사를 반영해 열강이 국위를 발휘하는 대회였다.

올림픽의 절정은 마라톤이다. 8월 9일은 마라톤 경기가 열리는 날이다. 일본에서는 손기정孫基禎과 남승용南昇龍 등이 출전했다. 두 사람은 조선인이었는데 식민지 아래서 일본인 대표선수 자격으로 출전했다. 유니폼의 가슴에는 일장기가 달려 있었다.

오후 3시 20분 각국 선수 56명이 일제히 출발했다. 선수들은 경기장을 빠져나갔다. 그로부터 2시간 반이 가까워졌을 때 맨 먼저 경기장에 들어선 선수는 손기정이었다. 손기정은 2시간 29분 19초 2라는 세계신기록으로 도착했다. 멋진 우승이었다.

손기정의 마라톤 우승은 경성에서도 보도되었다. 〈동아일보〉, 〈조선일보〉, 〈조선중앙일보〉, 〈매일신보〉의 속보 게시판 앞에는 사람들이 무리를 이루었다. 비록 일본 대표 자격으로 출전했지만 우승한 것은 조선인이다. 조선 사람들은 조선인이 승리를 쟁취한 데에 흥분했다.

16일 뒤인 8월 25일 〈동아일보〉는 또다시 올림픽 특집기사를 신기로 했다. 물론 사진도 싣는다. 운동부 주임기자 이길용李吉用이 그 기사의 편집을 맡았다. 이길용은 1899년 8월 15일생이기 때문에 38세의 한창 일할 나이였다.

그날 아침 이길용은 자택에서, 일본에서 보내온 〈아사히신문〉 오사카 본사 발행의 〈아사히스포츠〉에서 한 장의 사진을 도렸다. 마라톤에서 우승한 손기정이 시상대에 서 있는 모습이었다. 손기정의 가슴에는 일장기가 선명하게 박혀 있었다.

그때까지도 각 신문은 호외나 속보에 손기정 사진을 사용했다. 하지만 일부러 선수 유니폼의 일장기가 잘 보이지 않는 사진을 골라서 썼다. 전송 사진이라서 그런지 선명도가 낮은 것도 다행이었다.

일본의 식민지 지배에 저항한 신문기자 이길용

손기정도 가슴의 일장기에는 꺼려하는 마음이 있었다. 그래서 연습 때는 더럽히고 싶지 않다는 이유로 가능한 한 입지 않았다. 그런데 공식 경기에서는 그럴 수 없었다. 올림픽에서 우승했을 때의 일련의 사진도 피할 수 없는 상황 아래서의 것이었다.

당시 경성에서 발행되는 신문은 석간이 주체였다. 그래서 편집 작업은 그날 오전 중에 진행한다. 화동의 동아일보사로 출근한 이길용은 사회부장 현진건玄鎭健과 주필 김준연金俊淵 등 편집국 윗분들과 사전에 간단한 의논을 한 뒤, 조사부 소속 화가 이상범李象範과 사진제판 기사 서영호徐永浩에게 시상대에 선 손기정 사진을 보여주었다. 그리고 눈을 깜빡였다. 두 사람에게는 그것으로 의미가 통했다.

서영호는 사진 원고를 토대로 세 종류의 사진판을 만들었다. 하나는 원래대로 잘 보이는 것, 또 하나는 화가 이용범이 일장기를 검은

색으로 엷게 칠해 뭉크러뜨린 것, 또 다른 하나는 일장기를 도려낸 것이었다. 특히 세 번째 사진판은 가슴의 일장기가 제거되어 흰색 바탕 그대로였다.

석간 발행은 오후 3시가 넘어야 하는데 그 전에 총독부의 사전검열을 받아야 한다. 검열용 지면에는 투명하게 제판된 사진판을 놓았다. 문제는 없었다. 다만 기사의 전문前文은 대폭 삭제되었다. 그 전문이 어떤 내용이었는지는 잘 알려져 있지 않다. 아무튼 사전검열은 끝났다.

마침내 정식 인쇄에 들어갈 때 이길용은 사진판을 바꿔치기 했다. 먼저 엷은 검은색으로 일장기를 빈틈없이 칠해 덮어버린 것이다. 이어 이길용은 사진판을 한 번 더 갈아치웠다. 이번에는 유니폼 가슴이 새하얀 것이다.

식민지 아래서 조선 국기는 일본 국기인 일장기다. 일한병합 이후 조선 국기였던 태극기는 완전히 모습을 감추고 도처에서 일장기가 그 자리를 차지했다. 당시 조선의 소학교용 교과서에는 다음과 같은 글도 있었다.

> 우리 국기는 흰 천에 빨강을 동그랗게 그린 것입니다. 그것은 아침 해처럼 아름답게 보이고 태양을 본뜬 붉은 동그라미라고 합니다.

다시 말하면 '태양을 본뜬 붉은 동그라미'를 부정하는 것은 일본의 식민지 지배 자체를 부정하는 것이 된다. 거꾸로 일장기를 인정하는 것은 일본의 식민지 지배를 인정하는 것이 된다.

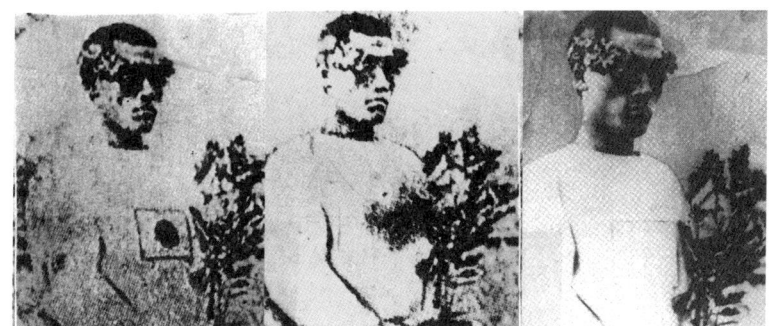
일장기 말살 사건의 진상을 전하는 〈동아일보〉의 세 종류 사진

그런데 이길용 등은 일본의 식민지 지배를 인정하지 않았다. 적어도 그런 의사표시를 하는 것으로 의기소침했던 독립으로의 정신을 불러 깨우게 했다. 총독부의 탄압을 받을 각오도 되어 있었다.

오후 3시가 지나자 신문은 발송되었다. 대소동이 일어나는 것은 시간 문제였다.

예상대로 오후 4시가 지나자 먼저 일본군 제20사단 사령부에서 동아일보 책임자들에게 호출 명령이 떨어졌다. 동시에 신문 발송과 배달을 중지하라는 명령도 내려졌다. 그러나 신문은 이미 모두 발송된 뒤였다.

오후 7시 무렵이 되자 동아일보사에 헌병과 경찰관들이 몰려왔다. 헌병들은 사회부장 현진건과 화가 이상범 등 3명을 연행했다. 이 세 사람은 동대문경찰서에 유치되었다. 그런데 왠지 이길용에게는 손을 쓰지 않았다. 일본 관헌은 이길용을 일부러 자유롭게 내버려두어 움직임을 살필 작정인 듯했다.

당시의 동아일보 사장은 송학우宋鶴禹라는 인물이었다. 겉모습은 온건한 신사인데 반골이었다. 송학우는 3·1독립운동 때에는 남모르는 가운데 역할을 하는 음지의 지도자로 체포되어 1년여 투옥 생활을 한 적이 있다. 동아일보의 반일적 사풍社風은 송학우 사장의 정신이 반영되어 있었다. 총독부는 송학우를 다시 체포해 회사를 몰수해버릴 생각을 하고 있었다. 이길용에게도 그 수는 읽혔다. 그래서 지나친 행동은 하지 않았다.

그러나 이길용도 다음 날 심야 2시에 체포되었다. 처넣어진 곳은 종로경찰서 유치장이었다. 이후 동아일보 사원들은 고구마넝쿨 식으로 연행되었다. 이 일로 동대문경찰서와 종로경찰서 유치장은 동아일보 사원들로 넘쳐 마치 동아일보사를 옮겨놓은 듯한 광경이었다.

동대문경찰서와 종로경찰서 형사들은 주모자 이름을 알아내기 위해 체포자들에게 기를 쓰고 캐물었다. 수단은 고문 또 고문이다. 특히 주요 용의자로 간주된 이길용에게 가해진 고문은 끔찍했다. 이길용의 부인 정희선鄭嬉善이 옷을 갈아입히러 가면 늘 피가 흠뻑 묻어 있었다. 이길용은 끝내 입을 열지 않았다.

부득이 총독부는 사건이 발생한 지 사흘 지난 8월 29일 〈동아일보〉에 무기한 간행 정지를 명했다. 그럼에도 총독부의 격노는 가라앉지 않았다. 고조된 여론에 신경을 쓴 총독부는 용의자의 태반을 추려 석방했다. 그러나 이길용과 현진건, 서영호 등 5명에 대해서는 석방시키려 하지 않았다. 그사이에 이길용은 몸이 죄다 망가져버렸다.

이길용 등 5명이 석방된 것은 체포된 지 40일 지난 10월 5일이었다. 다만 석방에는 엄격한 조건이 붙었다. 아래가 그 조건이었다.

하나, 이후 언론 기관에 일체 참여하지 말 것

하나, 시말서를 제출할 것

하나, 만일 또 같은 운동을 할 때에는 이번 사건의 책임을 더해 엄벌받을 각오를 할 것

이길용 등은 총독부 경무국이 준비한 서약서에 서명하고 겨우 석방되었다. 언론계로부터의 영구 추방이라는, 신문 기자로서는 참기 어려운 굴욕과 맞바꾸어 간신히 얻은 몸의 자유였다.

동아일보의 간행정지처분이 해제된 것은 시간이 더 지난 9개월 뒤의 일이었다. 다시 말하면 1937년 6월에 접어들어서부터였다. 그 사이에 송진우 사장 이하 간부 9명이 모두 일의 책임을 지고 스스로 사직했다.

이 사건에는 기묘한 연쇄 반응이 일었다. 〈조선중앙일보〉도 일장기에 손을 댄 사진을 게재했다고 일컬어진다. 다만 자세한 내용은 잘 알 수 없다. 이 신문도 무기정지처분을 받았다. 그것이 원인이 되어 경영 부진에 빠졌고, 사장 여운형은 퇴진하고 경기도 양평의 시골로 돌아갔다.

여운형이라는 이름이 기억나지 않는가?

상해임시정부의 요인이었던 인물이다. 여운형은 한때 일본을 방문했다. 그때 일본 측의 회유공작을 딱 잘라 거절하고 조선의 독립 또는 자치를 주장한 사람이기도 하다. 이 요인은 상해에서 일본 관헌에게 체포되어 경성에서 3년간 금고형을 받은 후 출소해 조선중앙일보 사장에 취임했다. 반일 자세는 이 시기가 되어서도 흐트러지지 않았다. 따라서 여운형 정도의 인물이라면 일장기 말살을 한두 번 하지 않았을 리 없을 것이다.

즉, 이 일련의 사건을 일본에서는 '일장기 말소 사건'이라고 불렀다. 조선에서는 '일장기 말살 사건'이라고 불렀다. 말소末消와 말살末殺이라는 글자 하나의 차이에도 식민지 지배에 대한 조선 민족의 분노가 담겨 있었다.

사직한 이후의 이길용 소식에 대해 언급해둔다.

1945년 8월 15일 일본은 패전의 날을 맞았다. 반대로 조선은 해방의 날을 맞았다. 해방의 날은 광복의 날이라고도 한다. 이길용은 즉시 동아일보사에 복직했다. 직함은 사회부장, 47세, 체육 관계에서는 어엿한 권위가 되어 있었다. 한편 동아일보 사장이었던 송학우는 한국민주당 당수가 되어 북조선의 존재를 강하게 부인했다. 이길용도 그 정치 활동 계획에 참여했다. 그 일로 인해 이길용은 1950년 북조선에 납치되었다. 52세 때의 일이다. 그리고 이길용은 그곳에서 총살되었다고 전해진다.

창씨개명: 황국신민화로의 어리석은 실책

우민화 정책

일본이 본격적으로 군사대국의 길을 걷기 시작한 것은 1936년에 일어난 2·26사건 전후부터였다. 이미 만주사변을 시발로 하는 15년 전쟁에 돌입한 지 5년여 시간이 흘렀다. 나아가 일본은 더 큰 전쟁을 예감하고 있었다. 당연히 전쟁에 필요한 인적 자원이 부족해지기 시작했다. 병력과 군수 산업용 노동력이 그것이었다.

그래서 일본 정부는 병력과 노동력 부족을 식민지 조선에서 보충하려고 했다. 조선총독부도 같은 생각이다. 그러기 위해서는 먼저 조선 민족을 일본 민족화해야 했다. 일본 천황의 민족으로 삼겠다는 뜻이다. 다시 말하면 황민화皇民化, 정확히는 '황국신민화皇國臣民化'의 발동이었다.

그 이전에 총독부는 제2차 조선교육령 개정을 발령하고 조선인의 일본인화에 착수했다. 그것은 1922년 2월에 공포되었는데 그 11년 전인 1911년 8월에 공포된 제1차 조선교육령을 보다 강화시킨 내용이었다.

가령 보통학교라 불리는 소학교에서는 저학년 일본어 교육 시간은 10시간인 데 비해 조선어 교육 시간은 그 절반인 5시간밖에 배정되지 않았다. 게다가 고학년이 되면 일본어 9시간에 조선어 2시간이었다. 요컨대 총독부는 조선인 아동은 최소한의 조선어만 이해할 수 있으면 나머지는 일본어를 해야 한다는 무리한 방침을 세워놓고 있었다. 그래서 조선어 학습 시간이라도 조선어 이외에는 모두 일본어 사용을 강제하는 모양새였다.

이어서 말하면 조선에서는 '일본어'라는 표현은 쓰지 않았다. 어디까지나 '국어'였다. '식민지'라는 표현도 일반적으로 금구禁句였다. '일본'이었다. 게다가 일본 본토는 '내지內地', 조선은 '외지外地'로 구별해 표현하도록 강제했다.

이런 상부로부터의 강제는 하부의 현장으로 가면 갈수록 노골화를 증가시키고 있었다. 다음에는 전면적으로 조선어 사용을 금지시키는 학교도 생겼다. 그 학교에서는 어찌어찌하여 조선어를 사용할 경우 주먹으로 때리거나 벌금 1전을 물리는 일본인 교사도 있었다. 당시의 1전은 현재의 50원에서 100원에 해당할지도 모른다. 더 우려스러운 일은 이 벌금 제도에 따라 상부 기관에서 단속령을 만들려고 한 사실이다. 조선인이라면 정말 견딜 수 없었다. 그 견딜 수 없음이 분노로 바뀌었어도 전혀 이상하지 않았다.

그 시기에 야나이하라 다다오矢內原忠雄라는 경제학자가 있었다. 전후에 도쿄대학 총장이 된 인물이다. 이 교육가가 조선인 교육 현장을 보았다. 야나이하라는 그때의 감상을 자신의 저서 《식민과 식민 정책》에 다음과 같이 적어 놓았다.

> 나는 조선의 보통학교 수업을 참관했었는데 조선인 교사가 조선인 아동들에게 일본어로 일본 역사를 가르치는 것을 보고 마음속으로 눈물을 흘렸다……

일본의 저명한 경제학자도 마음속으로 울었다. 하물며 조선인이랴. 가령 어린이라고 해도 눈물을 흘렸을 것이다. 당연히 일본의 불합리를 느꼈을 터였다. 적어도 조선의 어른들은 우민화 정책이라고 생각했다.

또 하나 교육에 대해 언급해둔다.

일한병합 이후 총독부는 조선에 대학을 일체 설치하지 못하게 했다. 뒤에 전문학교의 설치는 허가했다. 그러나 대학에 관해서는 설치를 완강히 거부했다.

그런데 1922년의 제2차 교육령 개정으로 총독부는 대학 설치를 인정했다. 그해는 3·1독립운동 3년째에 해당한다. 총독부는 무단정치에 대신하는 문화정치의 일환으로 대학 설치를 인정한다고 했는데, 사실은 3·1독립운동에 떠밀린 허용이었다. 아무튼 총독부는 겨우 대학 설치를 인정했다.

2년 뒤인 1924년 5월 경성제국대학에 예과가 개설되었다. 1926년 4월에는 이 대학에 법문학부와 의학부 설치도 인정했다. 다만 이 교육 기관이 일제 36년이 끝나는 1945년까지 조선의 유일한 대학이었기 때문에 열심히 공부하지 않으면 들어갈 수 없었다. 거기에 총독부의 조선인 교육에 대한 기본적인 사고방식이 있었다.

물론 조선의 교육자들은 총독부의 규제에 맞서 민립대학民立大學, 다시 말하면 사립대학의 설치에 크게 의욕을 불태웠다. 이를 위한 모금 운동도 이루어졌다. 〈동아일보〉나 〈조선일보〉 신문사가 그 운동을 후원했다.

그러나 총독부는 어디까지나 사립대학의 인가를 허용하지 않았다. 모금 운동까지 엄격히 단속했다. 총독부가 조선인에게 고등 교육은 필요하지 않다는 견해를 갖고 있었다. 조선인이 고등화되면 독립운동이 일어나 위험해지기 때문이다. 따라서 경성제국대학에 입학하는 문도 조선인에게는 고의로 좁게 만들었다.

가령 1928년 4월 학기의 입학자 비율은 일본인 320명에 조선인 190명이었다. 당시 조선인은 2,400만 명인데 체류 일본인은 40만 명이었다. 조선인이 체류 일본인보다 60배나 많았다. 이것이 차별이 아니고 무엇인가? 총독부는 차별과 강제를 줄여주는 척하면서 일본인에 의한 지배 체제를 강화했다.

그 후 1938년에 조선교육령은 또다시 개정되었다. 제3차 교육개정령이 그것이었다.

총독부는 중학교에서 조선어 교육을 필수 과목에서 선택 과목으로 바꾸었다. 조선어 공부는 해도 좋고 하지 않아도 좋다는 취지다. 게다가 그 선택도 학교의 판단에 맡겼다. 당시 각 학교에서는 행정 지도의 양해를 바란다며 조선어 공부 시간을 극단적으로 줄였다. 완전히 폐지한 학교도 적지 않다. 요컨대 총독부는 조선어 말살을 통해서도 조선 민족의 민족성을 완전히 없애버리려는 술수를 썼다.

이상과 같은 교육에 관계된 차별과 압박은 처음부터 조선인 학생이나 지식층에 큰 불안과 불만을 초래했다. 그 불안과 불만은 해마다 늘어나 폭발할 지경까지 팽창했다. 아주 사소한 분쟁이 계기가 되어 조선을 뒤흔드는 대사건이 일어나고 있었다.

광주학생항일운동

1929년 10월 30일 오후, 광주역에서 출발한 열차가 나주역에 도착했다. 이 열차에서 광주여고보 3학년 여학생 박기옥朴基玉과 이광춘李光春, 박기옥의 사촌동생 박준채朴準埰와 친구들이 내렸다. 조선인 학생들이다.

또 같은 열차에서 광주중학교 3학년 후쿠다 슈조福田修三와 친구들도 내렸다. 일본인 학생들이다. 조선인 학생 일단과 일본인 학생 일단은 서로 앞뒤에서 역 구내를 나왔다.

그때 후쿠다가 조선인 여학생들을 향해 "조선인인 주제에!"라고 지껄였다. 이 말은 학생들이라고 해도 조선인이 가장 싫어하는 차별 용어였다. 게다가 후쿠다는 이전에도 열차에서 박기옥 등의 여학생들을 괴롭혔던 적이 있었다.

이 말을 듣자 박기옥의 사촌동생 박준채가 화를 냈다. 박준채는 사과하라고 말했다. 후쿠다는 '뭐야 이 자식'이라고 받아쳤다. 후쿠다와 박준채 사이에 주먹다짐이 벌어졌다. 그런데 일본인 경찰관이 끼어들어 말렸기 때문에 이날은 그 정도로 끝났다. 이 일이 다음 날에는 광주에 알려졌다.

그런데 나흘 뒤인 11월 3일 오전 11시가 지날 쯤 광주 거리에서 다시 광주고보의 조선인 학생과 광주중학교의 일본인 학생 사이에 싸움이 벌어졌다. 이번에는 20여 명이 뒤섞인 난투였다. 그날이 메이지 천황의 생일을 기념하는 명치절이었기 때문에 일본인 학생들은 이상하게 기분이 좋았고, 또 그날 이 지역에서 전라남도산 누에고치 6만 석 달성 축하회가 열리고 있었기 때문에 조선인 학생들은 기분이 들떠 있었다. 난투는 곧 사그라졌지만 이 사건 소식을 듣고 광주의 각 학교 조선인 학생 200여 명이 몰려왔다. 일본 관헌은 조선인 학생의 집합을 보안법 위반이라고 보았다. 결국 조선인 학생만 72명이 체포되었다. 광주의 공기는 갑자기 험악해졌다.

아흐레 뒤인 11월 12일, 이번에는 70여 명의 학생이 거리로 나와 일방적 검속의 부당함을 호소하려고 했다. 일본 관헌은 이 행동도 보안법 위반으로 간주했다. 258명이 검거되었고, 452명이 무기정학을 받았으며, 37명이 일시적인 귀향을 명받았다. 거의 전원이 어떤 형태로든 처벌을 받은 셈이다. 학생들의 화가 폭발했다. 학부형이나 지식층도 화를 폭발시켰다. 그것은 또 민족 감정의 폭발이기도 했다.

이 사건은 신문 보도나 고향으로 돌아간 학생들의 입을 통해 조선 각지에 알려졌다. 조선 각지의 학생과 지식층이 분격했다. 쌓이고 쌓인 한을 폭발시켰다고 해도 좋다. 경성, 개성, 평양 등의 대도시에서는 물론, 함흥, 원산, 정주, 인천, 대구, 진주, 목포 등의 지방 도시에서도 수업을 방기하거나 동맹휴학, 데모행진 등의 학생 운동이 일어났다. 참가한 학교는 194개교에 이른다. 참가한 학생은 5만 4,000명을 넘었다. 각지의 학생들은 크고 작은 붉은 기를 흔들고 조선 만세를 외치면서 행진했다. 큰 붉은 기에는 '감금학생 즉시탈환' '총독부 폭압정치 절대반대' '제국주의 타도 만세' 등의 구호가 붓글씨

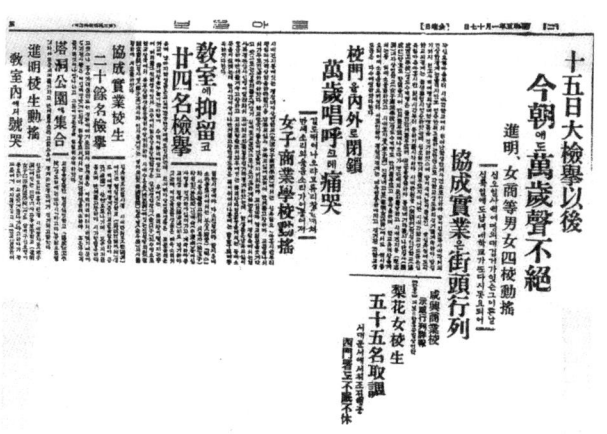

1930년 1월 17일 자 〈동아일보〉 기사. 대검거 이후에도 만세 외침이 그치지 않았다.

로 쓰여 있었다.

이 학생 운동을 지식층도 침묵한 채 보고만 있지 않았다. 민족단체 신간회나 그 자매단체 권우회, 청년총연맹, 노동총동맹 회원들이 학생들의 운동을 적극적으로 지원했다. 지식층은 식민지 노예교육제도 철폐라는 슬로건을 내걸었다. 그리고 이 단체 회원들은 광주학생항일운동 진상을 민중에게 알리기 위해 각지에서 다시 집회를 계획했다. 본래부터 총독부 당국과 일본 관헌의 탄압은 각오한 바였다. 학생과 지식층 운동은 3·1독립운동에 이어 대규모적인 것이 되어 있었다.

한편 총독부는 뜻밖의 대규모 학생 운동에 당황해 허둥댔다. 이 사건에 지식층이 관련된 것도 다루기 어려웠다. 그렇다고 총독부에 학생이나 지식층을 달랠 방안은 전혀 없었다. 있는 것이라고는 더 가혹한 탄압뿐이었다.

경성에서는 즉시 일본군과 경찰대가 진압에 나섰다. 지방 도시에서는 관헌 외에 소방단이나 재향 군인도 탄압에 가세했다. 전국 도처에서 유혈의 참사가 일어났다. 결국 580여 명의 학생이 체포되었고 2,330여 명의 학생이 퇴학 또는 정학을 당했다.

또 지식층에서는 신간회 중앙집행위원장 허헌許憲 이하 간부 44명이 검거되었다. 허헌은 정치가이자 변호사이기도 했다. 이 문화인은 동아일보 이사와 보성전문학교 교장을 역임하고 있었다. 권우회에서도 간부 허정숙許貞淑 여사 이하의 여성 회원 47명이 잡혔다. 허정숙은 신간회 허헌의 딸이기도 했다.

이 간부들의 체포로 지부 140개소, 회원 4만여 명이 넘는 양 단체의 운영은 갑자기 중대한 위기에 빠졌다. 게다가 이후에도 총독부의 집요한 추급을 받아 결국은 운동 방침을 전환할 수밖에 없었고 이어 조직 자체도 해체되었다.

조선에서는 이 일련의 사건을 흔히 '광주학생항일운동'이라고 불렀다. 조선 전국을 뒤흔들었던 반일운동은 발생한 지 4개월 뒤인 1930년 3월 직전에 겨우 끝이 났다. 3·1독립운동 11년째인 3월 1일을 눈앞에 둔 총독부가 진압에 나섰기 때문이다. 그러나 이 사건은 조선 민중의 기억에 깊이 남았다. 그래서 광주에서는 현재도 매년 11월 3일 광주학생항일운동을 회상하는 기념식이 성대하게 열린다.

황국신민화 정책

하나를 보면 열을 알 수 있다는 말이 있다. 이 경우의 비유는 조선에서 일본의 정책 추진과 탄압 관계와도 무관하지 않다. 총독부가 하달하는 정책은 모두 탄압과 표리일체의 관계에 있었다는 뜻이기도 하다. 노골적인 강경 정책이 연이어 발령되었다.

당시의 일본 민족은 충량한 신민, 즉 천황의 충성스럽고 선량한 신민臣民이어야 했다. 소위 황민皇民이다. 따라서 조선인을 일본인화하는 것만으로는 의미가 없고 조선 민족을 천황의 신민으로 만들어야 했다.

그래서 총독부는 '황국신민의 맹세'라는 것을 제정해 철저히 황국신민화를 이루려고 애썼다. 7대 조선총독 미나미 지로南次郎 육군 대장과 총독부의 내무부 학무국장 시오바라 도키사부로鹽原時三郎가 그것을 급조했다. 미나미가 총독부에 취임한 지 1년 2개월 지난 1937년 10월 1일의 일이었다. 황국신민의 맹세는 일반용과 학생용, 아동용이 만들어졌다. 아래 내용은 아동용 전문이다.

하나, 저희들은 대일본제국 신민입니다.
하나, 저희들은 마음을 합해서 천황폐하께 충의를 다하겠습니다.
하나, 저희들은 인고단련忍苦鍛鍊해서 훌륭하고 강한 국민이 되겠습니다.

소학교 학생들은 매일 아침 학교에서 이 맹세를 외웠다. 어른들도 직장의 조회나 집회 등 기회가 있을 때마다 그것을 제창해야 했다. 조선인들은 마음속으로는 일본의 어리석은 술책을 비웃었는데 제재를 피하기 위해 입으로는 억지로 외웠다.

학교나 직장에서는 궁성요배도 강제했다. 궁성은 천황이 기거하는 곳이다. 조선에서는 그 방향도 정확히 알 수 없지만, 그럼에도 어쩔 수 없는 처지에 처해질 때마다 마지못해 도쿄 방향이라고 여겨지는 쪽을 향해 최고의 경례를 했다. 이것도 태만하면 반일로 간주되어 심한 철권제재를 받았다. 조선인들은 이 엉뚱한 강요에 어찌할 바를 몰랐지만 특히 최고의 경례만큼은 했다.

그해 12월 23일 총독부는 조선의 각 학교와 관공서, 직장에 쇼와 천황의 진영을 배포했다. 진영은 천황의 초상 사진이다. 천황 사진은 학교에서는 봉안전奉安殿에 안치되었다. 직장에서도 선반에 가까운 가장 신성시되는 곳에 두었다. 그리고 학교와 직장에서도 그 사진을 향해 예배하는 일이 강제되었다. 이것도 태만하면 반드시 따끔한 맛을 보아야 했다.

즉, 일제 36년 동안 일본 천황은 조선 민중 앞에 단 한 번도 모습을 나타낸 적 없었다. 통수권인 대권까지 지닌 국가의 최고 권력자가 애써 손에 넣은 식민지를 방문하지 않는다는 것도 묘하다면 묘했지만 그런 상황이 이루어지지 않은 것도 사실이다. 표면상으로는 아무튼 조선인들이 마음 깊숙한 곳에서 천황에 한정되지 않는 한을 갖고 있었던 것도 틀림없었다.

아무튼 황국신민화 정책은 전혀 성과가 오르지 않았다. 그래서 총독부는 조선 민족을 한 단계 더 조이는 정책을 내놓았다. '신사참배'와 '창씨개명'이 그것이다. 참으로 어리석은 정책의 연발이었다.

신사참배 강요에 대해서는 앞서 조금 언급했다. 총독부가 조선인들에게 신사참배를 강요한 것은 정확히 1935년 9월인데, 황국신민화 정책이 본격화된 이 시기까지 철저했다고는 말하기 어렵다. 각지에서 신사참배를 거부하는 움직임이 현저했던 것이다. 총독부는 이 운동을 봉쇄하려고 했다. 그래서 총독부는 다시 철저한 신사참배를 꾀했다.

그러나 거부 운동은 봉쇄하지 못했다. 뿐만 아니라 이후 1941년에는 신사참배 거부 사건으로까지 발전했다. 종교적 차원의 사건이었던 만큼 총독부는 크게 손을 썼다.

이 사건이 일어난 것은 기독교 장로파 교회에 속하는 일부 신자들이 집회를 열고 신사참배를 받아들이는 결의를 한 데서 시작되었다. 이 집회에 다수의 경찰관이 입회하고 있었기 때문에 정면에서 반대할 수 있는 상황은 아니었기 때문이다.

그러나 그에 반발한 저항파 신자들은 정식으로 신사참배를 거부하는 성명을 냈다. 그 성명에 전국 기독교 신자가 호응했다. 그 수는 대략 2,000명이다. 전국의 신자들은 신앙의 자유와 정의를 위해 떨쳐 일어나기로 했다.

그런데 총독부 당국은 이 운동에도 철저한 탄압으로 임했다. 저항파 신자들 거의 전원을 투옥시켰고 200여 교회를 폐쇄시켰다. 이 탄압만으로도 평양 산정현교회 주기철朱基徹 목사 이하 50여 명이나 되는 옥사자가 발생했다. 이 사건을 알게 된 일반 민중은 어이없다고 생각하면서도 신사 앞에서는 어쩔 수 없이 머리를 숙였다.

창씨개명

다음이 창씨개명이었다. 조신인의 고유한 이름을 버리고 일본식 성명, 즉 씨명氏名을 갖게 하는 정책이다. 미나미 총독이 1940년 2월 11일부터 이 어리석은 정책을 실시했다. 신고 기한은 6개월 뒤인 8월

10일로 정했다.

애초에는 창씨와 개명은 어디까지나 자의라는 말이 있었다. 그러나 일본식 성명을 신고하지 않으면 학교 입학은커녕 취직도 못하고, 배급도 받지 못하고, 결혼도 못하고, 여행 증명서도 받을 수 없었다. 다시 말하면 총독부는 일본 이름으로 고치지 않는 한 조선에서는 생활할 수 없게끔 하는 꼼수를 썼다. 조선총독부의 의향은 정책에 따르지 않으려면 곧바로 일본 영토, 즉 조선에서 나가라는 공기로 바뀌었다.

조선인들은 울며 겨자 먹기로 일본식 씨명을 생각해 관공서에 신고했다. 미나미 다로南太郎라는 이름을 신고하는 사람이 있었다. 당시 총독이었던 미나미 지로에서 땄다. 히로카와 히토裕川仁라는 이름도 있었다. 쇼와 천황의 휘諱인 히로히토에 농간을 더한 것이다. 구로다 규이치玄田牛一라는 이름도 있었다. 두 글자씩 맞추면 축생畜生이 된다. 이는 남을 욕할 때 쓰는 말로 '빌어먹을' '개자식'이라는 뜻이다. 구로가네 진페이鐵甚平라는 이름도 있었다. 김씨 성을 잃는다고 해도 '아무 걱정이 없다'는 말이다. 이누쿠소 구레犬糞飾衛라는 이름도 있었다. 문자 그대로 '개똥이나 처먹어라'는 뜻이다. 또 지요다千代田라는 이름은 조선어로는 '쪼다'라 쓰고, 일본인을 멸시해서 칭하는 '쪼다' 또는 '쪽발이'처럼 소나 말의 발굽을 가리킨다. 결국은 '소새끼', '말새끼'라는 뜻이 된다. 이것들 모두는 저항을 표현하는 그 이상의 아무것도 아니다. 물론 관공서에서는 접수해줄 리 없고 담당관은 신고하러 온 조선인에게 불경하다고 호통치며 따귀를 후려갈겼다.

또 다른 예를 들어둔다.

조선 북부에서는 신영일申英一이라는 연극인이 에하라 노하라江原野原라는 이름을 신고했다. 담당관이 어떤 뜻인지 물었다. 신영일은 특별한 의미는 없다고 답했다. 그저 가만히 두고 상관하지 말아달라는 기분으로 붙인 것이라고 말했다. 이 새끼라는 욕설과 함께 담당관의 주먹이 날아왔다.

결국 8월 10일까지 약 322만호, 대략 1,600만 명이 일본식 성명으로 바꾸었다. 이 숫자는 78퍼센트에 해당한다. 도쿄에서 2·8독립선언문을 기초한 이광수도 가야마 미쓰로香山光郎로 개명했다. 훗날 대한민국 5대 대통령이 되는 박정희朴正熙도 다카키 마사오高木正雄라는 이름을 가졌다. 조선 일부에서는 이것으로 일본인과의 차별이 없어진다고 생각한 사람도 있었다. 그런 사람들을 제외하고는 화가 머리 끝까지 치미는 개명이었다.

조선 민족은 자신의 성씨에 자부심을 갖고 있다. 특히 성은 본관과 함께 조상의 출신, 대대로 이어져 내려오는 혈족의 계보를 나타낸다. 그래서 조선인들은 성을 특별히 소중히 여겼다. 계보는 족보族譜라는 형식의 책으로 만들어져 있다. 따라서 아이가 출생하면 호적에는 올리지 않아도 족보에는 기재했는데 그 생애의 업적이 기록된다. 족보야말로 정확한 유서由緖를 표현하는 산 증거가 되는 것이다.

그래서 조선인들은 자신의 대에 성씨가 끊어지지 않도록 세심한 주의를 기울였다. 조선에서는 '조상의 뼈를 팔아먹을 놈'이라는 말이 최대의 치욕이다. 그러나 일본은 조선 민족으로부터 그 성을 빼앗았다. 조선 민족의 입장에서 보면 조상의 뼈를 팔아넘겨 버린 셈이 된다. 굴욕이 아닐 수 없다. 그 굴욕은 더 뿌리 깊은 저항의식으로 이어졌다. 조선 민족은 격렬한 저항의식을 안은 채 일본의 어리석은 정책을 참지 않았다.

태평양전쟁으로의 돌입

창씨개명이 마감된 지 4개월 뒤에 해가 바뀌었다. 1941년이다.
만주사변 발발 10년째, 중일전쟁 발발 4년째에 해당하는 해였다. 그해 12월 8일 일본은 미국을 비롯한 연합국을 상대로 태평양전쟁에 돌입했다. 국제연합을 관련시킨 대전쟁이 되었다.

이 전쟁은 일본이 하와이 진주만을 기습 공격하면서 시작되었다. 기습이라고 말하면 듣기가 좋다. 그러나 실은 뜻밖의 싸움이었다. 다시 말하면 일본은 청일전쟁과 러일전쟁에 이어 세 번이나 비겁한 뜻밖의 싸움을 일으켰다. 당연히 세계에서 일본을 향한 비난이 쏟아졌다. 조선을 껴안은 고립이었다.

그럼에도 서전緖戰의 일본군은 연전연승을 거두었고 병참선兵站線은 점점 뻗어나갔다. 그에 따라 병력과 군요원이 부족해졌다. 군수 경기를 떠받치는 노동력도 부족해졌다. 전쟁을 지속하기 위해서는 무엇보다 병력과 군요원, 노동력 보충이 급선무였다. 다시 조선으로 눈이 향해졌다. 아니, 다시는 아닐 것이다. 또다시라고 해야 할지도 모른다. 아무튼 일본은 전쟁 수행을 위해 조선으로부터의 인적 자원 수탈을 꾸몄다. 소위 '사람사냥' '노예사냥'이 그것이었다.

이미 일본은 그 이전부터 병력 부족을 예측하고 있었다. 그래서 전쟁이 벌어지기 2년 전에는 일본이 '국가총동원법'을 그대로 조선에도 적용시켰다. 황국신민화운동 속에서 국가총동원법이 '징병제도'로 발전하는 것은 눈에 훤히 보였다.

예상한 대로 1942년 5월에는 조선에서의 징병제가 내각회의에서 결정되었고, 12월에는 이미 조선 전역의 121곳에 '청년특별연성소靑

年特別練成所'가 개설되었다. 이 훈련 기관을 토대로 징병령이 실시되는 것은 시간 문제가 되었다. 일본이 처음에 내건 '지원병모집제도'가 강제화로 바뀌는 것도 시간 문제가 되어 있었다.

개전 2년 뒤 태평양전쟁에서의 일본은 서전이 일변해 악화일로를 걷기 시작했다. 남태평양 제도까지 진출한 일본군은 대패에 대패를 거듭했다.

그 무렵이 되자 조선에서의 징병은 '지원병제도'에서 '국민징용제도'로, 나아가 '학도전시동원제'로 바뀌었다.

일본 정부와 군부, 총독부는 이런 제도를 통해 모집한 조선인 병사를 일본 병사의 총알받이로 삼고 조선을 일본의 방파제로 삼으려는 속셈을 갖고 있었다. 조선인 병사 만들기는 급속도로 가속화되었다.

그런데 조선인 군사 교육이 반드시 잘 진행된 것은 아니었다. 말이 잘 통하지 않았기 때문이다. 생활 습관의 차이도 있었다. 무엇보다 조선인 병사에게 무기를 들려 집단화시키면 언제 민족해방운동에 나설지 모른다는 우려가 있었다. 그래서 부득이 일본군은 조선인 병사를 일본인 병사 속으로 끼워넣었다. 물론 차별을 제거하지 않을 수 없지만 그것이 바뀌어 전력 저하로 이어지는 것도 부정할 수 없었다.

그러나 우수한 조선인 군인도 있었다. 탁경현卓庚鉉도 그 한 사람이었다. 이 조선인의 일본 이름은 미스야마 아키히로光山文博였다. 탁경현은 교토 약과전문대학을 나와 전투기를 타기로 되어 있었다.

태평양전쟁이 말기적 증상을 향하고 있을 무렵, 일본군은 전투기로 미국 함대를 공격할 때 몸 사리지 않는 전법을 생각했다. 소위 '가미카제神風 특별공격대'다. 물론 대원은 기지를 떠나 살아서 돌아오지 못한다. 가고시마현 마쿠라자키시 교외의 치란 기지도 그 공격대의 기지 중 하나였다. 탁경현은 거기에 배속되었다. 탁경현 주위에는 10명의 일본인 특공대원이 있었다.

　1945년 5월 10일 탁경현 등 11명의 특공대원에게 다음 날 아침 출격명령이 떨어졌다. 그날 밤 탁경현은 일본인 대원들과 함께 이 세상에서 마지막 술을 마셨다. 일본인 대원들은 빙 둘러앉아 일본 노래를 합창했다.

　이때 탁경현은 자기도 노래를 부르게 해달라고 했다. 조선 노래를 조선어로 부르고 싶다고 했다. 일본인 대원들은 서로 눈으로 의사를 나누었지만 어쩔 수 없다는 얼굴을 했다. 탁경현은 전투모의 창을 내려 얼굴을 가리고 기둥에 기대어 아리랑을 불렀다. 애절함이 은근하게 스며드는 노랫소리였다. 일본인 대원들도 탁경현의 노래를 듣는 데 푹 빠졌다. 다음 날 전원이 출격했다. 탁경현도 24세의 젊은 나이로 사라졌다.

　조선 민요 아리랑은 대원군이 경복궁을 재건할 때 전국에서 징용된 농민들이 즐겨 불렀다. 경복궁은 임진왜란과 정유재란 때, 다시 말하면 히데요시가 조선을 침략했을 때 불에 타서 사라졌다. 그것을 대원군이 국위고양을 위해 다시 일으켜 세웠다. 뒤에 아리랑은 조선 민족의 한 애창곡이 되었다. 나아가 일본의 식민지 아래로 들어온 이후의 이 노래는 민족의 저항을 담은 '혼'의 의미까지 지니게 되었다. 탁경현도 조선 민족의 자부와 저항의 마음을 가슴에 감추어 아리랑을 불렀을 터였다.

　한편 노동력 보충을 위한 사람사냥과 노예사냥도 성전聖戰으로 칭해진 전쟁의 장기화로 인해 심해졌다. 처음에는 '모집'이었던 일본으로의 노동자 모으기는 '관官 알선' 징용으로 고쳐졌고, 이어 '강제 연행'으로 바뀌었다. 총독부가 조선의 각 도와 각 군에 동원해야 할 인원을 할당했고, 말단의 면사무소에서는 헌병이나 경찰관, 고장의 유력자들이 한통속이 되어 조선인 청년을 공출하는 데 부지런을 떨었다. 도회지 거리나 시골에서 돌연 조선인 청년의 모습이 사라졌다. 강제 납치가 태반이었다.

일한병합 당시 재일조선인은 1,000명도 되지 않았다. 그런데 개전 직전에는 100만 명을 돌파했고 일본이 패전하던 시기에는 236만 5,000명으로 증가했다. 그중 과반은 강제로 잡혀왔던지 아니면 속아서 끌려온 사람들이었다. 다시 말하면 전쟁 수행을 위한 노동력의 거의 절반이 조선인 노동자들로 조달되어 있었던 셈이다.

안용한安龍漢이라는 젊은이는 밭에서 한참 농사일을 하다가 경찰관과 마을의 유력자들에게 붙잡혔다. 이 젊은이의 일본 이름은 야스다 사쿠요安田錫鏞다. 18세였다. 안용한은 그 자리에서 강제로 트럭에 태워져 부산으로 운반되었다. 부산에서는 항구에서 배에 태워졌다. 배는 부산~시모노세키를 잇는 연락선으로 일반 승객과는 별도로 배 밑의 선창船倉에 강제로 처넣어졌다. 화물 창고에는 200명이 넘는 조선인이 있었다.

안용한 등이 끌려온 곳은 후쿠오카현의 치쿠호우에 있는 도요카와豊川 탄광이었다. 그곳에서는 하루 15시간 이상이라는 지하에서의 중노동이 기다리고 있었다. 잠자리는 누추한 헛간이었다. 헛간에는 벼룩이나 이가 득실거렸다. 식사는 콩깻묵이 들어간 보리밥이다. 조선인 노동자들은 누구 할 것 없이 배고픔, 가려움, 노동의 혹독함으로 눈물을 흘렸다.

혹독한 고통을 참지 못해 탈출을 시도한 사람도 적지 않았다. 그러나 좌우를 구별할 수 없는 탈주자는 거의 예외 없이 잡혀서 되돌아왔다. 다시 잡혀오면 본때로 맞고, 차이고, 불 지짐으로 거의 반죽음을 당하는 꼴이 되었다. 그렇게 죽어나간 사람도 헤아릴 수 없다. 아침에 연기가 피어오르고 있으면 그것은 탈주자가 처치된 것을 의미했다. 말하자면 강제 연행은 이 세상의 지옥행이나 다름없었다.

이처럼 일본에 연행된 조선인 노동자는 북방의 사할린이나 홋카이도에서부터 남방의 규슈, 오키나와에 이르기까지 전국 각지의 광산이나 탄광, 조선소, 제철소, 비행장, 댐 공사, 철도공사, 도로공사 등의 현장에 뿌려졌다. 한 곳에 2,000명 이상이 투입된 경우도 있었다. 모두가 위험으로 가득한 작업뿐이었다. 사실 사고가 빈발해 많은 조선인 노동자가 죽었다. 그런데도 임금은 일본인 노동자의 절반에도 미치지 못했다. 임금은 도망가는 것을 방지하기 위해 강제적으

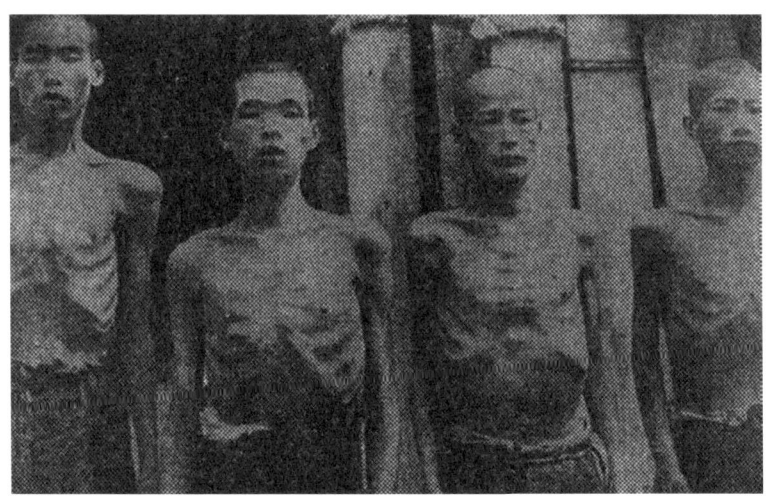

굶주림으로 갈비뼈가 드러난 조선인 노동자들

로 예금되었다.
 거기서는 사는 게 고작이었다. 조선인 노동자들은 깡말라 갈비뼈가 드러나 있었다. 이 사람들에게 일본은 도처가 지옥 그 자체였다.
 이 무렵 강제 연행된 조선인들 사이에 유행했던 노래가 있다. '연락선은 떠나간다'가 그것이다. 조선인 노동자들은 거의 자포자기가 되어 이 노래를 불렀다.

> 무엇을 원망하랴 나라가 망하는데
> 집안이 망하는 것도 이상할 게 없구나
> 실어만 갈 뿐 돌려보내 주지 않으니
> 눈물을 삼키면서 떠나간다
> 연락선은 지옥선

 조선인 노동자가 끌려온 광산은 대개 깊은 산속에 있었다. 산에는 으레 고갯길이 있기 마련이다. 조선인들은 고국과 고향에 대한 만감을 불러일으킨다고 해서 그 고개를 '아리랑 고개'라 불렀다. 그래서 당시의 일본에는 이곳저곳에 아리랑 고개가 있었다. 그 이름은 없어졌지만 고갯길은 지금도 당시처럼 남아 있다.
 덧붙여 말하면 일본에 끌려온 것은 남자만이 아니었다. 조선에 '여자 정신대 근무령'이 발령된 이후부터는 만12세 이상, 40세 미만 여성이 속속 일본으로 끌려왔다. 일본의 군수 공장에서 일하게 된다는 감언에 속은 여성이 많았다. 그 수는 4만 혹은 5만이라 일컬어진다. 이 여성들 대부분은 일본군 장병을 위한 종군 위안부가 되어 필리핀 전선을 비롯한 남방 각지의 전쟁터로 보내졌다. 종군 위안부가 무엇

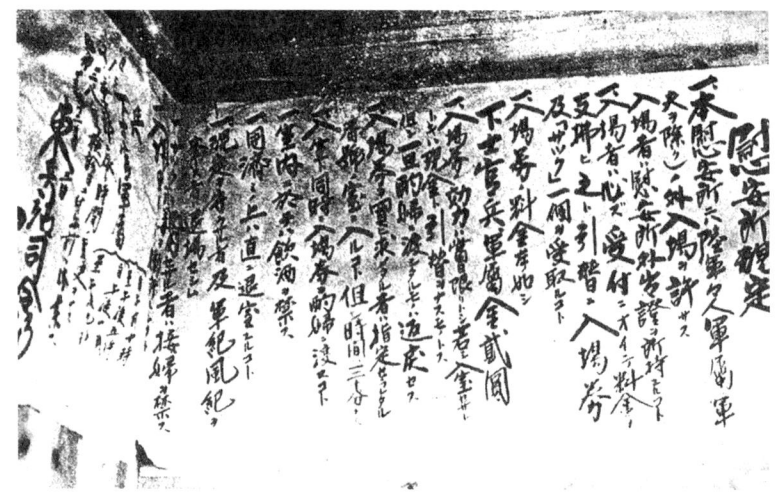
위안소 건물 내부. 일본군 병참부가 업자와 함께 관할했다.

인지는 새삼 설명할 필요가 없을 것이다. 조선인 여성은 흔히 '조센삐'라 불렸으며 일본군 상급 사관이나 하급 병사들에게 보내져 농락당했다. 게다가 패전 때에는 조선인이라는 이유만으로 현지에 방치된 채로 내버려졌다. 조선인 여성에게도 일본인은 마귀와 짐승이며 가는 곳은 어디든 지옥 그 자체였다.

아무튼 전쟁의 국면은 날마다 일본에게 불리한 쪽으로 기울고 있었다. 개전 2년째, 다시 말하면 조선에 징병제가 포고된 1943년에는 연합국도 일본의 패배를 의식했다

그해 11월 27일 미국의 루스벨트 대통령, 영국의 처칠 수상, 중국의 장개석 주석이 이집트 카이로에 모여 카이로 선언을 했다. 연합국의 세 수뇌가 일본의 패전을 예측해서 의논했고 전 세계를 향해 선언을 공표했다. 그 속에는 다음의 한 항목이 있었다.

우리 3대국은 조선 인민의 노예 상태에 유의하여 적당한 시기에 조선을 자유·독립시킬 것을 결의한다.

이 항목은 2년 뒤인 1945년 2월 4일 소비에트 얄타에서 열린 얄타 비밀협정에서도 미국과 영국, 소비에트 수뇌들에 의해 확인되었고, 같은 해 7월 26일 동독 포츠담에서 열린 포츠담 선언에서도 미국과 영국, 중국, 소비에트 수뇌들에 의해 명시되었다. 연합국은 일본에 무조건 항복을 요구했다.

하지만 일본 정부와 군부, 총독부는 이런 정보를 오직 숨기려고만 들었다. 따라서 일본의 일반 국민과 조선의 일반 민중은 완전한 귀머거리가 되었다. 일본 국민은 밀려오는 본토 결전에 일억옥쇄一億玉碎까지 할 각오를 했다.

(옥쇄라는 말은 당나라 때에 편찬된 《북제서北齊書》의 열전에서 처음 기록되었다. "훌륭한 남자는 깨끗이 죽을 것이며, 무사히 기와로 살아남느니 구슬처럼 부서지는 것이 낫다大丈夫寧可玉碎何能瓦全"는 말이다. 태평양전쟁 당시 일본의 대본영에서도 전쟁을 지도하는 일지에 "이제는 더 이상 희망 있는 전쟁 정책은 수행할 수 없다. 남은 것은 일억옥쇄를 통해 적이 전쟁 전의를 포기하기를 기다릴 뿐"이라고 썼다. 이렇듯 일본 군부에서는 본토 전쟁도 불사하겠다며 전의를 부추기는 슬로건으로 이 용어를 사용했다. 일억옥쇄에서 일억一億이란 본토 전쟁에 돌입할 경우 투입할 수 있는 인원을 가리킨다. 당시 일본에 거주하는 대략 7천만 명의 인구에 더해, 일본의 세력 아래 있던 만주, 한반도, 대만, 남양 등 본토 이외의 지역에 거주하는 사람들을 포함한 숫자다. 조선인과 대만인이 다수를 이루고 있었다.)

그런데 조선에서는 일부 지식인들이 이런 국제 정세를 정확히 알고 있었다. 상해에서 조선으로 돌아온 여운형을 중심으로 조동우趙東祐, 현우현玄又玄, 김진우金振宇, 황운黃雲, 이석구李錫玖 등 바로 뒤에 비밀 지하 조직인 '건국동맹建國同盟'을 결성하는 민족해방 운동가들이 그 사람들이다. 특히 여운형은 일장기 말살 사건에 대한 책임을 지고 조선중앙일보 사장직에서 물러나 잠시 경기도 양평의 시골로 들어갔었는데, 다시 경성의 거리에 나타나 몰래 활동을 시작하고 있었다.

여운형 등 민족해방 운동가들에게 용기를 갖게 한 것은 샌프란시스코에서 흘러온 조선어 방송이었다. 여운형 등은 이 방송을 단파수신기로 잡아 매우 정확한 정보를 받아들이고 있었기 때문이다. 따라서 건국동맹 운동가들은 이른 시기에 일본이 패망한다는 것을 감지하고 있었다.

여운형이 결성한 건국동맹은 그 비밀을 유지하기 위해 삼불三不, 즉 세 가지 금해야 할 약속을 엄격히 지켰다. 삼불이란 '함부로 이름을 팔지 말 것', '함부로 주소를 밝히지 말 것', '함부로 문서를 남기지 말 것'이었다. 실제 아지트는 한강 남안의 영등포 지구 근처에 있었던 듯하다. 민족해방 운동가들은 그곳에서 '해방의 날'을 향한 준비를 착실히 진행했다.

1945년 8월 6일, 이날 미국 공군에 의해 히로시마에 신형 폭탄이 투하되었다. 원자폭탄이었다. 이 한 발의 폭탄으로 조선인 노동자를 포함한 20여만 명의 일본인이 죽거나 다쳤다.

이어 8월 8일 소비에트 정부가 일본 정부에 선전포고를 하고 소련군은 곧바로 웅기와 나남, 청진, 원산 등 조선 북부의 여러 항구에 상륙했다. 소련군은 만주의 관동군을 고립시키기 위해 조선 내륙으로의 진공을 서둘렀다.

　나아가 8월 9일에는 나가사키에도 원자폭탄이 투하되었다. 여기서도 조선인 노동자를 포함한 일본인 10여만 명이 죽거나 다쳤다. 일본의 패전은 드디어 초읽기 단계에 들어가 있었다.

광복의 날

자유에 심취한 시민들

일본 정부가 포츠담 선언을 수락하기로 각오한 것은 1945년 8월 10일이었다. 일본 정부의 의향은 곧바로 조선총독부와 조선군 사령부에 전해졌다. 총독부와 조선군 사령부의 움직임이 갑자기 어수선해졌다.

같은 날 경성 시내에서는 일본의 항복이 임박했음을 알리는 등사판 인쇄 전단지가 뿌려졌다. 동시에 총독부를 비롯한 일본의 각 기관이 중요 서류를 불태우기 시작했고 도망치려다가 걸렸다는 소문도 떠돌았다. 경성 시민들은 격분했지만 일본인에 대한 폭발만큼은 참았다.

사실 일본의 각 기관은 식민지 지배 통치의 소행을 감추기 위해 모든 서류를 불태워 없앴다. 그것은 어리석을 만큼 철저하게 이루어져 패전일이 지나서도 문서를 태우는 연기가 끊이지 않았다. 철저하게 불태워 없애는 공작으로 인해 일제 36년의 실상이 후세에 알려지는 데 방해가 되었다.

그런데 예외가 없지 않았다. 그 하나를 경성제국대학 교수 스즈키 다케오鈴木武雄와 시카타 히로시四方博가 해냈다.

두 교수는 식민지 통치의 자료나 문헌, 서적류를 불태워 없애는 데 큰 의문을 가졌다. 모든 것이 매우 귀중한 역사 자료였기 때문이다. 두 교수는 사료가 없어지는 것을 참을 수 없었다.

스즈키 교수와 시카타 교수는 어차피 불태워 없앨 사료라면 조선인 지식인들에게 몰래 주어 처리하는 것이 낫겠다고 생각했다. 두 교수의 훌륭한 점은 그것을 실행에 옮겼다는 데 있다. 경성제국대학이 소장하고 있던 사료는 고참 공산주의자 강문석姜文錫이나 고준석高俊石 등에게 넘겨졌다. 대형 트럭 두 대 분량이 넘었다고 일컬어진다. 아무튼 두 교수의 양심만큼은 혼란 속에서도 사리분별이 뚜렷했다.

8월 14일이 되었다. 그날 일본 정부는 정식으로 포츠담 선언을 수락하겠다는 의향을 미국 정부에 통고했다. 자세한 보고는 총독부와 조선 군부에도 전달되었다. 아울러 다음 날 8월 15일 정오에 쇼와 천황이 라디오를 통해 직접 종전을 알리는 방송도 할 것이라고 전해졌다.

일본 본토의 경우는 그것으로 끝날지도 모른다. 그러나 조선의 경우는 너무나 불안한 요소가 많았다. 총독부는 일본의 항복으로 일본인이 박해받는 대폭동이 일어날 것을 두려워했다.

이 시기의 조선총독은 9대 아베 노부유키阿部信行 육군 대장이었다. 이미 아베는 패전 사태에 대비해 표면에 나타나려고 하지 않았다. 조선의 치안과 일본인의 생명재산 보호에 관한 문제에 대해서는 정무총감 엔도 류사쿠遠藤柳作에게 맡기고 있었다. 엔도는 이 문제를 위탁할 수 있는 인물을 물색했다.

먼저 엔도는 〈동아일보〉 사장이었던 송진우宋鎭禹에게 이 문제의 의논을 제의했다. 송진우는 온건파 민족주의자로도 알려져 있다. 둘 사이를 연결시켜 준 것은 공산당 서기였던 김준연金俊淵이라는 발이 넓은 인물이다. 8월 12일 심야의 일이었다.

그러나 송진우는 일본의 협력자가 되는 것을 끝까지 거절했다. 송진우의 가슴속에는 제멋대로 해온 일본인에게는 책임감을 가지고 뒷수습을 하게 해야 한다는 생각이 있었을 것이다. 송진우는 일본인을 결코 용서하지 않았다.

엔도는 난감해했다. 시간도 절박했다. 부득이 엔도는 한 번 더 김준연에게 매달렸다. 김준연은 다음에 여운형과 안재홍安在鴻을 소개했다.

여운형이 건국동맹 최고 지도자라는 것은 이미 말했다. 반골 인사라는 것도 알고 있다. 또 매우 세련된 신사라는 것도 잘 알려진 사실이었다. 한편의 안재홍은 전 〈조선일보〉 주필이며 열렬한 민족주의자로 알려져 있었다. 여운형과 안재홍은 식민지 지배 기구의 붕괴와 동시에 생길 정치상 공백을 메꿔야 한다는 책임감을 느꼈다.

엔도와 여운형, 안재홍이 최종 단계에 들어간 것은 패전 당일인 8월 15일 이른 아침이었다. 여운형과 안재홍은 총독부에 냉엄한 조건을 내걸었다. 다음이 그 조건이었다.

1. 전국의 정치범, 경제범을 즉시 석방한다.
2. 8월, 9월, 10월, 3개월 동안의 식량을 총독부가 확보다.
3. 치안 유지와 건국 동맹을 위한 정치 활동에 총독부는 일체 간

1945년 8월 15일, 해방의 날에 만세를 외치며 열광하는 조선 민중

섭하지 않는다.
4. 학생과 청년을 훈련시키는 일에 총독부는 일체 간섭하지 않는다.
5. 노동자와 농민을 건국 사업에 조직 동원하는 일에 총독부는 일체 간섭하지 않는다.

엔도는 여운형 등의 제안을 황급히 받아들였다. 이제 어떤 조건을 제시해도 조금도 불평을 토로할 상황이 아니었다. 거꾸로 여운형 등은 이것으로 조선 민족과 총독부 사이에 약속을 받아냈다.

이윽고 정오가 되었다. 그날의 경성은 흐렸지만 매우 더웠다. 경성의 일본인들은 라디오 앞에 모였다.

라디오에서 쇼와 천황의 조칙이 흘러나왔다. 일본인들은 그 방송을 듣고 분통함의 눈물을 흘리고 또 흘렸다. 그런데 그 시점에서 36

년간이나 억압을 받은 조선 민족에게 생각이 미친 사람은 많지 않았다. 그리고 그날을 기준으로 이왕은 전하를 비롯해 일본에 있는 약 236만 5,000명은 모두 국적이 없어져버렸다. 조선인에게 시집 간 이방자도 그 한 사람이고, 하나 딸려 있던 아들 이구도 마찬가지였다.

이튿날 8월 16일 여운형은 정식으로 조선건국준비위원회를 발족시켰다. 여운형이 위원장에, 안재홍이 부위원장에 취임했다. 이 조직은 삽시간에 전국에 퍼져 각지에 145개나 되는 지부가 생겼다. 이 지부가 식민지 통치기구를 대신하게 되었다.

경성 시민들이 광복을 실감한 것도 이날이었다. 광복은 해방을 뜻한다. 사람들은 군복이나 몸뻬를 벗어버리고 조선옷으로 갈아입었다. 그들은 이른 아침부터 앞다투어 거리로 몰려나와 '조선독립만세' '축해방'이라고 쓴 깃대나 횡단막, 플래카드를 선두로 무리를 이루어 활보했다. 태극기나 적기도 힘차게 흔들었다. 만세를 외치고, 애국가를 부르고, 큰소리로 조선어도 거침없이 했다. 지금까지는 태극기를 흔드는 것도, 조선어를 말하는 것도, 조선옷을 입는 것도 금지되어 있었다. 그것이 자유가 되었다. 냄비나 솥을 두들기며 미친 듯이 춤을 추는 사람, 울부짖는 사람도 있었다, 경성 시민들은 자유가 주는 쾌감에 마음이 취했다.

시민들의 쾌감이 절정에 달한 것은 오전 10시 반 무렵이었다. 이 시각에 사람들은 종로의 안국동 근처에 있는 덕성여자실업학교에 모여 있었다. 그곳으로 여운형이 이끄는 일단이 모습을 나타냈다.

여운형은 서대문형무소에 갇혀 있던 정치범이나 경제범을 영접하러 나가 출옥자 일단을 데리고 교정으로 갔다. 정치범 대부분은 독립운동 동지들이다. 여운형은 그곳에서 총독부와 조선 민족의 약속

조선의 통치 이양 문서에 서명하는 9대 총독 아베 노부유키

을 한 가지 이행했다. 그리고 이 뒤에도 여운형은 총독부와 조선 민족의 약속을 확실히 실행에 옮기고 있었다. 교정을 가득 메운 군중은 여운형과 출옥자들에게 성대한 환성을 질렀다. 그런 광경은 이후에 여운형과 출옥자들이 순회한 휘문중학교의 민중 대회에서도 그대로였다. 여운형은 웅변가로도 알려져 있다. 새로운 국가 건설에 대한 헌신을 말하는 여운형에게 청중은 열광했다. 청중의 환성은 한동안 그치지 않았다.

9월 8일 연합 사령관 존 호지John Hodges 중장이 경성에 들어왔다. 이틀 전에는 미군도 경성에 주둔하기 시작했다. 미군은 경성을 서울이라고 불렀다. 서울은 조선어로 수도를 표현하는 말이다. 서울을 중심으로 미군은 남조선에 군정을 선포했다.

9월 9일 호지 중장은 이미 접수된 총독부에 부임했다. 호지 중장은 아베 총독에게 조선의 통치 이양 문서에 서명하라고 명했다. 그곳은 총독부 제1회의실이었다. 그리고 아베의 서명이 끝남과 동시에 총독부 앞 광장에 걸려 있던 일장기가 많은 미군 병사들이 지켜보는 가운데 조용히 끌어내려졌다. 일본의 조선 지배는 이 순간을 맞아 완전히 종식을 고했다.

새로운 시대, 그리고 좌우대립

정확히 같은 무렵, 일찍이 항일의병장이자 본래 조선인민혁명군 지도자였던 김일성金日成이 소비에트군과 함께 평양으로 돌아왔다. 평양은 김일성이 자란 고향이기도 하다. 그런데 소비에트군을 동반한 귀향은 형언할 수 없는 불길한 앞날을 예감케 했다.

10월 16일 이승만이 망명지 미국에서 서울로 돌아왔다. 이 시기의 서울은 미군정 아래 있었다. 이승만의 귀국도 불길한 앞날을 예감케 했다.

11월 23일 김구와 김규식 등 대한민국임시정부 요인 일행이 중경을 뒤로하고 상해에서 석 대의 전세기에 나누어 타고 서울로 돌아왔다. 흔히 말하는 상해임시정부의 면면들이다. 다만 김구 일행은 어디까지나 개인 자격으로 귀국했다. 미군정이 임시정부의 정당성을 인정하지 않았기 때문이다. 따라서 김구 등 일행의 귀국도 불길한 앞날을 예감케 했다.

12월 30일 송진우가 종로 원서동 자택에서 살해되었다. 패전 시 일본의 협력자가 되어 줄 것을 거부한 인물의 죽음이다. 범인은 한현우韓賢宇라는 극우 과격파 청년이었다. 송진우는 55세의 생애였다.

2년 뒤인 1947년 7월 19일 여운형이 이 세상을 떠났다. 패전 시의 혼란을 수습한 인물의 죽음이다.

그 이전에 여운형은 조선건국준비위원회를 일보 진전시켜 조선인민공화국을 수립했다. 자신은 부주석에 취임했다. 주석에는 미국에서 망명 생활을 끝내고 귀국한 이승만을 추천했는데 왜 그런지 거부되었다. 항상 민중의 입장에 서서 좌우합작의 통일전선을 추구하는 진지한 자세가 꺼려되었는지도 모른다. 언제부터인가 여운형은 좌파 대표로 지목받는 것처럼 되었다.

그 후 여운형은 여전히 혼란기 속에서 조선인민당 당수, 조선민주주의민족전선 의장, 조선노동인민당 위원장 등을 역임했다. 이들의 눈부신 활동은 우파로부터는 적시敵視되었다. 여운형에게도 위험이 다가왔다.

7월 8일 대낮, 여운형은 서울 시내의 종로구 명륜동에서 혜화동으로 통하는 로터리를 걷고 있었다. 그곳을 뒤에서 폭한이 습격했다. 폭한은 예리한 칼로 여운형을 찔렀다. 칼끝은 등에서 심장 가까이까지 이르렀다. 그 상처로 인해 여운형은 7월 19일 오후 1시 15분 숨을 거두었다. 향년 62세였다. 이로써 새로운 국가 건설을 열망하던 반골 지사의 꿈과 생명이 사라졌다.

여운형을 찌른 폭한은 이승만파를 자칭하는 한지근韓智根이라는 우익 청년이었다. 여운형이 이 세상을 떠난 것은 대한민국이 수립되고 초대 대통령에 이승만이 선출되기 정확히 1년 전의 일이었다.

나아가 2년 뒤인 1949년 6월 29일 김구가 타계했다. 상해임시정부 최대급 지도자의 죽음이다.

상해에서 귀국한 김구 앞에는 미군정과 이승만이 남조선 단독 정부 수립을 지향하고 있었다. 김구는 여기에 정면으로 반대했다. 김구에게는 남북통일과 조선의 완전한 자주독립이라는 일대 목표가 있었다. 그래서 1948년 4월에는 3·8선을 넘어 북조선에 들어가 평양에서 개최된 남북 대표자 연석 회의에도 참석했다. 목숨을 건 행동이라고 해도 좋다. 그곳에서 김구는 입에 침이 마르도록 남북통일 정부의 실현을 설파했다.

그러나 결국은 김구의 노력한 보람도 없이 남조선 단독 선거가 강행되어 분단국가가 성립했다. 그런데도 김구는 한국 정부와 북조선 정부 모두 인정하지 않았다. 김구는 마지막까지 희망을 버리지 않았다.

그리고 6월 26일 김구에게 비극이 찾아온다. 이날 김구는 경교장京橋莊이라는 일본식 요리집 여관의 한 방에서 뜻밖의 자객에게 습격을 받았다. 자객은 안두희安斗熙라는 현역 육군 소위였다. 이 군인은 이승만의 밀명을 띠고 있었다고 일컬어진다. 김구는 과다출혈로 사흘 뒤에 목숨을 잃었다. 향년 74세였다. 이 우국 거인의 영혼은 효창공원의 언덕 위에 고요히 잠들어 있다.

조선 왕실의 마지막 숨결

나아가 10년 뒤인 1959년 3월 16일, 이 시기가 되있는네노 귀국할 수 없는 이은李垠이 뇌혈전으로 쓰러졌다. 이후 이은의 병 상태는 점점 악화 일로를 걷고 있었다.

일본의 패전과 동시에 이왕은 전하와 이방자 왕비는 국적이 없어졌다. 그로부터 2년 뒤인 1947년 10월 22일, 일본 정부는 무국적이 되어 일본을 떠나지 못하는 두 사람에게 신적강하臣籍降下를 통고했다. 신적강하란 황족의 특권이 박탈되어 일반인이 된다는 뜻이다. 따라서 이후 두 사람은 이은과 이방자를 각각 자신의 이름으로 신고하게 된다. 신적강하에 따른 일본인의 각 궁가宮家에는 거액의 일시금이 지불되는데, 조선 왕실은 재일조선인이라는 이유로 그 대상에서 제외되었다. 이은과 이방자의 곶감 빼 먹듯 하는 생활이 시작되었다. 별장이나 주식 등을 매도해 생활비에 충당했다. 방자는 태어나 처음으로 생활고를 경험했다. 46세가 되었다. 그럼에도 방자는 비행기 삯을 마련해 1950년 8월에는 구를 미국으로 유학 보냈다.

7년 뒤인 1957년 5월 이은과 이방자는 뉴욕에 있는 구를 방문하기 위해 미국에 갔다. 두 사람의 여권은 구가 미국으로 갈 때와 마찬가지로 궁내청 장관의 재량으로 특별히 임시 발급되었다. 그런데 체류 중인 1959년 3월 16일 밤, 이은에게 뇌혈전이 발병했다. 일본으로 돌아온 뒤 병 상태는 일시 회복되었는데, 2년 뒤인 1961년 여름에 재발했다. 이번에는 뇌경색이었다. 도쿄 쓰키지의 세이루카 병원에 입원했다. 이후 이은의 얼굴과 몸매는 자꾸 나쁜 쪽으로 기울고 있었다. 아카사카의 산노 병원으로 옮긴 뒤에도 차도가 전혀 없었다.

나아가 3년 뒤인 1962년 1월 16일 고종 이태왕이 끔찍이 사랑했던 덕혜 옹주, 즉 이혼한 뒤의 양덕혜가 모국으로 돌아가게 되었다.

덕혜는 대한민국 정부로부터 마중을 받았을 때 공무원들에게 안겨 마쓰자와 병원을 뒤로하고 하네다 공항에서 일항 특별기에 올랐다. 특별기는 2시간 반 만에 김포공항에 도착했다. 덕혜에게는 일시적인 귀성을 별개로 하면 실로 38년만의 귀국이었다. 이보다 더 슬픈 인생 유전이 또 있을까? 덕혜는 다시 공무원들에게 안겨 서울대병원으로

금곡리 왕릉지의 '영원'에 세워진 이은 전하의 비석

직행 입원했다. 서울에서의 입원 생활은 그 후에도 10년간이나 이어졌다.

이듬해인 1963년 11월 22일 이은과 이방자가 일항 특별기를 타고 대한민국으로 귀국했다. 당시 국가재건최고회의 의장이었던 박정희가 전면적인 원조의 손길을 내밀었다. 그는 직후에 대한민국 5대 대통령이 되는 군인 정치가다. 박정희는 이은은 물론 이방자에게도 한국에 영주할 수 있는 시민권을 부여하겠다고 약속했다. 그리고 그것을 실행했다. 이은에게는 이토에 의해 납치된 이래 일시적인 귀성을 별개로 하면 실로 56년 만의 귀국이었다. 그런데 이은은 산노 병원에서 하네다 공항까지 침대에 누운 채 거의 의식불명 상태였다. 서울에 도착하자 곧바로 성모병원에 입원했다.

7년 뒤인 1970년 5월 1일 오후 1시 이은은 전신에 마비가 일어나 성모병원의 같은 병실에서 숨을 거두었다. 향년 73세였다. 이은의 유체는 금곡리 왕릉지 '영원英園'에 안장되었다. 거대한 무덤과 사당 곁에는 대한의민황태자大韓懿愍皇太子라고 새겨진 비석이 세워졌다. '의민'은 일생 가시밭길을 걸은 사람이란 뜻이다. 이은의 인내가 그것이었다.

이은의 죽음으로부터 2년 지난 1972년 덕혜는 서울대병원을 퇴원, 이궁이었던 창덕궁 수강재壽康齋로 옮겼다. 병 상태가 좋지 않았던 것

덕혜 옹주의 묘

은 아니다. 평안히 생의 날개를 접을 수 있도록 베푸는 주위의 배려였다. 덕혜는 61세가 되어 있었다.

일본에서 쇼와 시대가 끝난 것은 1989년 1월 7일이다. 이날 쇼와 천황이 숨을 거두었다. 쇼와 천황에 대해서는 이러쿵저러쿵 말하고 싶지 않다. 다음 날부터 연호는 헤이세이平成로 바뀌었다. 그해 4월 21일 오전 11시 45분 덕혜가 숨을 거두었다. 수강재로 옮긴 지 17년째 되던 해의 일이다. 향년 78세, 파란만장한 인생의 종언이었다. 덕혜, 즉 덕혜 옹주의 유체는 금곡리 왕릉지에 안장되었다.

이은과 사별한 뒤의 방자는 망자가 된 지아비의 의지를 이어 자선사업에 헌신했다. YMCA의 보육원을 양도받아 귀가 부자연스런 농아나 소아마비 아이들을 위한 명휘원明暉園을 설립했다. '명휘'는 이은의 서예 아호였다. 또 서울 시내의 인사동에 자활원 명혜회관明惠會館을 건립해 장애 아동을 중심으로 재봉틀, 자수, 편물, 양재, 목공예 등 직업

이방자의 장례식

훈련의 기술 지도를 했다. 체육 교육이나 음악 교육에도 힘을 기울였다. 이를 위해 방자는 기부금 모집과 동시에 그림이나 글씨, 칠보자기 만들기에도 힘을 들였다. 칠보자기를 제작할 때는 상시 22명 안팎의 여성들이 도왔다. 이들이 제작한 프로급 작품을 방자는 전시 판매를 통해 운영비를 염출했다.

　방자의 활동과 열의를 알게 된 박정희 대통령 부인 육영수陸英修 여사가 음으로 양으로 아낌없는 지원을 했다. 1972년 10월 경기도 수원시에 건립된 자혜학교慈惠學校는 그 덕분이라고 할 수 있다. '자혜'는 방자의 아호였다. 방자는 새로 지어진 이 학교에서 수십 명이 기적 장애 아동들이 훈련하고 공부하는 모습을 보며 큰 기쁨을 느꼈다.

　방자의 지선 사업은 나방년에 걸쳐 있었고 기간도 귀국 3년 뒤부터 실로 33년간에 이르고 있었다. 그런데 모두 순조롭게 진행된 것은 아니다. 그러나 방자는 그런 일로 좌절하지 않았다. 묵묵히 성심

영원. 금곡리 왕릉지에 잠든 이방자와 이은

성의껏 노력했다. 방자는 인내와 피와 땀 모두를 사회사업에 쏟아부었다. 오랫동안 애쓴 노력을 인정받아 1981년에는 대한민국 정부로부터 목단훈장牧丹勳章을 받았다.

이방자는 1989년 4월 30일 창덕궁 낙선재樂善齋에서 숨을 거두었다. 이은의 몰년으로부터 17년째 되는 해의 날이었다. 향년 89세였다. 장례는 5월 8일 조선 왕조의 옛날식으로 집행되었다.

방자의 유체는 이은이 잠든 '영원'에 합장되었다. 영원의 사당 곁에는 대한의민황태자大韓懿愍皇太子라고 새겨진 비석이 세워져 있다. 왼쪽의 글귀는 점토로 덮인 채였다. 그런데 방자의 유체를 매장할 때 점토가 제거되었다. 거기에는 대한의민황태자비大韓懿愍皇太子妃라는 글귀가 나타났다. 평생 가시밭길을 걸은 황태자의 아내라는 뜻이다. 지금도 여전히 한국인들은 방자를 가리킬 때는 경애하는 마음으로 '이방자 여사'라고 부른다.

시간의 흐름은 아무도 멈출 수 없다. 일본 해군함 '운요'가 부산만에서 발포 사건을 일으킨 날로부터 지금까지 130여 년 세월이 흘렀다. 그사이에 '일제 36년'이 있었다. 그리고 그사이에 독특한 전통과 문화를 자랑스레 이어온 조선 왕실과 조선 왕조가 이 세상에서 사라져갔다.

조선 민족의 조선 왕실과 조선 왕조에 대한 경앙의 마음은 다른 민족에게서는 찾을 수 없을 만큼 깊고 크다. 조선 왕조의 왕토가 곧 조국이었기 때문이다. 그 조선 왕조와 조국을 경애하는 정情은 지금도 변치 않고 있다고 해도 과언이 아닐 것이다.

한편 조선 왕실과 조선 왕조가 멸망해 사라진 과거를 생각할 때, 이 민족은 일본의 횡포에 분격하고 자국의 약한 국력을 뉘우치고 한탄한다. 조선 왕조 멸망 그 인식이 현재의 국가 만들기에 초석을 이루었다고 해도 틀림이 없다.

마치며

관련 연표

해설 : 1910년의 전철

대담 : 베일을 벗은 또 하나의 역사

주요 참고문헌

후기 : 새로운 백 년을 향해

관련 연표

슬픈조선 1

1864 1.3   고종, 26대 국왕에 즉위(12세). 친아버지 흥선대원군이 섭
              정으로 국정을 총괄한다. 이해에 초대 동학교주 최제우가 잡
              혀 참수

1865 4월   대원군의 지휘로 경복궁 재건 사업 시작(68년까지)

1866 3.21   고종, 민비(16세)를 정비로 맞는다. 5월 프랑스인 선교사 9
              명이 체포되어 공개 처형

      7.11   미국 상선 셔먼호가 대동강 하안에서 발포해 조선인 10여 명
              사상

      7.24   조선의 보복으로 셔먼호가 전소된다〈**제너럴셔먼호사건**〉.

      9.25   프랑스 극동 함대 사령관 로즈, 3척의 군함을 이끌고 한강을
              거슬러 올라가 양화진 부근에서 조선군 포병 부대와 교전하
              고 패퇴〈**병인양요**〉

	10.13	강화도 앞바다에 출현한 프랑스 함대가 강화도 포대와 교전. 강화도에 상륙해 약탈을 하지만 사망자 6명, 부상자 20여 명을 내고 퇴각. 이해에 고종의 측실인 이 상궁이 아들 완화군 출산
1868	9.8	일본에서 도쿠가와 막부가 붕괴되고 왕정복고〈**메이지 유신**〉
1870		메이지 천황 즉위를 조선에 알리는 일본 외무성 서계에 '皇皇'이라는 글자가 있었기 때문에 문제가 된다. 쇄국 중이던 조선은 개국할 의사가 없음을 분명히 한다. 이해에 민비가 아들을 낳지만 나흘 만에 사망
1871	5.30	미국 태평양 함대 사령관 로저스, 5척의 군함을 이끌고 강화도 앞바다에 출현해 강화도 포대와 교전. 섬 일부를 점거하고 야영진지를 구축하지만 결국은 물러감〈**신미양요**〉
	6.12	대원군이 전국 고을에 척화비 건립
1873	8.17	일본에서 '정한론'과 조선 외교를 메이지 천황이 인정한다. 그러나 10월 24일 오쿠보 도시미치 등의 반대로 철회하고 사이고 다카모리 등은 하야〈**정한론정변**〉
	12.24	고종이 친정 선포(22세)
1874	3.25	민비가 두 번째 아들을 낳는다. 이름은 이척, 뒤에 순종이 된다. 이해에 고종의 측실인 이상궁과 완화군이 연이어 사망
1875	5.25	일본 군함 '운요'가 부산만 내에서 시위운동을 하고, 발포
	9.20	'운요'가 강화도 앞바다에 출현, 강화도 포대와 교전. 육전대가 영종도에 상륙해 약탈을 한다. 조선군 35명 사망, 일본군 3명 사상〈**강화도사건**〉
1876	2.4	강화도 사건의 손해 배상을 요구하고 전권인 구로다 기요타

		카, 이노우에 가오루가 수행원 800명과 함께 군함 '닛신' 이하 6척을 이끌고 강화도 앞바다에 출현한다. 조선에서는 전권 윤자승과 신헌 등이 교섭에 나선다.
	2.26	'조일수호조약'에 조인〈**강화도조약**〉. 일본은 손해 배상을 철회하지만 개국 요구를 관철한다.
1877	1.20	부산 개항. 일본인 거류와 자유 무역을 인정한다.
1879	8.30	원산 개항. 제물포(인천)는 부분 개항
1880	12.17	하나부사 요시모토 초대 조선 주재 일본 공사가 한성에 부임
	12.26	하나부사 공사가 고종 알현, 제물포 전면 개항을 인정받는다.
1881	5.19	군제 개혁, 일본 공사관 소속의 호리모토 레이조 소위를 고문으로 하는 별기군 편성
1882	7.23	구식 군대 병사들의 대규모 반란〈**임오군란**〉. 호리모토 소위가 살해되고 일본 공사관이 소실된다. 하나부사 공사는 인천으로 도주해 29일 나가사키에 도착
	7.24	반란군이 창덕궁을 습격. 민비는 왕궁을 탈출해 국망산으로 잠복한다. 민씨 정권 대신 왕명으로 대원군이 복권
	8.22	한성으로 돌아온 하나부사 공사가 고종을 알현하고 임오군란에 관한 손해 배상을 요구
	8.26	청나라군이 한성에 진주, 대원군을 납치해 군함 '위원'에 태워 보정부까지 연행
	8.29	한성에 머무는 청나라군이 임오군란을 진압. 조선인 376명이 사망
	8.20	하나부사 공사와의 사이에서 가해자 처벌·배상을 결정한 '제물포조약'과 거류지 확장 등을 포함한 수호조규속약에 조인

	9.11	민비가 청나라군의 보호를 받으며 국망산을 내려와 다음 날 12일 한성으로 돌아온다.
	10.13	박영효를 정사로 하는 수신사절단이 일본을 방문한다. 단원에는 개화파의 김옥균이 있고, 외무경 이노우에 가오루·후쿠자와 유키치 등과 친교를 심화시킨다.
1883	1.6	다케조에 신이치로 제2대 일본 공사가 한성에 부임
1884	12.4	김옥균과 박영효 등이 요인 6명을 살해하고 수구파의 정권 전복을 꾀한다〈**갑신정변**〉. 6일 수구파가 의뢰한 청나라군과의 작은 분쟁에서 패한 김옥균 등과 일본군은 일본 공사관과 병영을 불 지르고 달아남. 11일 김옥균과 박영효 등 정객 9명이 일본의 기선 '센자이마루'를 타고 인천항에서 망명
1885	1.7	특파전권대사 이노우에와 조선 정부의 좌우정 김홍집이 갑신정변의 뒷수습을 교섭해 '한성조약'에 조인
	3.16	후쿠자와《탈아론》발표, 8월 13일에는 '조선 인민을 위해 조선 왕국의 멸망을 기원한다'고 쓴다.
	4.15	영국 극동 함대가 거문도를 불법 점거. 러시아의 남하를 막는다는 구실로 포대를 구축한다.
	4.18	일본 대표 이토 히로부미와 청나라 대표 이홍장이 천진에서 '천진조약'에 조인. 이후 조선에 파견하는 경우는 양국이 서로 통지한다는 것을 약속한다.
	10.5	보정부에 연금되어 있던 대원군이 인천항에 도착한다. 이후에는 운현궁 또는 공덕리 별저에 머문다. 이해에 조선 정부가 한성에 러시아 공사관 개설을 비공식적으로 인정한다(초대 공사 베베르).

1887	3.1	영국 극동 함대가 거문도에서 철수
1888	8.20	조선 정부와 러시아 정부가 공식적인 통상조약 '조로육로통상장정'을 체결한다.
1889	2.11	대일본제국헌법 공포
1892	8.8	제2차 이토 히로부미 내각 수립(96년 8월 21일까지)
	11.1	제2대 동학교주 최시형이 초대 교주 최제우의 오명을 씻는 대집회를 개최한다.
1893	4.25	최시형이 보은에서 '척화척양斥和斥洋'을 내건 2만 명 시위운동. 접주 전봉준도 참가
	7.19	오토리 게이스케 제6대 일본 공사가 한성에 부임
1894	2.15	전봉준의 지휘 아래 고부의 동학 신자 농민들이 봉기해 군청을 점거
	2.25	전봉준, 정부의 공약을 믿고 봉기한 농민들을 해산시킨다.
	3.10	김옥균, 상해를 향한다.
	3.29	전날 상해에 도착한 김옥균, 홍종우에게 살해된다(향년 44세).
	4.25	정부가 공약을 어겼기 때문에 동학 신자 농민들이 재봉기〈**갑오농민전쟁**〉
	6.1	동학농민군, 조선 왕실의 연고지인 전주 점령. 다음 날 고종은 한성에 주재하는 원세개를 통해 청나라에 원군 파견을 요청
	6.5	엽지초가 이끄는 청나라군 2,400여 명이 아산만에 상륙
	6.7	정부가 일본 정부에 출병 통지
	6.10	전봉준, 정부와 화약을 맺고 다음 날 전주에서 물러남, 다다음 날 스스로 해산〈**전주화약**〉

6.12 이치노헤 효에 소좌가 이끄는 7,000여 명의 군단과 오시마 요시마사가 이끄는 3,000여 명의 혼성여단이 인천항에 도착, 한성 남쪽 교외인 용산에 주둔

6.26 오토리 공사, 고종에게 내정개혁 건의. 청나라와의 종속관계 파기, 청나라군 철수를 요구하는 최후통첩

7.20 원세개, 청나라로 돌아감

7.23 일본군과 순사대가 경복궁 점거, 왕을 경호하는 시위대를 쫓아낸다. 오토리 공사, 대원군을 불러내 국정을 담당시킨다.

7.25 풍도해전

7.29 오시마 혼성여단, 성환과 안성에서 청나라군과 교전. 청나라군은 평양으로 퇴각

8.1 메이지 천황이 청나라에 선교포고 조칙〈**청일전쟁**〉. 전황은 일본군 우세로 추이(9.15 평양 공략 / 9.17 황해해전 / 11.17 대련 점령 / 11.21 여순 점령. 이때 여순학살사건이 일어난다.)

10.5 전봉준의 격문에 따라 전국 각지의 농민이 전주에 집결. 닷새 뒤에는 11만 5,000여 명이 되고, 전봉준이 다시 총대장으로 뽑힌다.

10.20 조일연합군, 농민군 진압을 위해 공주와 청주로 출발

10.26 이노우에 가오루 제7대 일본 공사가 한성에 부임

11.18 대원군, 정계에서 물러남

11.19 연합군과 농민군이 공주의 산야에서 전투. 우금치 부근 등에서 쟁탈전

12.7 농민군이 공주 전투에서 대패하고 논산과 태인까지 후퇴

	12.28	전봉준, 순창군 피노리에서 체포되어 한성으로 압송된다.
1895	1.7	고종, 14개조로 이루어진 홍범 선포
	1.31	일본의 연합함대, 위해위 군항으로 총공격
	2.9	청나라의 북양함대 전멸
	2.12	청나라의 수사제독 정여창, 독약을 마시고 자해
	3.19	청나라의 강화전권 이홍장 방일. 다음 날부터 시모노세키에서 일본의 강화전권 이토 히로부미 수상, 무쓰 무네미쓰 외상과 담판에 들어감
	4.17	청일강화조약(시모노세키 조약)에 조인. 일본은 청나라로부터 대만과 요동반도 획득
	4.22	전봉준 등 동학농민군 지도자 6명을 한성에서 처형(전봉준 향년 41세). 같은 날 러시아·프랑스·독일이 일본에 요동반도를 청나라로 돌려줄 것을 요청〈**삼국간섭**〉
	5.10	일본, 청나라에 요동반도 반환
	9.1	미우라 고로 제8대 일본 공사가 한성에 부임
	10.8	미우라 공사가 사주한 일본군·불한당·대륙낭인이 대원군을 강제로 끌어들여 경복궁에 난입, 민비를 살해한다(향년 45세〈**을미사변**〉).
	10.17	미우라 공사 해임. 제9대 일본 공사에 고무라 주타로
	10.18	미우라 등 을미사변 관계자 48명을 일본으로 소환
	10.26	조선 정부, 양력 채택
	12.20	조선 정부, 단발령 공포
1896	1.20	을미사변에 관계된 일본인에게 히로시마 지방법원 및 히로시마 제5사단 군법회의는 무죄 방면 판결

2.11 고종과 왕세자, 경복궁을 나와 러시아 공사관으로 옮긴다〈**아관파천**〉. 이후 그곳을 행재소로 삼아 정무를 본다.

2.12 전 영의정 김홍집, 군중에게 참살된다.

4.7 서재필, 한글을 사용한 〈독립신문〉을 창간

7.7 하라 다카시 제10대 일본 공사가 한성에 부임

11.21 독립협회의 제창으로 독립문 건립에 착수(이듬해 11월 20일 준공)

1897 2.20 고종, 보좌를 러시아 공사관에서 경운궁으로 옮긴다.

10.12 고종, 환구단에서 국호를 '대한제국'으로 바꾸고 스스로를 황제라 칭하며 즉위식을 한다.

11.22 고종, 민비의 시호를 '명성황후', 능호를 '홍릉'으로 정하고, 성대한 국장을 거행

12.24 손병희, 제3대 동학교주가 된다.

1898 2.22 대원군 서거(향년 79세)

4.6 도망가 있던 제2대 동학교주 최시형이 원주에서 잡혀 한성으로 압송

5.26 일본의 강압으로 성진·군산·마산 개항, 평양 개시開市

7.21 최시형, 한성에서 처형

9.12 황태자 이척이 커피를 마시고 쓰러짐. 이후 후유증으로 허약해짐〈**순종독차사건**〉

10.29 독립협회와 관민이 공동 개최한 '만민공동회'에 1만 명 모인다. 내부대신 민영환 등 관료들도 다수 참가

1899 3.29 러시아와 청나라, 요동반도의 조차권 양도에 조인

6.24 하야시 곤스케 제11대 일본 공사가 한성에 부임

	8.17	고종, 헌법에 해당하는 '대한제국국제' 전 9개 조항 공포
1900	8.3	고종, 엄상궁을 순빈, 그 장남 이강을 의왕, 차남 이은을 영왕에 봉한다.
	11.12	한성과 인천을 잇는 경인철도 개통. 이달 활빈당 의병투쟁이 시작된다.
1901	10.14	고종, 엄순빈을 순비에 봉한다.
1902	1.20	일본, 영일동맹협약에 조인
1903	7.1	동청철도 개통
	12.25	고종, 엄순비를 황귀비皇貴妃에 봉한다.
1904	1.23	고종과 대한 정부, 러시아와 일본이 교전에 들어갈 경우 국외중립을 유지한다고 내외에 선포. 청나라 지부에서 외국에 타전
	2.8	일본 해군 연합함대 사령관 도고 헤이하치로가 이끄는 주력함대, 여순항 밖의 러시아 군함 '레트비잔' 이하 3척을 기습 공격. 2척 파손, 1척 좌초
	2.9	일본 군함 '나니와' 이하 5척과 러시아 군함 '와리양' 이하 2척이 인천 앞바다에서 포격전. 러시아 함대 2척은 항구로 돌아가 자폭, 항구 안의 러시아 기선 1척도 자침
	2.10	메이지 천황이 러시아에 선전포고〈**러일전쟁**〉. 전황은 일본군 우세로 추이(2월 일본군에 의한 여순항 폐색작선 / 5.1 구련성 점령 / 5.12 전주성 점령 / 7.24 여순 요새 전투 시작 / 8.10 황해의 해전 / 8.14 울산해전 / 12.4 203고지 탈취 / 12.11 러시아 여순함대 전멸)
	2.22	하야시 곤스케 공사와 이지용 외부대신, 한일의정서에 조

	인. 일본군은 대한국 내에 군사 전략상 필요한 지점을 임의로 수용할 수 있는 권리를 얻는다.
3.17	초대 추밀원 의장 이토 히로부미, 특파대사로 한성 방문
4.3	대한국에 주둔하는 일본군 명칭을 '조선주차군'으로 결정. 초대 사령관에 하세가와 요시미치 육군 대장
7.16	영국인 베델과 양기탁, 〈대한매일신보〉 창간
8.22	하야시 곤스케 공사와 윤치호 외부서리, 제1차 한일협약을 맺는다.
10.17	대장성주세국장 메가타 다네타로, 대한 정부의 재정 고문에 취임
12.27	친일 미국 외교관 스티븐스, 대한 정부의 외교 고문에 취임. 이후 군사 고문에 노즈 시즈타케, 경무 고문에 마루야마 시게토시, 궁내부 고문에 가토 다쓰오 등 임명

1905	1.1	한성과 부산을 잇는 경부철도가 개통. 같은 날 여순요새가 함락
	1.2	여순 항복에 러시아와 일본이 합의
	1.5	노기 마레스케와 러시아 여순 요새 사령관 스테셀 중장이 점심 식사를 하면서 양군을 칭송하는 만남〈**수사영회견**〉
	3.10	봉천회전에서 일본군 대승
	5.12	주영 대리공사 이한응, 대한국의 국제적 지위 저하를 탄식해 런던에서 자결
	5.27	일본 해군이 러시아 발트함대 격파〈**동해해전**〉
	7.29	미국 육군장관 태프트와 가쓰라 다로 수상이 도쿄에서 비밀 협정을 맺는다.

	9.5	러일강화조약에 조인〈**포츠머스 조약**〉. 이 강화조건에 분노한 군중이 도쿄 히비야에서 폭동 사건을 일으킨다.
	11.5	한성과 만주를 잇는 경성철도 개통
	11.17	제2차 한일협약을 맺는다〈**을사조약**〉. 통감정치로 대한국을 보호국화. 이토 히로부미의 위협에 3명의 각료는 반대, 그러나 찬성한 5명의 각료는 매국노라는 딱지가 붙는다〈**을사오적**〉.
	11.18	〈황성신문〉(주필 류근, 사장 장지연)이 '시일야방성대곡'이라는 사설을 싣는다.
	11.28	전 참정 홍만식, 을사조약에 반대해 독약을 마시고 자살
	11.20	시종무관장 겸 육군부장 민영환, 을사조약에 반대해 군도로 자결
	12.3	최익현, 을사오적을 규탄해 을사조약 폐기 상주
1906	2.6	일본군 헌병대, 사법·행정 경찰권을 장악한다.
	3.2	초대 통감 이토 히로부미, 한성에 부임
	6.4	최익현 등이 태인에서 거병. 각지에서 의병군 봉기가 잇달아 일어난다.
	6.10	대한 정부, 남원·전주의 진위대에 의병군 토벌령
	6.12	최익현 등의 의병, 정부군과 교전. 포로 해방과 교환으로 투항한 최익현, 임병찬의 신병을 한성으로 압송
	8.18	최익현 등의 신병을 쓰시마로 옮긴다. 최익현은 이듬해 1월 1일 단식 아사
	9.1	통감부의 일본어 기관지 〈경성신문〉 창간
1907	1.24	이척과 윤비의 가례

4.20	고종, 헤이그에서의 제2회 평화회의에 특사 이상설과 이준을 파견(페테르스부르크에서 이위종이 합류)
5.22	이완용 내각이 수립
6.29	헤이그 특사, 평화회의 참가가 거절된다〈**헤이그특사사건**〉.
7.3	헤이그 특사 사건을 계기로 이토 히로부미 통감이 고종의 책임 추급
7.6	이완용 등 전 각료가 어전회의에서 고종의 퇴위 강요
7.14	헤이그에서 특사 이준이 병사
7.18	방한한 하야시 다다스 외상이 이토 통감과 함께 고종에게 퇴위를 밀어붙인다.
7.19	고종, 양위의 조칙. 순종이 집정하게 되는 것을 용인. 이에 항의하는 수천 명이 일본 관료와 충돌
7.24	제3차 한일협약을 체결한다〈**정미7조약**〉. 통감이 일본인 관리를 차관으로 임면할 수 있는 감독권을 얻는다.
8.1	순종, 대한국 군대를 해산하는 조칙. 시위대 병사들이 일본군과 백병전
8.7	영왕 이은을 황태자로 책봉
8.9	제2대 황제에 순종 즉위
12.5	황태자 이은, 유학을 명목으로 이토 통감이 도쿄로 데려간다.

슬픈조선 2

1908	3.22	전명운과 장인환, 샌프란시스코에서 스티븐스 외교고문 암살
	10.28	한성에 동양척식주식회사 설립
1909	1.31	안중근 등이 항일을 선언하는 단지동맹 결성

	4.10	가쓰라 수상, 고무라 외상, 이토 통감이 도쿄에서 일한병합에 관한 비밀 논의를 한다.
	6.15	제2대 통감에 소네 아라스케 부통감을 임명. 이토 히로부미는 귀국 후 추밀원 의장에 재임.
	10.26	안중근, 하얼빈 역두에서 이토 히로부미 사살(향년 69세)
	11.4	이토의 국장
	12.22	이재명, 이완용 수상을 찔러 중상을 입히고 체포된다. 수상 대행에 박제순
1910	2.14	여순지방법원에서 안중근에게 사형 판결
	3.26	안중근 처형(향년 31세)
	5.30	제3대 통감에 데라우치 마사다케 육군대신 임명
	6.30	이완용이 수상에 복직
	8.22	이완용과 데라우치, 일한병합에 관한 조약에 조인. 대한국의 통치권을 영구히 일본국 천황에게 양여
	8.29	일한병합조약을 공포. 대한제국을 조선으로 개칭, 조선총독부가 설치되고 일본의 식민지 지배가 시작된다. 한성을 경성으로 개칭
	9.12	이재명의 사형 집행(향년 23세)
	10.1	초대 통감에 데라우치가 취임
	12.27	조선 북부 지방에서 자금 모집을 하고 있던 안명근이 체포된다.
1911	1.1	총독부, 안명근 체포를 기회로 황해도 안악 지방의 민족주의자 총검거를 시작한다〈**안악사건**〉.
	4.17	총독부, 토지수용령 제정

	8.23	총독부, 조선교육령 공포. 신민화와 일본어 보급을 노린다.
	9월	조선 북부 지방을 순시하던 데라우치 총독을 암살하려는 계획을 꾸몄다고 조작해 신민회 회원 등 민족주의자 다수 검거 〈**105인사건**〉
	11.11	한성과 부산을 잇는 압록강 철교가 개통. 경의철도와 남만철도가 직통 운전으로
1912	1.3	신미혁명으로 청나라가 붕괴되고 중화민국이 수립
	3.18	총독부, 조선민사령·조선감옥령 등 5개 정령을 발포한다.
	5.31	총독부, 전 관리에게 무장한 제복을 입도록 지시
	8.18	경성지방법원에서 안악사건의 연루자 128명 공판
	7.30	메이지 천황 사망(재위 45년, 보령 61세). 황태자 요시히토가 즉위, 다이쇼로 연호를 바꿈
	9.13	메이지 천황의 상사喪事. 노기 마레스케 부부가 순사 이해에 고종과 양귀인 사이에 딸(훗날의 덕혜 옹주) 출생
1913	5.12	재미 조선인 안창호 등이 반일단체 '흥사단' 결성
1914	3.16	총독부, 연초세령을 공포. 이어 지세령, 부동산등기령을 공포하고 수탈을 강화
	7.28	제1차 세계대전이 시작된다. 이해에 일본 내무성 '조선인 식별 자료에 관한 건' 통달
1915	2.13	안악사건으로 복역하고 있던 윤치호 등 전원을 가석방
	7.14	총독부, 조선신사 사원 규칙법을 공포
1916	6.25	총독부의 신청사, 경복궁 정면의 뜰에 준공
	8.2	영왕 이은의 비妃로 일본 황족의 나시모토노미야 마사코가 결정된다.

	10.9	데라우치 총독, 일본의 내각 총리대신으로 전임
	10.16	제2대 총독에 하세가와 요시미치 육군 대장이 취임
		이해에 일본 내무성 '요시찰 조선인 시찰내규' 통달
1917	3.15	러시아 2월 혁명으로 니콜라이 2세 즉위, 로마노프 왕조가 무너진다.
	7.29	간도 지방의 조선족에 대한 경찰권, 중국에서 일본으로 이관
	11.6	러시아 10월 혁명으로 소비에트 정권이 수립
1918	1.8	윌슨 미국 대통령 연두 교서에서 민족자결주의를 제창
	8월	여운형 등 상해에서 신한청년당을 결성
	11.1	제1차 세계대전이 끝난다.
	12.15	손병희·최린 등 천도교 인사들이 경성에서 독립운동을 협의
1919	12.1	고종, 덕수궁에서 급서(재위 44년, 보령 68세)
	2.8	도쿄의 조선인 유학생 백관수 등 600여 명이 2·8독립선언
	3.1	**3·1독립운동**이 일어난다. 비폭력저항 시위운동이 조선 전역으로 확대된다. 일본 관헌의 탄압으로 5월까지 사망자 7,500명, 부상자 1만 6,000명, 체포자 4만 7,000명에 이른다.
	3.3	고종의 장례, 성대히 거행
	3.29	이화학당의 유관순, 향리인 천안 병천 시장에서 아버지·큰아버지와 함께 독립운동을 일으키고 검거된다〈**병천사건**〉. 이후에 경성의 서대문형무소로 이송된다.
	4.10	상해의 프랑스 조계지에서 망명 조선인(이승만·여운형·김구 등)이 대한민국임시정부 수립을 선언〈**상해임시정부**〉
	4.15	일본군이 수원 교외의 제암리 제암교회에서 주민 29명 살해, 가옥 64채에 불 지름〈**제암리사건**〉

	5.4	중국에서 5·4운동을 일으킨다. 배일운동 격화
	8.12	하세가와 총독 해임. 제3대 총독에 사이토 마코토 해군 대장, 정무총감에 미즈노 렌타로가 취임. 무단정치를 문화정치로 전환
	9.2	경성의 남대문역에 도착한 사이토 총독을 향해 강우규가 폭탄 두 발을 던진다. 중경상자 30여 명 〈**남대문역폭탄사건**〉
	9.17	경성 시내에서 강우규 체포. 이듬해 11월 29일에 사형 집행 (향년 67세)
	11.19	만주의 길림성에서 김약산 등 19명이 항일무장독립단체 '의열단' 결성
	11.19	의왕 이은, 국외 망명을 시도하다가 실패. 일본에 연행되어 연금 상태에 들어간다. 이해에 인도에서 마하티마 간디 등 국민회의파가 영국에서 독립을 목표로 한 비폭력불복종 운동을 시작한다.
1920	4.1	반일적인 신문 〈동아일보〉 창간
	4.28	영왕 이은과 나시모토노미야가 도쿄에서 혼례
	9.14	의열단 박재혁, 부산경찰서 습격, 서장을 폭사시키고 자신도 부상 〈**부산경찰서폭탄사건**〉. 9일 뒤에 아사(향년 27세)
	9.25	일본군, 만주 출병을 구실로 삼기 위한 마적을 매수해 훈춘성을 습격하게 한다 〈**제1차 훈춘사건=간도참변**〉.
	10.2	매수된 마적이 훈춘의 일본 영사관 등 습격 〈**제2차 훈춘사건**〉. 일본군, 약 8,000명 간도 방면 출병 결정
	10.5	일본군, 북간도 일대에서 조선인 대학살을 시작한다. 69개 마을에서 사망자 2,200여 명, 가옥 손실과 파괴 2,500여 호

에 이른다.

10.12 유관순, 서대문형무소에서 영양실조사(향년 17세)

10.20 김좌진이 이끄는 독립군, 백두산 동북쪽 산록의 청산리에서 일본군과 교전. 일본군에게 3,300여 명의 사상자를 내고, 독립군도 150여 명의 희생자를 낸다〈**청산리전투**〉.

12.27 의열단의 최수봉, 밀양경찰서에 폭탄 두 발을 던진다〈**밀양경찰서폭탄사건**〉. 체포되어 사형된다(향년 21세).

1921 4 조선군 사령관 오바카 타로, 간도 방면에서의 철병을 표명

9.12 의열단 김익상, 남산 중턱의 총독부 청사에 폭탄 두 발을 던진다〈**조선총독부폭탄사건**〉. 17일 북경으로 복귀

1922 3.28 김익상 등 의열단원 3명, 상해의 홍구 부두에서 다나카 기이치 육군 대장을 저격하지만 실패. 중국인 경찰관에게 잡힌 김익상은 10월 20일 가석방 중에 일본인 형사에게 암살된다.

12.18 총독부, 조선호적령 제정

1923 3.7 황옥 경부 및 김시현 등 의열단원 15명, 상해에서 무기와 탄약류를 숨겨 조선으로 잠입, 15일 전원 체포〈**황옥경부사건**〉

9.1 관동대지진으로 인한 재해. 조선인 폭동설이 유포되고, 일본 자경단으로부터 조선인 6,400여 명이 학살된다〈**관동대지진재해 조선인학살사건**〉.

1924 1.4 의열단 김지섭, 일본 천황이 거처하는 이중교에 폭탄을 던진다〈**이중교폭탄사건**〉. 체포되어 1928년 2월 20일 옥사(향년 44세).

5.2 총독부, 경성제국대학에 예과 개설

1925 3.25 덕혜 옹주, 일본으로 납치된다(13세). 신경쇠약증, 정신분

		열증을 앓는다.
1926	1.6	총독부 신청사 준공
	4.1	경성제국대학, 법문학부와 의학부 신설
	4.26	순종 이왕 훙거(황제 재위 3년, 왕으로 16년, 보령 53세)
	6.10	순종의 장례
	12.25	다이쇼 천황 붕어(재위 15년, 보령 48세). 섭정으로 황태자인 히로히토가 즉위, 쇼와로 개원
	12.28	의열단 나석주, 동양척식주식회사와 조선식산은행에 폭탄 투척. 일본 경찰과 교전 후 자결, 향년 36세〈**동척·식은습격 사건**〉
1927	2.15	민족운동단체 '신간회', 경성에서 창립
	5.27	신간회 여성조직 '권우회' 창립
	12.10	사이토 총독이 퇴임. 제4대 총독에 야마나시 한조 육군 대장
1928	6월	총독부, 개정치안유지법 공포
	11월	이청천 동만주 밀산에 고려혁명사관학교를 개설한다.
1929	5.30	덕혜의 생모인 양귀인이 급서(향년 48세)
	8.17	야마나시 한조 총독을 파면. 제5대 총독에 사이토 마코토 전前 총독
	10.20	광주~나주 간 통학 열차에서 조선인 학생과 일본인 학생이 다툼, 대소동으로 발전한다〈**광주학생항일운동**〉. 194개교, 5만 4,000여 명이 참가, 퇴학 또는 무기정학 처분 2,300여 명
1930	7.26	이청천 등 만주 실립싱에서 한국독립당 및 한국독립군 결성
	8.4	상해임시정부의 국무령(주석)에 김구가 취임한다.
1931	5.8	쓰시마 소가宗家의 소 다케유키와 덕혜 옹주가 도쿄에서 혼례

	6.17	사이토 총독이 사임. 제6대 총독에 우가키 가즈시게 전전 육군 대장
	10.29	영왕과 이방자 사이에 차남 이구李玖가 태어난다. 이해에 김구의 지도 아래 일본인 요인을 저격하는 상해임시정부 직속의 '한인애국단' 결성
1932	1.8	한인애국단 이봉창, 도쿄 사쿠라다몬 밖에서 쇼와 천황의 마차에 폭탄을 던진다〈**도쿄의거**〉. 10월 10일에 사형(향년 32세)
	4.29	한인애국단 윤봉길, 상해 홍구 공원에서 천장절 겸 승전기념 축하기념행사 단상에 폭탄을 던진다. 상해파견군 사령관 시라카와 요시노리 등 6명이 사상〈**상해의거**〉. 총살형에 처해진다(향년 25세).
	5.15	일본 해군 청년장교 등이 반란을 일으켜 이누카이 쓰요시 수상 암살, 그 후 진압된다〈**5·15사건**〉.
	8.14	덕혜가 딸宗正惠 출산. 그 직후부터 병상이 악화되어 마쓰자와 병원에 입원
1933	2월	총독부, 좌익분자의 반전운동反戰運動 엄금 발표
	3.17	백정기, 상해 홍구 공원에서 중국 주재 일본 공사 아리요시 아키라를 저격하지만 실패. 무기징역으로 복역 중 1936년 5월 22일 옥사(향년 40세)
	5월	김구, 장개석과 남경에서 회담. 낙양군관학교에 조선인 훈련반 개설하는 데 합의
	7.15	경성~도쿄 간 직통전화 개통
	9.9	총독부, 정기간행물의 원고 검열을 교정쇄 검열로 개정

1934	3.1	의열단과 한국독립당, 남경에서 대일전선통일동맹대회를 연다.
	9.1	총독부, 남경제일고등보통학교 이하에 군사교련 실시
1935	4.20	총독부, 경복궁에서 조선산업박람회를 연다. 9월 각 학교에 신사참배 강요
1936	2.26	일본 육군 청년장교들이 쿠데타를 일으켜 사이토 마코토 내각의 대신 다카하시 고레기요高橋是清 등 살해, 그 후 진압된다〈**2·26사건**〉.
	8.5	우가키 총독이 사임. 제7대 총독에 미나미 지로 육군 대장
	8.9	베를린 올림픽 마라톤에서 조선인 일본 선수 손기정이 세계기록으로 우승
	8.25	〈동아일보〉올림픽 특집 기사에 손기정 선수 가슴의 일장기를 제거한 사진 게재. 이튿날 26일, 운동부 주임기자인 이길용이 체포된다. 〈동아일보〉는 무기한 정간처분을 받는다〈**일장기말살사건**〉.
1937	3.17	총독부, 일본어의 철저한 사용을 각 관서에 통달
	7.7	북경 근교의 노교구에서 중일 양군이 교전〈**중일전쟁**〉
	7.23	총독부, 각 도에 전시체제령을 발포한다.
	10.1	총독부, 황국신민의 맹세문을 제정해 전 국민에게 암기와 신사참배 강요
	12.23	총독부, 각 학교, 관공서, 직장에 천황의 초상화를 배포해 예배 강요
1938	2.26	조선군사령부, 특별지원병령 공포
	3.4	총독부, 개정조선교육령 공포. 중학교에서 필수였던 조선어

		를 선택과목으로 변경, 조선의 학교체계를 일본과 똑같이 만든다.
	5.5	일본에서 국가 총동원법 실시
1939	7.8	일본과 조선에서 국민징용령 공포, 실시
	11.10	총독부, 창씨개명을 정하는 조선민사령개정朝鮮民事令改正을 법제화해서 공포, 이듬해 2월 11일 실시
1940	8.10	〈조선일보〉, 〈동아일보〉가 폐간에 몰린다.
	10.16	총독부, 국민정신총동원조선연맹을 국민총력조선연맹으로 개조, 황국신민화운동 강화
1941	3.31	총독부, 초등학교의 조선어 학습을 전면적으로 폐지
	4.12	러일중립조약에 조인
	12.8	일본군, 하와이 진주만을 기습공격, 말레이반도에 상륙. 쇼와 천황이 미국을 비롯해 연합국에 선전포고 조칙〈**태평양전쟁(대동아전쟁)**〉. 전황은 초반에 일본군이 공격적이었지만 서서히 폐색이 농후해진다.
	12.10	상해임시정부, 대일선전성명을 주석 김구, 외무부장 조소앙 이름으로 포고
	12.26	중국 정부, 상해임시정부 원조를 정식으로 개시
1942	5.9	일본, 조선에서의 징병제 실시를 각의 결정
	5.29	미나미 총독이 사임. 제8대 총독에 고이소 구니아키小磯國昭 전 육군 대장
1943	3.1	조선에서 징병제 실시
	10.20	조선인 학도병제 실시
	11.27	연합국이 카이로 선언에 서명, 대일기본방침을 정한다.

1944	2.8	총동원법에 기초해 전면 징병을 실시〈**조선인강제연행문제**〉
	7.25	고이소 총독이 사임. 제9대 총독에 아베 노부유키 전 육군 대장. 7월부터 8월에 걸쳐 사이판, 테니안, 괌 각 전선에서 일본군 패퇴, 미군에 의한 일본 본토 공습이 본격화
	8.23	총독부, 여자정신대 근무령 공포, 실시〈**종군위안부문제**〉
	9월	여운형, 지하비밀단체 건국동맹 결성
1945	2.4	연합국 수뇌가 얄타에서 회담, 소련의 대일 참전과 한반도의 전후 처리에서 당면한 신탁통치 밀약
	4.1	미군, 오키나와 본도에 상륙〈**오키나와전**〉
	7.26	연합국이 포츠담선언, 일본에 무조건 항복 요구, 조선의 독립을 약속한다.
	8.6	미군, 히로시마에 우라늄형 원자폭탄 투하
	8.8	소련이 러일중립조약을 파기하고 일본에 선전포고. 소련군이 조선 북부에 상륙
	8.9	미군, 나가사키에 플루토늄형 원자폭탄 투하
	8.14	일본이 포츠담선언 수락 결정
	8.15	쇼와 천황이 종전을 알리는 육성 방송. 조선의 식민지 지배 끝난다〈**광복의 날**〉. 재일 외국인은 국적을 잃는다.
	8.16	여운형, 조선건국준비위원회를 발족시킨다.
	9.2	전함 미주리호에서 일본 정부가 항복 문서에 조인〈**제2차 세계대전 종결**〉
	9.6	미군, 서울에 진주. 조선 남부를 군정
	9.8	연합군사령관 존 호지 중장, 아베 총독이 서명한 조선의 통치이양문서를 받아들인다. 이달 김일성이 소련군을 동반하

		고 평양으로 들어와 조선 북부 지배
	10.16	이승만, 망명지 미국에서 서울로 돌아온다.
	11.23	김구 등 상해임시정부 요인이 서울로 돌아온다. 미국은 그 정통성을 인정하지 않는다.
1947	7.8	여운형, 폭한에게 습격받아 11일 뒤에 사망(향년 62세).
	10.22	이왕은과 이왕비 방자를 신적강하, 두 사람은 이은과 이방자로 각각 이름을 신고한다.
1948	8.15	대한민국이 수립. 초대 대통령에 이승만
	9.9	조선민주주의인민공화국이 수립. 초대 내각수상에 김일성
1949	6.26	김구, 자객에게 습격당해 사흘 뒤에 사망(향년 74세)
1950	6.25	한국전쟁 발발
1953	7.27	판문점에서 한국전쟁 휴전협정에 조인. 이해에 소 다케유키가 덕혜에게 합의이혼을 신청한다.
1955		다케유키와 덕혜의 이혼이 성립. 덕혜는 양씨로 환원
1956		다케유키와 덕혜의 딸 마사에가 행방불명이 된다.
1959	3.16	이은이 미국에서 뇌혈전으로 쓰러진다.
1961		이은이 뇌경색이 된다.
1962	1.16	양덕혜, 일항특별기로 28년 만에 귀국, 서울대부속병원에서의 입원 생활이 10년에 이른다.
1963	11.22	이은, 이방자와 함께 일항특별기로 56년 만에 귀국. 이은, 서울 성모병원에서의 입원 생활이 7년에 이른다.
1965	6.22	한일기본조약 및 부속협정에 조인. 병합조약을 무효로 하고 대한민국을 조선에서 유일한 합법 정부로 승인한다.
1970	5.1	이은, 성모병원에서 사망(향년 73세). 유체는 금곡 왕릉지의

		'영원'에 묻힌다.
1972		양덕혜, 창덕궁의 수강재로 옮겨진다.
1989	1.7	쇼와 천황 붕어(재위 63년, 보령 88세). 황태자 아키히토가 즉위, 헤이세이로 개원
	4.21	양덕혜, 수강재에서 사망(향년 77세). 유체는 금곡 왕릉지에 묻힌다.
	4.30	이방자, 창덕궁의 낙선재에서 사망(향년 89세). 유체는 이은이 잠든 '영원'에 합장된다.
1996	8.15	국립중앙박물관으로 사용하던 옛 조선총독부청사 철거
2010	8.29	일한병합 백 년을 맞는다.

해설: 1910년의 전철

나는 이 책에서 조선 왕조의 마지막 황제 순종이 일본과의 병합을 대한 국민에게 알리는 칙유勅諭를 처음 읽었다. 기시감既視感 있는 칙유다. 기시감은 프랑스어에서 유래된 말로 실제로는 한 번도 경험한 적 없지만 어디선가 체험한 것처럼 느껴지는 감각이다. 1945년 8월 15일 쇼와 천황이 일본 국민에게 종전을 알리는 조서와 유사하다. 끝머리의 "……너희 신민은 짐의 뜻을 지키도록 하라"까지 유사하다. 서로간의 경위는 다르지만 양쪽 모두 망국을 알리는 조서다. 1910년에 대한제국은 멸망했고 그로부터 햇수로 36년 뒤에 대일본제국이 멸망했다. 다른 점은 폐망한 이후 국민의 자세다. 일본의 패전 이후에 대해서는 일단 접어둔다. 한국에서는 망국에서 광복을 이루기까지 36년간이나 독립운동이 지속되었다. 조선 시대의 일본 배척 운동을 더하면 70년에 걸친 일본에 대한 저항이다. 한국의 근현대사는 일본에 대한 저항사이기도 한 것이다.

이 책의 전사前史를 이루는 《슬픈조선①》은 1875년 5월 일본 해군함 '운요'가 부산에 출현한 데서부터 시작한다. 일본은 메이지 신정부를 수립하자 곧바로 조선 정부에 그것을 통고함과 동시에 예전처럼 국교를 이어가고 싶다는 국서를 천황 이름으로 보냈다. 그런데 조선 정부에서 아무런 답변이 없자 메이지 신정부는 위협적인 행동을 했다. 조선 정부가 답변을 하지 않았던 것은 아니다. 국서의 정정을 요구하고 있었던 것이다. 이유는 ①권에 상세한데 서계書契 문제라고 한다.

"손에 넣기 쉬운 조선·만주·중국을 정복해 일본을 풍요롭게 하고……"

요시다 쇼인吉田松陰의 《유수록幽囚錄》에 나오는 이 말은 막부 말엽에 유신을 생각한 사람들에게 공통하는 이념이었다. 메이지 정부가 수립되기 10년 전에 개국을 했을 때, 일본은 열강과 참으로 불평등한 조약을 맺었다. 세계는 제국주의 전성시대였고 일본은 국토까지 잃지는 않았지만 경제적 수탈의 대상이 되었다. 그 조약으로 일본은 많은 것을 잃었다. 그것을 벌충하고 일본을 강국으로 만들기 위해 '뺏기 쉬운 조선'을 손에 넣어야 하는 것은 메이지 정부 창시자들에게는 이미 정해진 방침이었다. 아직 일본 국내가 통합되지 않은 시기다. 그들의 의식을 외국 출정으로 돌리는 효과도 있었다. 정한론征韓論이다.

당시의 조선은 완강하게 쇄국을 고수하고 있었다. 조선 왕조 26대 국왕 고종은 나이가 어렸기 때문에 친아버지 이하응李昰應이 섭정이 되어 통치를 했다. 그는 조선 왕조 말기의 정치적 부패를 바로잡아 민생을 어느 정도 안정시키고 있었다. 그러나 그는 서양과의 통상과 수교를 거부하는 철저한 양이론자였다. 일본의 국서가 도착하기 전에는 천주교를 탄압했고 프랑스와 미국의 노략질을 격퇴시켰다. 그리고 외국과 화친하는 것은 곧 나라를 팔아먹는 짓이라는 '척화비'를 나라의 각지에 세우게 했다.

그렇게 완강했던 대원군도 유생들의 탄핵과 민비 일족과의 권력다툼으로 1873년에 정치에서 물러나게 된다. 그것을 노린 일본의 '운요'가 부산만에 출현해 시위를 한 것이다. 그때는 항구 안쪽을 이리저리 배회하면서 위협의 호포號砲만 쏘고 돌아왔지만 4개월 뒤에는 다시 강화도에 나타났다. 강화도는 한성 방위의 요충지다. 그곳에는 프랑스 함대와 미국 함대를 격퇴시킨 72문에서 100문이 넘는 수비 포대가 있다. '운요'는 강화도 초지진 포대를 포격으로 파괴한 뒤 남쪽 인근에 위치한 영종도에 상륙, 지상전에서 조선군 수비대에 큰 피해를 입혔다. 그리고 그 사건의 책임이 조선에 있다고 하면서 구로다 기요타카黑田淸隆와 이노우에 가오루井上馨라는 메이지 정부의 중진이 6척의 군함을 이끌고 강화도로 가서 개국을 밀어붙였다. 20년 전 일본에 개국을 밀어붙였던 미국 '페리호'의 방법을 답습하고 있는 듯하다.

이때 맺어진 '강화도조약'은 일본이 미국에게 피해를 입은 불평등 조약 이상으로 불평등한 조약이었다. 물론 치외 법권은 조선에서 일본 외교관의 통행은 자유이고, 무역은 무관세이며, 게다가 일본 화폐의 유통도 가능케 하고 있었다. 이를 토대로 먼저 일본의 제일은행이 부산에 지점을 개설해 조선에서 산출되는 금을 매수했다. 그 본질은 일본이 불평등 조약으로 잃은 것을 벌충하는 데 있었다. 청일전쟁 직전까지 일본이 수입한 금의 68%가 조선에서 들어온 것이었다.

일본이 가장 욕심을 부렸던 것은 쌀이다. 싱싱한 벼이삭의 나라 일본은 간신히 쌀을 자급했었는데, 흉작이 되자 갑자기 기아에 빠져버렸다. 가깝게는 덴포 대기근이 있었다. 일본과 동질의 쌀을 생산하는 조선을 어떻게 해서라도 확보해두고 싶었던 것이다. 쌀값도 일본의 삼분의 일 정도로 쌌다. 그래서 개국으로 조선에 건너간 일본인들은 대부분 쌀을 매점하느라 분주했다. 메이지 정부도 그것을 장려했다. 일본인이 여기저기 돌아다니며 쌀을 사들이니 조선 정부는 방곡령을 발표할 정도였다. 조선이라고 쌀이 남아돌지 않았다.

 이 시기에 조선을 노리고 있던 나라는 일본만이 아니었다. 조일수호조규가 맺어지자 미국과 유럽 열강이 서서히 들어왔다. 청나라도 예부터의 종주국으로서 가만히 있지 않았다. 청나라 자체가 아편전쟁에 이어지는 제2차 아편전쟁으로 식민지화되어 있던 때다. 말하자면 조선을 식민지의 식민지로 만들려고 하고 있었다.
 이런 외세에 대응하는 조선 정부는 너무 치졸했다. 아니, 대응 능력이 없었다. 민씨 일족의 세도정치는 자신들의 이익과 보신밖에 생각하지 않았다. 외우만은 아니다. 세도정치의 폐해는 지방 관리에게까지 미쳐 민중은 탐관오리의 수탈에 놀아나고 있었다. 그 악정으로 가장 괴로워했던 것은 농민들이었다.
 이 위기적 상황에 대응한 것은 관직을 갖지 않은 유생들과 근대적 지식을 몸에 지니고 정치를 쇄신하려고 한 개화파 지식인들이었다. 유생들은 국왕에게 상소하는 정도만 했지만 개화파는 일본에 기대어 세도정치를 무너뜨리려고 했다. 그러나 개화파의 계획은 실패했고 주모자는 일본과 미국으로 망명했다. 그중 한 사람 김옥균金玉均은 살해되어 버린다. 갑신정변으로 일어난 일이다. 조선의 대지에 뿌리를 두고 일어난 것은 농민들이었다. 동학농민군이다. 최근 한국 사학계에서는 동학농민혁명이라는 평가가 정착되어 가고 있다.

19세기 조선은 민란의 시대라고 칭할 정도로 각지에서 민란이 빈발했다. 유명한 1812년의 홍경래洪景來의 난을 비롯해 40차례가 넘는 농민 봉기가 있었다. 특히 세기말에 집중되어 있었다. 그중에서도 1894년에 일어난 동학농민 봉기는 최대 규모였다.

동학이란 19세기 중엽에 흥한 민간 신앙이다. 최재우崔濟愚라는 몰락한 양반이 조선의 전 국토를 방랑하면서 유儒, 불佛, 선仙 수행을 거듭해 제세구민濟世救民의 교리를 이루었다. 모든 사람은 자신에게 하늘님이 내재되어 있다는 평등사상과 보국안민의 애국정신, 가까운 미래에 지상낙원이 실현된다는 유토피아 사상이다. 유학을 국시로 삼는 조선 국왕은 동학을 이단으로 금하고 교조를 처형했다. 하지만 2대 교주인 최시형崔時亨이 교리를 체계화해서 보급하는 일에 힘썼다. 그 결과 동학은 조선 인구의 과반을 차지하는 전라도, 경상도, 충청도의 삼남지방에 전파되었고 삽시간에 조선팔도로 퍼졌다. 동학이 이렇듯 빠른 속도로 전파된 것은 뿌리 깊은 토속적이고도 민간 신앙적인 요소가 농후했기 때문일 것이다. 덧붙여 말하면 매우 조선적인 신앙이었기 때문이다.

조선적이란 긴 역사 속에서 자연스레 배양된 다양한 특성이라고 할 수 있지 않을까? 아침 해가 산뜻한 땅을 의미하는 조선이라는 이름은 이미 서기전부터 있었던 듯한데, 나라 이름이 된 것은 고려의 장군 이성계李成桂가 고려 왕조를 무너뜨리고 1392년에 이씨 왕조를 수립한 뒤 국호를 조선이라고 했기 때문이다. 그로부터 오백 년이나 이어지고 있는 조선 왕조는 유교를 국시로 삼고 청나라를 종주국으로 우러르는 매우 수구적인 국가였지만, 그럼에도 오랜 세월 동안 그 속에서 조선 고유의 문화와 산업이 발달했다. 한글이라는 문자가 창제되고, 세계에서 가장 빠른 금속활자가 만들어지고, 조선 풍토에 적합한 독자적인 농사법도 확립되었다. 교조적으로 되기 마련인, 아니 교조화되고 있던 유학에서는 조선 실학이 피어난다.

조선 실학을 집대성한 다산 정약용丁若鏞은 오백 권이 넘는 저작을 남겼다. 그 중에는 토목 공사와 농서도 포함되어 있고 토지 제도도 고찰되어 있다. 허준許浚은 유명한 《동의보감東醫寶鑑》을 완성한다. 조선적인 문화가 결실을 맺은 시대라고 할 수 있을 것이다. 민중 생활에서도 식생활에서 생활 규범에 이르기까지 조선적인 것들이 성숙해졌다. 조선 왕조가 윤리 규범으로 삼은 유교 도덕이 스며들긴 했지만 민중의 마음을 떠받쳤던 것은 토속적인 민간 신앙이었다. 유교에 고려 시대부터 이어져온 불교, 그보다 더 오래전부터 이어져온 토속 신앙이 결합된 매우 조선적인 것이 뿌리내려 있었다.

예를 들면 '사주팔자'다. '사주'는 일본의 사주추명四柱推命, 생년월일과 시간을 말한다. '팔자'는 사주의 간지가 되는 조선의 여덟 글자로 운명을 의미한다. (이를테면 여덟 글자는 '갑자년, 무진월, 임신일, 갑인시'에 태어난 경우, '갑자, 무진, 임신, 갑인'을 가리킨다.) 지금도 중년들은 괴로운 일이 있으면 '팔자다'라고 말하는데, 이는 운명에 만족한다는 뜻이 아니다. 운명을 타개할 생의 에너지를 말하는 것이다. 19세기 말 동학농민군으로 집결한, 십만 혹은 수십만이라고도 일컬어지는 농민과 천민[조선 왕조 말기에는 국민의 10%를 훨씬 넘는 노비와 토지를 잃은 부랑민이 있었음]은 팔자를 타개하기 위해 봉기한 것이다.

조선에는 《정감록鄭鑑錄》이라는 기이한 책이 있다. 그 책에 나오는 많은 예언이 조선 민중에게 전해지고 있었다. 거기에는 이씨 왕조 멸망의 날이 다가오고 있음이 쓰여 있다는 이야기도 민간에 퍼져 있었다. 그런 매우 조선적인 전승에 희망을 거는 사람들이 동학농민군의 기치 아래 모여들었던 것이다.

그들을 전투 집단으로 육성한 사람은 전봉준이라는 동학조직 속에서도 신앙에는 그다지 열심이지 않은 지도자였다. 그는 동학 신자들을 전투 집단으로 조직해 1차 봉기에서는 농민을 괴롭히는 정부군과 싸웠고, 2차 봉기에서는 조선을 침략하는 일본군과 싸웠다. 그 전투는 ①권에 생생하게 묘사되어 있다. 여기서 말하고 싶은 것은 동학농민군을 철저하게 괴멸시킨 것이 일본 군대였다는 점이다. 이 내용은 일본 근현대사에 거의 서술되어 있지 않다.

일본은 메이지 초부터 조선의 식민지화를 목표로 하고 있었다. 최대의 장애는 약해진 왕조 정부가 아니라 종주국으로 조선을 지배하려 하고 있던 청나라와 조선 민중의 격렬한 저항이었다. 일본은 착실히 준비해 1894년에 일으킨 청일전쟁에서는 승리를 거두었다. 그러나 민중의 저항, 즉 동학농민군과의 싸움은 도무지 수습되지 않았다. 일본 군부는 이런 저항을 상정하고 있었던 듯하다. 또는 식민지로 삼았을 때의 저항 세력을 철저하게 배제해두려고 했을지도 모른다.

"동학당(동학농민군)에 대한 처치는 엄격함과 격렬함을 요한다. 향후 모조리 살육할지어다."

이 명령은 청일전쟁으로부터 약 3개월 지난 10월 27일 참모본부 차장 가와카미 소로쿠川上操六 중장이 했다. 그는 실질적인 참모총장이며, 전쟁 전에 조선과 청나라를 현지 조사해 작전을 입안하고 지도한 인물이다. 이 명령으로 농민군은 3만에서 5만에 이르는 희생자를 냈다. 아직 그 수를 정확히 알 수는 없지만 훗날의 여순 학살 사건보다 훨씬 많았던 것은 확실하다.

가타노 쓰기오의 이 책을 통독하면서 절실히 느낀 것은 조선인의 끈기였다. 저자는 조선인의 성격이 격하다고 말한다. 일본의 식민지가 되어도 조선의 독립운동은 격렬해질 뿐이었다. 긴 역사 속에서 거듭되는 외적의 침입을 받고도 그때마다 민중의 힘으로 싸워서 독자적인 문화를 구축해온 전통이 있었기 때문이리라.

지금 일본에서는 1910년의 일한병합 백 년을 각계에서 검증하는 움직임이 활발한데, 메이지 초기로 거슬러 올라가 새롭게 검증해야 한다고 생각한다.

한일 근현대사 작가
가와타 히로시河田宏

대담: 베일을 벗은 또 하나의 역사

신기수 (영화문화협회 대표)
가타노 쓰기오 (작가)
종합월간지 《지식》 1991년 8월호

금기시된 주제로의 도전

― 조선통신사나 강제연행 등 일본사에서 묻혀 있던 조선과의 관계사를 발굴해온 입장에서 신 선생님은 《조선멸망》 연재를 어떻게 읽었습니까?

신기수 《조선멸망》은 가타노 쓰기오 씨가 한반도에 눌러앉아 쓴 한일 근대사인데 일본만이 아니라 한국에도 자극을 줬다고 생각합니다.

근대 이전의 오랜 선린 관계에 대한 빛의 부분은 최근 잘 발굴되어 특히 아메노모리 호슈雨森芳洲 같은 사상가를 축으로 조금씩 알려지게 되었습니다. 그에 비하면 메이지 유신 이후 소위 정한론을 방패삼아 조선으로 진출해가는 과정, 에도 시대의 조선과 일본의 우호적 역사가 암전暗轉해가는 과정을 사실적으로 묘사한 것은 획기적인 일입니다.

가타노 계기가 된 것은 신기수 씨가 1987년에 노동경제사에서 출간한 《영상이 말하는 일한병합사》였습니다. 그것을 보고 멋진 사진이다. 거기에 글이 없다는 것이 나의 착안점이었습니다.(웃음)

신기수 교과서 문제 이후 문부성 장관이나 다른 국무 장관의 실언에 묻어 나오는 말에서 전쟁 이전의 교육을 받은 사람들 대부분은 사상이 바뀌지 않고 있음을 느꼈고, 이유가 뭔지 밝혀봐야겠다고 생각한 것이 그 사진집을 출간하게 된 하나의 동기였습니다. 일한병합을 정당화하고 아무런 반성도 하지 않는다면 일본이 남긴 사진을 축으로 그 과정을 영상으로 묶어보려고 생각한 것입니다.

가타노 '영상이 말하다'라는 것이 좋았어요. 나는 그것을 보고 어떻게든 쓰고 싶어졌어요. 이 연재를 시작하기 전에 신 선생님에게 감사드리러 갔었는데, 일본인이기 때문에 말씀드리면 이 주제는 금기시됩니다. 그것을 굳이 하고 싶었습니다.

신기수 특히 좋은 것은 역사의 큰 흐름을 잡을 수 있다는 점입니다. 역사학자가 글을 쓰면 처음부터 세세한 부분으로 들어가는 경향이 있습니다. 그런데 자료는 어떻게 모았습니까?

가타노 대부분 되는대로 모았는데요, 한국 친구들에게 많은 도움을 받았습니다. 에도 시대의 조일 우호가 메이지 시대에 접어들어 반전되는 양상을 사실적으로 다루기 위해 먼저 조약을 꼼꼼히 읽었습니다. 강화도조약부터 제물포조약, 한일의정서, 을사조약, 정미7조약, 일한병합조약 순으로 읽었습니다. 그랬더니 병합에 이르는 틀이 이해되기 시작했습니다.

강화도조약에서는 '조선은 자주의 나라다……'라고 했습니다. 이미 독립국이었던 조선을 일부러 그렇게 말한 것은 종속관계에 있던 청나라와의 관계를 끊어버리려 했기 때문입니다. 관계를 끊어버린 뒤에는 국왕인 고종에게 권력을 집중시켜 국내 개조를 진행했습니다. 조약문을 읽다보니까 일본의 의도가 보이더군요. 그것이 마지막으로 일한병합이 됩니다.

병합 이후에 조선을 완전히 멸망시키기 위해 국토를 빼앗고, 교육을 빼앗고, 종교를 빼앗고, 역사를 빼앗고, 이름을 빼앗고, 목숨을 빼앗는 데까지 갑니다. 이런 말을 하면 사람들은 설마하고 놀랐는데요, 사실 있었습니다.

신기수 나도 강화도조약의 원문을 본 적이 있는데요, 구로다 기요타카와 이노우에 가오루가 틀림없다고 큰 보증을 합니다. 20원에 샀다는 섬의 관청 지도까지 첨부하고 있었습니다.

가타노 외교적으로 조선은 후진국이었기 때문에 조약문의 중요한 내용에 대해서는 이의를 제기하지 못하고 일본이 대일본국이라면 조선도 대조선국으로 해야 한다고 말합니다. 조약문에 감추어져 있는 일본의 의도를 제대로 읽을 수 없었던 것입니다. 뭔가 사건이 발생해 일본인이 피해를 입으면 그것을 구실삼아 일본은 조선을 과대하게 양보하게 해서 조약 맺기를 되풀이했습니다. 제물포조약에는 '일본군 병사를 약간 명 주둔시킨다'라는 문구가 있습니다. 조선에서는 기껏해야 200~300명 정도라고 생각했는데, 일본에서는 3,000명이라고 생각하는 식입니다. '약간'이라는 표현에 의도가 있는 것입니다.

신기수 분명 조약문을 작성할 때 당시 일본 외교의 지혜를 모았습니다. 일한병합조약안을 작성한 구라스 데쓰키치 정무국장의 글을 봐도 한눈에 합법적인 합의에 기초한 조약이라고는 보이지 않았습니다. 자극적이지 않은 용어 '병합'을 사용한 것은 귀에 거슬리게 들리는 말을 부드럽게 바꾸어놓은 전형입니다. 평론가 가토 슈이치加藤周

―는 이 바꾸어놓음을 영어로 유퍼미즘euphemism이라고 소개했습니다. 굳이 해석하면 완곡한 표현이라고 할 수 있겠지요. 일본의 특성이에요. 전후에는 점령군을 '진주군'이라고 말한 것과 같습니다.

가타노 병합 이후에도 식민지라는 말은 사용하지 않습니다. 식민지는 금지된 글귀이고, '내지內地' '외지外地'라고 말했습니다. 일본어는 '국어', 국기는 '태양을 본뜬 붉은 동그라미'입니다. 이것은 당시의 조선 사람들에게는 참을 수 없는 일이었습니다.

신기수 데라우치 마사다케는 병합 이후의 훈시에서 '한국이라고 말하지 말고 조선이라고 말한다'라고 하면서, 조선朝鮮에서 조朝를 날려버리고 단순히 선鮮으로 표현했습니다. '선인鮮人' '내선內鮮'이라는 표현법입니다.

― 일본이 군국주의가 된 것은 러일전쟁에 승리했기 때문이라는 견해가 있는데요, 훨씬 이전 단계에서의 선택에 원인이 있다고 할 수 있습니까?

신기수 1883년 일본 지폐에 신공황후가 등장했고, 그로부터 5년 뒤에는 도쿄대에 국사과가 만들어졌습니다. 그곳에서 고대부터 조선은 일본 아래의 나라였다는 연구를 시작합니다. 조선에 대한 멸시가 학문이라는 치장을 하고 나타났습니다. 학교교육령이 발령되고 새로운 교육 체제에서 에도 시대를 부정하는 교육이 시작된 것입니다. 그런 상태의 교육을 받은 사람들이 청일전쟁과 러일전쟁을 했습니다.

가타노 일본이라는 나라가 점점 비정상적으로 흘러가는 과정이네요. 특히 명성황후 암살 주모자들이 일본으로 돌아왔을 때 신바시역에 환영 인파가 몰려들었습니다. 상식적으로는 생각할 수 없는 일입니다. 한 나라의 왕비를 살해하고 그 하수인이 엉터리 재판에서 무죄로 석방된 것을 만세 만세로 맞았으니까요.

신기수 겨우 20년 정도 사이에 교육에서 그렇게까지 바뀐 것은 놀랄 만한 일입니다.

가타노 당시의 메이지 정부에는 시나리오가 머릿속에 전부 들어 있었던 것이지요. 그 시나리오대로 일을 진행하고 있었습니다. 대동아전쟁이 종결되고 일제 36년이 끝나자 파산되었다고 생각했습니다. 정말 파산된 거 맞아, 하는 마음으로 《조선멸망》을 썼습니다.

― 일한병합에 이르는 시나리오를 쓴 주요 인물로 어떤 사람을 거론할 수 있습니까?

가타노 먼저 천황의 존재가 중요합니다. 그다지 기록은 남아 있지 않습니다. 그때그때마다 천황은 명확한 정책 판단을 하고 있었던 듯합니다. 안중근은 그것을 알고 있었습니다. 천황의 칙어를 제일 많이 낸 사람은 이토 히로부미입니다. 천황에게 달라붙어 자신이 하고 싶은 말을 전부 대신 하게 했습니다.

신기수 어린 메이지 천황에게 히데요시 현창 지시서, 명령서를 낸 것은 기도 다카요시木戶孝充입니다. 도바·후시미 전쟁(1868.1.27~30)이 일어나고 삿초렌다니의 승리가 보이자, 에도 시대 조선과의 선린 관계를 부정하는 히데요시 현창을 건의한 것입니다. 오사카로 간 메이시 선왕은 보신 선쟁(1868~1869)이 한장일 때 신기국神祇局과 오사카 재판소에 히데요시 현창 지시서를 제출했습니다.

메이지 천황은 히데요시도 좌절했던 조선 침략의 꿈을 거의 실현했던 시점에서도 황태자[훗날 다이쇼 천황]가 조선을 방문하는 데에는 격렬한 의병투쟁을 두려워해 찬성하지 않았는데요, 이토 히로부미가 억지로 데리고 갔습니다. 이토 히로부미에게는 자신이 만든 시나리오가 있었기 때문입니다. 그리고 의병이 습격할 수 있다는 구실을 내세워 한성의 성벽을 거의 (절반이나) 무너뜨렸습니다.

가타노 그런 점에서 이토 히로부미는 훌륭한 실천가였는지도 모릅니다. 천황을 움직이게 하는 능력은 누구보다 뛰어났습니다.

신기수 천황도 국제 여론을 알고 여러 융화책을 냈지만, 결국 어느 천황도 조선에 발을 들여놓을 수 없었습니다.

가타노 모처럼 자신의 식민지로 삼은 것이기 때문에 보통이라면 행차했겠지만……

신기수 1931년 사이토 마코토의 후임으로 총독이 되어 조선에 부임한 우가키 가즈시게가 궁중에 들어가자, 쇼와 천황은 "조선인에게 모욕적인 언동을 하는 사람이 많다고 하던데, 못된 짓이다"라는 하문이 있습니다. 어쩌면 그는 일본인의 우위는 당연하지만 자신은 부하에게 모멸적인 말은 하지 않는다고 가르치고 있는 것이지요.

한일 역사인식의 차이

신기수 책을 읽고 사무치게 느낀 것은 한국에는 널리 알려져 있는 일이 일본에는 거의 알려져 있지 않다는 점입니다. 그 부분을 상당히 신경 써 쓰셨습니다. 상해임시정부나 의열단 활동은 일본에서는 불온하고 불량한 조선인의 임시정부라든가 테러리스트로 취급받았습니다.

또 일본에 있던 조선인 유학생들이 도쿄 간다의 조선기독교청년회관에서 2·8독립선언을 했고, 그것이 한국에서 3·1독립운동의 선구가 되었다는 사실을 상세하게 서술한 점은 좋게 평가할 일입니다. 그 6년 전인 1913년부터 일본에 와 있던 조선인들을 모두 관리하에 두려고 아직 재일조선인이 2,000명에도 미치지 못하고 있을 때, 내무성은 각 부현청府縣廳에 극비로 "조선인 식별에 관한 통달"을 보냈습니다. 관동대지진 때에는 이 통달이 효력을 발휘해 (일본어의) 탁음이 잘 발음되지 않는 조선인들이 살해된 것입니다.

가타노 학생이라고 해도 지적인 리더라고 두려워한 것입니다.

신기수 1916년부터는 조선인을 '갑을'로 구분해서 갑에 해당하는 학생은 24시간 내내 형사가 미행했습니다. 그렇게 엄격히 관리했음에도 독립운동을 억누를 수 없었습니다.

가타노 고종은 매우 우매한 황제였다고 말하는 사람이 있는데요, 나는 그렇게 생각하지 않습니다. 자신의 나랏일을 잘 생각하고 있었습니다. 자국의 문화가 사라지는 것에 분을 느끼고 있었습니다. 그 증거가 헤이그 특사 사건이고 워싱턴 밀사 사건입니다. 황제 자신이 밀사를 파견한다는 것은 거꾸로 말하면 꼼짝달싹 못하게 되어 있었기 때문입니다.

총독으로 승진하는 인물은 역대 육군대신이었고, 데라우치 마사다케, 하세가와 요시미치까지는 '무단정치'입니다. 1919년 3·1독립운동 이후 처음 해군대신 사이토 마코토가 등장합니다. 그것은 한편에서는 일본이 얼마나 시달리면서 조선을 통치했는지를 보여주는 발로입니다.

신기수 사이토 마코토가 (조선에 총독으로) 갈 때까지는 아무도 갈 사람이 없었으니까요. 그는 영어로 일기를 쓰고 있었을 만큼 소프트하고 선진적인 사람이었습니다. 내가 쇼와에 접어든 이후의 조선에 관한 사진을 많이 모은 것은 사이토 마코토의 집이었습니다. 이와테현 미즈사와 사람들이나 미야기현 센다이 사람들이 말하기로는 일본의 헌정이 어려웠을 때는 언제나 보신 전쟁에 패배한 이와테 사람들이 등장한다.(웃음) 사이토 마코토도 정말 그렇습니다. 식민지 통치가 큰 핀치에 몰렸을 때 하라 다카시의 말을 듣고 나갑니다. 하라 다카시도 이와테현 모리오카 사람입니다.

가타노 조슈벌은 보신 전쟁에서도 쳐들어가기만 했으니까요…….

― 후쿠자와 유키치의 평가가 한국과 일본에서는 매우 엇갈리고 있습니다. 처음에 그는 조선의 근대화에 꽤 도움을 주었고, 개혁파 학생들을 게이오기주쿠에 유학시키기도 했습니다. 그런데 갑신정변으로 쿠데타에 실패하자 손바닥 뒤집듯 탈아론으로 전향했는데요. 어떻게 생각하십니까?

가타노 후쿠자와 유키치는 양면성이 강한 사람으로 탈아론 때는 이미 그 속이 드러났습니다. 이노우에 가쿠고로 등을 이용해 개혁파를 응원했을 때는 인쇄기나 무기까지 들려서 조선에 보냈으니까, 그것도 당시 일본 정부가 어디엔가 영향력을 미치고 있었던 부분이 있습니다.

신기수 후쿠자와 유키치가 뒤에서 밀어준 김옥균 등 개화파가 실패한 이후, 그 루트를 통한 일본의 영향력을 미치는 것이 별 볼일 없다고 여겨지자 손바닥 뒤집듯 취급했습니다. '조선은 나쁜 친구다'라고까지 말했습니다. 그는 게이오기주쿠에서 공부한 유길준이 빌려간 돈을 돌려주지 않는다고 고이즈미 신조小泉信三에게 까발렸습니다.

조선의 선비 사회에서는 친한 사이에 빌려준 돈은 여유 있을 때 갚으면 된다는 바가 있었고, (그래서) 임차 관계의 애매함, 토지 경계의 애매함 등이 일본에 파고들 수 있는 틈이 있었던 것이겠지요.

― 조선의 문제로는 어떤 것이 있었습니까?

신기수 조선의 경우는 허학화虛學化된 주자학 오직 한 가지였습니다. 개명적인 학자는 북경에서 한문으로 번역 간행된 서양 학문을 소개하기도 했었는데요, 그들은 늘 소수파이고 과격파로 터부시되어 국왕 정조 등도 그것을 배척했습니다. 일본에서 난학蘭學(에도시대의 네덜란드를 통해 일본에 유입된 서양학문)이 흥륭했던 것과는 큰 차이입니다.

가타노 서학과 양학에 눈을 돌린 사람도 제법 많았습니다. 정다산丁茶山은 대표적입니다. 일본이 대응 방법을 계속 유지해서 이후에도 10회 정도 통신사를 받아들였다면, 조선도 한성까지 들어오라고 하지 않았을까요?

― 대원군과 가스 가이슈勝海舟는 교류가 있었고, 1873년에 사이고 다카모리西鄕隆盛가 일본의 대표 사절로 조선에 갔더라면 대원군과 대화했을 것이라는 설도 있는데요?

가타노 조선과 오랜 외교 관계가 있었던 쓰시마의 소가宗家로부터 메이지 정부는 대표권을 빼앗아버렸습니다. 한반도 사람들은 인간 권계가 쌓이는 것을 소중하게 생각했기 때문에 조선 외교는 소가가 잇게 해야 했습니다.

그 이상으로 부산항의 '운요' 발포 사건이나 강화도 사건으로 인해 다른 시나리오가 시작된 것입니다.

― 요시다 쇼인의 사상이 기도 다카요시, 이토 히로부미로 이어졌다는 설은 어떻습니까?

신기수 요시다 쇼인은 존황정한尊皇征韓 사상을 갖고 있었습니다. 그래서 독자적인 내셔널리즘으로 에도 시대의 우호적 역사를 무시하고 조선을 멸시합니다. 만주, 조선, 중국을 정복해 미국과의 불평등 조약에서 잃은 것을 보상받으려는 생각은 기도 다카요시, 오쿠보 도시미치大久保利通, 이토 히로부미 등으로 이어지고 있습니다. 항상 약자를 향해 공격하는 발상입니다. 그것이 무단정치 방식인데 3·1독립운동으로 좌절되었습니다.

― 일본은 국내에 머물 수 없었을까요?

신기수 그 왕성한 영토욕을 보고 있으면 가능성은 없었습니다. 도요토미 히데요시의 행위가 단적으로 그것을 말해줍니다. 상대는 생각하지 않고 자신의 입장에서 막 나가버린 것입니다.

단절된 조선통신사 역사

― 조선통신사를 만난 일본인은 어떤 인상을 받았습니까?

가타노 히로시마의 도노모우라에 있는 통신사 숙소였던 다이초로對潮樓에는 정사正使의 아들이 쓴 큰 편액이 남아 있습니다. 20세 정도의 청년이 쓴 글씨라고는 믿기지 않을 만큼 훌륭하고 큰 글씨입니다. 그 글씨를 쓰는 것을 보고 있었던 사람들은 놀랐을 것임에 틀림없습니다. 문화적인 차이가 역력했습니다.

― 통신사를 어떻게 맞이할 것인지를 두고 아라이 하쿠세키新井白石와 아메노모리 호슈가 대립했는데요?

신기수 아라이 하쿠세키는 이면 외교의 전형으로, 외교는 상대의 입장을 생각해주는 것인데도 이론적으로 옳다고 해서 무리하게 밀어붙여 관철하려고 했습니다. 결국에는 일과성이 되어 버렸는데요, 반감만 남았습니다. 그러나 아라이 하쿠세키도 개인적으로는 정사인 조대억趙大億에게 친근감을 갖고 있었습니다. 앞 회의 통신사에게는 자신의 시집에 서문을 받는 일로, 국제적으로 인정받는 학자로 세상에 태어났습니다.

1719년 통신사 접대는 전례와 상대국을 무시한 억지 방법으로 일관한 아라이 하쿠세키인데요, 그는 수개월 간의 마음고생으로 백발이 된 조대억에게 '유생의 옷을 가지고 있지만 복건副巾(冠)이 없어서 그런데 빌리고 싶습니다. 보고 만들고 싶어서요'라고 제안했습니다. 조대억은 자신의 옷을 벗어서 선물했습니다. 아라이 하쿠세키는 친구의 선물에 감사했습니다. 그런데 1719년 제술관 신유한申維翰은 아메노모리 호슈와의 마지막 결별하는 선물로 자청해서 복건을 선물했습니다. 이것이야말로 진짜 친구의 선물입니다. 이 복건은 시가현 호슈안芳洲庵에 보존되어 있습니다. 아메노모리 호슈는 뜻밖의 선물을 여러 겹으로 잘 싸서 귀중하게 오늘날까지 전하고 있습니다.

가타노 나는 아라이 하쿠세키 자신이 문화적으로 그것을 감당할 수 없다고 느꼈던 게 아닌가 하는 생각이 듭니다. 그런데 아라이 하쿠세키는 그것을 솔직하게 나타내지 않는 사람입니다. 그는 아메노모리 호슈만큼 조선 문화의 토양을 알지 못했으니까 아무래도 특별히 목적하는 데가 있었습니다.

신기수 백과전서식 지식과 조선에 가서 실제로 말을 배우고 피부로 접해봤다는 축적의 차이겠지요. 아메노모리 호슈와 비교하면 아라이 하쿠세키는 술 마실 줄 몰랐던 것이 약점이 아니었을까 하는 생각이 듭니다.(웃음)

가타노 야마나시와 에도밖에 몰랐던 아라이 하쿠세키에게 조선은 별천지였겠지요.

신기수 에도 시대의 일반적인 서민이나 무사의 조선관을 알 수 있는 단서를 찾아보면, 당시의 무사나 도회지 사람들이 사용하고 있던 목각 의장인형 중에서 제일 품격이 높은 것이 교토의 차아인형嵯峨人形인 당자唐子, 통신사 인형이었습니다. 지금은 350만 엔 정도의 값이 매겨져 있습니다. 배를 타고 있는 78명으로 구성된 악대를 상아로 만든 당자인형이 450만 엔이었습니다. 에도 중기에는 생활도 화려했고 대중문화가 활발했었기 때문이겠지요. 고가의 의장인형을 가질 수 없는 농민들을 위해서는 흙 인형이 대량으로 만들어졌습니다.

가타노 교토의 판목 제작자나 인쇄상이 사전에 쓰시마 번을 조사하러 갔다가 정사正使와 부사副使, 종사관從事官 이름을 알아 와서 목판으로 찍어낸 인쇄물을 팔았다는 데는 놀랐습니다. 행렬을 기다리고 있던 사람들은 그것을 보고 이번에 오는 정사가 누구인지 모두 알고 있었습니다. 지금으로 말하면 미국 대통령 일행을 맞이하는 것과 같은 것이지요.

신기수 그런 정보는 쓰시마와 교토, 에도가 서로 교환하고 있었습니다. 그림의 원형은 이전의 도안이 남아 있으니까요.

가타노 신씨가 소장하고 있는 귀인이 타는 배[오사카에서 도쿄까지 오가는 하항 여행에 사용] 그림은 호화로운 것입니다.

— 하쿠세키는 통신사 접대비가 너무 높다고 생각했던 것 같은데요?

신기수 쓰시마 번에게 매년 보내는 물품만 해도 경상도 생산고의 절반에 해당했습니다. 아라이 하쿠세키는 통신사 접대에 100만 냥을 사용했다는 문구가 있는데, 조선에서는 쓰시마 번에게만 90만 냥을 사용했습니다. 아메노모리 호슈는 그것을 잘 알고 있었습니다. 조선은 동아시아의 평화를 위해서라면 그 정도 투자는 감수해야 한다고 생각하고 있었던 것입니다.

가타노 12회 중 1회만 명목이 형편없었습니다. 국서를 개서하는 야나가와 사건 때입니다. 국내가 혼란했기 때문에 도리가 없어 돌아올 수밖에 없었습니다. 그때는 닛코토쇼구까지 줄지어 갔습니다.

신기수 가노 우단유狩野探幽의 〈도쇼구엔기에마키東照宮緣起繪卷〉에 닛코에 왔던 통신사가 그려져 있습니다. 이에미쓰家光의 일대기적 〈에도즈뵤부江戶圖屛風〉의 중심도 조선통신사입니다. 교토의 〈라쿠추라쿠가이즈洛中洛外圖〉에도 통신사가 그려져 있습니다. 막번 체제를 다져가는 데 필요했기 때문에 1607년 게이초 연간부터 빈번해졌고 10~13년 만에 왔습니다. 막부는 통신사 효과를 최대로 활용한 것이지요.

가타노 국내에서 처리할 수 없는 문제가 발생하면 통신사로 와달라고 한 것입니다.

신기수 겐로쿠 시대(1688~1704)에는 문화가 활발해지기 때문에 얼마나 좋은 글씨를 쓸까, 한시의 능력은 어떨까 하는 것이 관심의 대상이 됩니다. 통신사는 12회째에 끝나는데요, 마지막 통신사로부터 35년쯤 뒤 오사카까지 통신사를 맞이하려 한다는 말이 있고, 교토의 출판사가 빠르게 목판본 에마키繪卷(설명문이 곁들여 있는 그림 두루마리)를 인쇄해서 제13회째 통신사 타이틀로 판매했습니다.

가타노 그것을 메이지 유신 이후에도 계승했어야 했네요. 그런데 최근에는 전국 각지에서 통신사 사적 발굴이 활발하네요.

신기수 올가을 히로시마의 시모카모가리섬에는 통신사 자료관이 생깁니다. 가미노세키에서 옛날 건물을 구입해 와서 재건합니다. 금년 12월경에 만들어질 예정입니다. 그리고 세토나이해에서 선상 심포지엄을 열 예정입니다.

가타노 가미노세키에서 가모가리, 도모우라, 우시마도 등 대부분 신씨의 손이 닿지 않은 곳이 없을 정도니까요.

신기수 전면적으로 협력해서 나아가고 있습니다. 가미노세키에서는 〈호초신문防長新聞〉이 중심이 되어 대규모 기념행사를 계획하고 있습니다. 일찍이 항구였던 점과 점을 이어가면 일본의 정사正史에서 사라진 찬란했던 시대가 밝혀질 것이라고 생각합니다.

급격히 얼어붙는 메이지 이후의 영상

― 일본사를 영상으로 엮으면 어떤 인상입니까?

신기수 《영상이 말하는 일한병합사》를 편집하는 과정에서 에도 시대의 인간적인 밝은 육필 기록에 비하면 메이지 시대에 들어선 이후의 얼어붙은 사진은 인상적이었습니다. 에도 시대에는 우키요에시浮世繪師 또는 후마스에시襖繪師라 불리던 사냥꾼들이 그린 그림두루마리와 병풍이 있는데, 거기서는 화목한 시대 사람들의 숨결이 전해지는 듯합니다.

가타노 강화도 사건, 조일수호조약 아래서의 사진은 점점 어두워지는 것이 보통이군요. 그 이전의 조선을 기록한 사진에는 아직 비교적 밝은 것이 있었습니다.

신기수 사진 앞에는 풍속화를 색도 인쇄한 목판화가 있습니다. 정확히 자유민권운동이 국권운동으로 수렴되어 가는 가운데 갑자기 신공황후를 배경으로 한, 눈 아래 국가를 보는 듯한 도안이 나왔습니다. 초기에 조선의 풍경이나 인물을 접한 카메라맨들은 순박하게 큰 카메라를 설치해놓고 촬영했습니다.

가타노 조선에 오랜 문화가 있다는 증거네요. 사진이 어두워지는 것은 점차 독특한 문화나 전통이 사라져가기 때문입니다. 그것이 조선 멸망이라고 나는 느꼈습니다만.

신 선생님이 만든 《해방의 날까지》라는 영화는 어떤 책이 나와도 당해낼 수 없습니다. 그 많은 필름을 정말로 잘 모았다고 감탄했습니다. 그래서 마지막 장을 '광복의 날'로 정했어요. 그 장면도 영상에는 당해낼 수 없습니다.

신기수 식민지 시대나 전후의 짧은 시기는 영상사료가 거의 없습니다. 정말로 놀랐습니다. 가령 3·1독립운동 사진도 6장 정도밖에 남아 있지 않습니다. 전후 중학생 시절에 처음 본 사진은 교수형이 행해지는 사진입니다. 그것은 3·1독립운동 때의 사진이 아니라 그 이전의 의병들이 철도 부설을 위한 토지 수용에 반대하다가 본보기로 서형되었는데 그 사진이 그림엽서로 만들어진 것입니다. 그것을 처음 봤을 때 매우 큰 충격을 받았어요. 그래서 일본의 정사에서 지워진 역사를 어떻게든 다큐먼트 필름으로 복원해봐야겠다는 생각으로 사료를 모으기 시작했습니다.

오카야마현 우시마도초에 중국 춤을 촬영하러 갔을 때도 신공황후의 삼한정벌 자취라는 황기皇紀 2600년을 기념한 비석이 그곳에 세워져 있었습니다. 쓰시마에서 사토나이해 일대에 신공황후의 망령이 떠돌고 있다고 느꼈습니다. 인접 국가를 업신여기는 멸시 사상이 청일전쟁 이후에 되살아났다면, 그런 사상에 오염되기 이전 사람들의 조선관이 어땠는지를 탐색하기 위해 그림을 발굴했습니다. 그것이 예상 이상으로 많이 나왔습니다.

최근 재미있는 필름이 발견되었습니다. 1925년 부여에서 일본과 조선이 합작으로 만든 드라마, 이웃에 대한 사랑이라는 뜻을 지닌 《인인애隣人愛》라는 제목이었습니다. 부여의 가난한 농촌을 걷고 있던 일본인 남녀가 길에서 쓰러졌는데, 가난한 조선인 농부가 그들을 도왔습니다. 남자가 먼저 죽어 조선식으로 장례를 지냈습니다. 부인도 산후가 악화되어 죽었습니다. 또 마을 사람들이 총 출동해서 장사를 지냈습니다. 봉분이 두 개 만들어졌습니다. 일본인 부부의 자식을 대신 양육하는 고달픈 이야기가 이어집니다. 가난한 농가에서는 아이 하나 키우는 것도 힘드니까 군청에 청원해서 그 아이를 일본인 농장주 집에 맡겨두고 울면서 헤어집니다. 이번에는 부부가 그 아이를 귀여워해 초등학교 운동회에 보러 갔습니다. 필시 3·1독립운동 이후의 민족적인 대립을 어떻게든 융화시켜 보려는 의도로 만들어진 것이겠지요.

가타노 일본 친화적인 영화 만들기인데 스토리가 그럴듯한데요.

신기수 일본인이 길가에 쓰러져 조선인에게 도움을 받을 수 있다는 평범한 발상은 있을 수 없는 일이지만 장소의 설정이 좋아요. 충청남도 사람들은 인정이 많기 때문이죠. 무성영화이기 때문에 변사와 악대가 함께 상영하려고 준비하고 있습니다. 작년 여름, 홋카이도로 강제 연행된 사람들을 조사하기 위해 갔던 마을과 같은 장소의 이야기고 영화와 같은 풍경이 나와서 깜짝 놀랐습니다.

그 필름 수집가는 3·1독립운동이 일어나기 2년 전에 경상남도 하동에서 의사를 하던 사람인데, 영화 제작자가 어려운 처지에서 찾아와 돈을 빌리는 대신 필름을 두고 간 듯합니다. 그렇게 해서 14~15본의 귀중한 필름이 남아 있습니다. 그 사람은 그것 말고도 조선 관계 필름을 꽤 많이 가지고 있습니다. 어떻게든 우리 손으로 조사해 세상에 내놓으려고 준비해왔고 7월에는 오사카에서 시사회를 열 예정입니다.

가타노 현재 한국에는 당시의 필름이 보존되어 있지 않습니까?

신기수 전혀 없습니다. 북한에도 없습니다. 필름은 소모품이고 작은 프로덕션이 만든 것을 가지고 배급업자가 상영해 이익을 봅니다. 제작자에게는 권리가 없기 때문에 수중에 남아 있지 않습니다. 가끔 수집가가 있거나 우연히 남아 있는 것이 발견되는 경우는 있습니다.

영화는 그 제작 의도가 어떻든 간에 카메라가 포착한 영상에는 시대 분위기가 담겨 있는 것이 좋습니다.

가타노 신 선생님의 《해방의 날까지》가 아니었으면 시나오가와 학살 사건이나 산신 철도 사건 등은 아는 사람이 아무도 없었겠네요.

신기수 안중근이 이토 히로부미를 암살했을 때 러시아 카메라맨이 현장을 촬영한 필름도 있었습니다. 안중근이 러시아 화물 열차로 연행되는 장면입니다. 또 메이지 40년대에 많은 카메라맨이 조선에 가서 식민지 통치의 시각적 자료를 만들었습니다. 그것들을 가지고 재편집할 생각입니다.

강제 연행의 보상 문제

가타노 현재 한일 관계사에서는 무엇이 문제입니까?

신기수 큰 문제는 강제 연행이나 일본군 위안부입니다. 전후 처리와 보상 문제인데, 원칙적으로는 해방이 되었을 때 해결했어야 할 문제였습니다. 외교적으로는 한일조약에서 해결된 것으로 되어 있습니다. 그래서 한국에 가서 강제 연행에 대해 조사하려고 했었는데 한국 정부가 협조적이지 않았습니다. 명부는 일본의 후생성이 갖고 있었습니다. 후생성이 몇 년 전에 조선 학도병 명부를 관계자에게 건넸습니다. 직접 피해를 입은 사람들 외에는 양국 정부와 국민들도 이 문제에 관심이 별로 없었기 때문에 운동을 고조시키기는 쉽지 않았습니다. 이것은 양국 정부가 협력하지 않으면 해결할 수 없는 문제입니다.

규슈의 지쿠호 탄전에 순직자 명부가 있습니다. 정부가 인정한 것은 순직자이고, 순난자는 기업이 책임을 져야 할 사고이기 때문입니다. 미쓰비시 광산이나 스이토모 금속 등도 오직 폭풍이 지나가기만 기다리고 있습니다. 히다치 제작소나 이시카와시마하리마 중공업 등 일류 기업은 모두 조선인을 사용하고 있었기 때문입니다.

가타노 그마저도 차별을 뒀습니다.

신기수 한일조약에서 결말이 났다는 억지스런 태도입니다.

가타노 그것도 시나리오의 일부고, 조약에서 결말이 났다고 하더라도 역사를 일반 국민이 알지 못하게 하려는 의도가 있었던 것은 아닌가요?

신기수 작년 노태우 대통령이 일본에 오셨을 때도 일본은 노동성 직업안정소를 통해 7만 명의 명부를 밝혔을 뿐이고, 식민지 통치 특히 말기 암흑기의 역사는 베일에 가려져 전혀 몰랐습니다.

가타노 그것들을 모두 겉으로 드러내 말끔히 해결하고 처음부터 한일 간 새로운 역사를 시작해야겠군요?

신기수 미쓰비시 금속광산은 노무관리가 견실하고 강제 연행자들의 사진을 찍어놓은 인물카드가 남아 있었습니다. 그래서 노동자 출신지 마을을 찾아가는 다큐먼트를 NHK에서 제작했습니다. 충청남도의 유교적 전통이 강한 마을에서 연행되어 온 사람들이었는데, 많은 곳에서 조금씩 공출하듯 연행한 사실을 알 수 있었습니다.

일본 자료는 경찰에 남아 있다고 생각합니다. 협화회協和會 간부는 태반이 지방의 경찰서장이었기 때문에 경찰이 내무성을 통해 갖고 있었습니다.

지급되지 않은 급료를 청구한 사람은 극히 일부입니다. 유바리 탄광의 조선인이 9월 중순에 조합을 결성해 지급되지 않은 임금 지불, (급료에서) 지급되기 전에 미리 일정액을 공제한 임금 등 10개 요구사항을 갖추어 회사와 교섭, 모두 인정을 받았습니다. 그 외에는 도키와 탄광이나 스나가와 등이 있습니다. 도키와 탄광의 경우는 우연히 1945년 가을 조선인 연맹대회에 도키와 탄광 관계자들이 갔었는데, 조선인 운동 지도자 김두용金斗鎔 등도 도키와 탄광에 가서 실정을 조사하고, 회사와 교섭을 했습니다. 회사도 어떻게 지불해야 할지 어려워하고 있었습니다. 홋카이도의 오호츠크해에 면한 몬베쓰에서는 우편예금통장이 대량 남아 있었습니다. 우편예금법에서는 10년이면 무효가 됩니다. 인출한 사람은 거의 없었습니다.

가타노 일자리는 잘리고 통장은 빼앗겨 수중에 없었기 때문에 어찌

해볼 수단이 없었겠군요.

신기수 (광부들이) 현금을 갖지 못했기 때문에 규슈의 탄광에서는 특별한 합숙소에서만 사용할 수 있는 티켓을 발행했습니다. 홋카이도의 스이토모 금속 몬베쓰 지소에 가서 당시의 조선인 노동자 예금통장을 이용할 수 있게 해달라고 부탁해야 할 수 있었습니다. 오사카부 사람과 함께 갔기 때문에 협조해줬다고 여겨지는데요, 오사카에서는 인권역사자료관[리버티]이 금년 11월에 강제연행특별전을 2개월 동안 합니다.

가타노 정말 오사카는 강렬하네요.

신기수 본래는 재일조선인은 안중에도 없었고 마을 문제 대책에서 세워진 것입니다. 뒤에 그것만으로는 안 된다고 해서 교포 문제도 취급하기로 했던 것입니다.

내년이 임진왜란과 정유재란 400주년입니다. 그때의 강제 연행을 일본 군부는 상당히 연구했지요. 전후 처리로는 도쿠가와 이에야쓰가 강제 연행자들을 모두 돌려보내려고 노력했습니다. 그래서 국교회복이 가능해진 것입니다.

가타노 내가 놀란 것은 '독립기념관'입니다. 한국 사람들은 굉장한 힘을 갖고 있다고 생각했습니다. 내 한국 친구들은 진지한 얼굴로 일본은 '침략기념관'을 만들어라, 그것이 부끄러우면 '전쟁기념관'을 한국과 똑같은 규모로 만들어야 한다고 말합니다.

신기수 올가을, 오사카 성 근처에 전쟁기념관 '국제평화센터'가 생겼습니다. 한국, 중국, 싱가포르, 그 외의 국가에서 (일본이) 무슨 짓을 했는지, 물론 공습에 대한 기록도 전시했습니다.

안중근과 아메노모리 호슈를 합하면

가타노 같은 글 쓰는 나부랑이로써 쓰노다 후사코角田房子 씨에게는 경의를 표합니다. 《민비암살》과 《우리조국》이라는 화제작을 냈고, 이번에는 강제 연행과 사할린 귀환 문제를 다루었습니다.

신기수 쓰노다 씨는 NHK 텔레비전 2·26사건의 감독인 나카다 세이치中田整一 씨의 소개로 만난 적이 있습니다. 민비에 대해 쓰겠다고 한 것이 6,7년 전의 일입니다. 흠칫거리며 시작한 일인데요, 그 후의 노력에 대해서는 감동하고 있습니다. 근대사의 맹점을 쓰노다 씨와 가타노 씨 등이 쓰니까 읽기 쉬워졌습니다. 역사학자가 쓰면 어려워서 일반인에게는 잘 읽히지 않습니다.

― 다음에는 어떤 작품을 쓰고 싶습니까?

가타노 제목으로는 《이토 히로부미 암살》이고 안중근과 이토를 병행시키면서 쓰고 싶어요. 안중근이 어떤 사상을 지닌 인물이고 어떻게 준비해서 암살까지 하게 되었는지……

신기수 거기에는 일본인 간수가 안중근의 글을 비석으로 만든 이야기도 써주세요. 센다이 북쪽에 있는 와카바야시초에는 안중근 비석이 있습니다.

가타노 여순형무소 간수였던 지바 도시치 관계자가 세워 놓은 것입니다. 그의 집 불단에는 지바와 안중근 두 사람의 위패가 모셔져 있습니다.

신기수 그 시대에 그 정도 일을 해낸 안중근, 게다가 재판에서는 국제법에 따라 재판하라고 당당하게 개진한 일 등 역사에 남을 일입니다. 아세아대학 교수인 나카노 야스오中野泰雄의 《안중근》이 있어요.

감탄한 것은 하얼빈에서 이토 히로부미의 프랑스어 통역을 했고, 자신도 안중근의 총탄을 발에 맞았으며, 뒤에 만철조사부를 창설한 다나카 세이지로田中淸次郎는 '세계에서 누가 가장 위대하다고 생각합니까'라는 안도 도요로쿠安藤豊祿[고인이 되신 전 오노다센터 회장]의 질문에 즉석에서 조선의 안중근이라고 대답합니다.

가타노 도치기현 사노의 재산가였던 스나가 하지메須永元도 김옥균은 멋진 인물이라고 평가하고 있습니다.

신기수 인물을 직접 접하면 한 20~30분 정도로 알 수 있습니다. 지바의 경우는 반년 동안 여순형무소에서의 관찰로 안중근이라는 사람의 됨됨이에 반한 거예요.

가타노 나도 한국에 친한 친구 몇 명이 있는데요, 인간적으로 정말로 매력을 느끼는 사람들입니다. 반대로 일본인에게는 왠지 모를 이면성이 느껴집니다.

이토 히로부미도 양면성이 있는 사람입니다. 시모노세키에서 이홍장과 교섭할 때, 줄곧 부드러운 격조를 취하더니 돌연 태도를 바꾸어버립니다.

신기수 이토 히로부미는 조슈의 번교藩校에서 교육을 받은 사람도 아닙니다. 모리 가家에는 세이토쿠正德(1506~1521) 원년 조선통신사에게 받은 선물이 통나무 상자에 넣어져 고이 보관되어 있습니다. 종이, 벼루, 약용 구기 등 많은 물품이 그대로 남아 있습니다. 번주가 사용한 것은 조선인삼뿐입니다.(웃음) 이번에 문화청의 중요문화재 지정을 받습니다. 조금이라도 번교에서 교육을 받았더라면 조선관도 달랐을 것입니다. 아메노모리 호슈와는 너무 다른 발상입니다. 아메노모리 호슈에게는 무력으로 공격한다는 발상이 전혀 없습니다. 그는 무사 출신이라는 점까지도 가능한 한 말하려고 하지 않았습니다.

가타노 그렇다면 제일 먼저 만나보고 싶은 사람은 안중근과 아메노모리 호슈겠네요?(웃음)

주요 참고문헌

《日淸戰爭と朝鮮》朴宗根, 靑木書店
《日淸戰爭》藤村道生, 岩波書店
《日淸戰爭》信夫淸三郞, 南窓社
《日淸戰役外交史の硏究》田保橋潔, 東洋文庫
《日淸戰爭と陸奧外交》深谷博治, 日本放送出版協會
《日淸戰爭の硏究》中塚明, 靑木書店
《日淸戰史》參謀本部編
《日淸·日露戰爭》藤井松一, 文英堂
《日淸·日露》宇野俊一, 小學館
《李朝史大全》靑柳綱太郞, 名著出版
《李王朝六百年史》李太平, 洋々社
《朝鮮の歷史》朝鮮史硏究會, 三省堂
《朝鮮》金達壽, 岩波書店
《朝鮮近代史》姜在彦, 平凡社

《朝鮮史に生きる人びと》金浩天, そしえて

《朝鮮史の女たち》成律子, 築摩書房

《朝鮮開國交涉始末》奧平武彥, 刀江書院

《朝鮮獨立運動の群像》姜德相, 青木書店

《朝鮮獨立運動の血史》朴殷植, 姜德相譯, 平凡社

《日本の三大朝鮮侵略史》金熙明, 洋々社

《金若山と義烈團》朴泰遠, 金容權譯, 皓星社

《東學史》吳知泳, 梶村樹譯註, 平凡社

《中國近代の群像》陳舜臣, 朝日新聞社

《日本の歷史》色川大吉, 中央公論史

《日本の歷史》井上淸, 岩波書店

《陸奧宗光》萩原延壽, 築摩書房

《蹇蹇錄》陸奧宗光, 中央公論社

《山縣有朋》岡義武, 岩波書店

《大日本帝國の試鍊》隅谷三喜男, 中央公論社

《日本海軍史》外山三郎, 敎育社

《海軍創設史》篠原宏, リブロポート

《聯合艦隊の生涯》堀元美, 朝日ソノラマ

《海戰史に學ぶ》野村實, 文藝春秋

《日韓併合小史》山辺健太郎, 岩波書店

《日本外交史》鹿島平和研究所, 鹿島研究所出版會

《天皇と軍隊》須山幸雄, 芙蓉書房

《安重根》中野泰雄, 亞紀書房

《歲月よ王朝よ》李方子, 三省堂

《流れのままに》李方子, 啓佑社
《英親王李垠傳》李王垠傳記刊行會, 共榮書房
《朝鮮王朝最後の皇太子妃》本田節子, 文藝春秋
《興宣大院君と閔妃》金熙明, 洋々社
《閔妃暗殺》角田房子, 新潮社
《閔妃は誰に殺されたのか》崔文衡, 金成浩·齊藤勇夫譯, 菜流社
《萬歲事件を知っていますか》木原悅子, 平凡社
《韓國の民族とその步み》張曉, 韓國の民族とその步み出版委員會
《日韓倂合》森山茂德, 吉川弘文館
《映像が語る日韓合倂史》辛基秀編, 勞動經濟史
《朝鮮三·一獨立運動》朴慶植, 平凡社
《日本による朝鮮支配の40年》姜在彦, 大版書籍
《尹奉吉》山口隆, 社會評論社
《朝鮮を知る事典》平凡社
《朝鮮人物事典》大和書房
《韓國》(1·2) 渡辺學編譯, ほるぷ出版
《韓國》金兩基監修, 新潮社
《埼玉と朝鮮》埼玉と朝鮮編集委員會編
《朝鮮近現代史年表》新東亞編輯室編, 鈴木博譯, 三一書房
季刊《三千里》(3·15·16·17·23·40·47·49號) 三千里社
《겨레通信》(1·2·3號) 梅軒硏究會
　　* * *
《朝鮮外交事務書》(1~9) 韓國日本問題硏究會, 成進文化社
《韓國史大事典》敎育出版社

《韓國史大觀》東方圖書

《韓國史 最近世編》乙酉文化社

《韓國人名大事典》新丘文化社

《金玉均傳記》乙酉文化社

《金玉均全集》亞細亞文化社

《古筠金玉均正傳》古筠會

《甲申政變硏究》韓國政治外交史學會編

《韓國季年史》(상하) 國史編纂委員會編

《人物韓國史》博友社

《朝鮮對日交涉史硏究》通文館

《茶山學入門》中央新書

《茶山論叢》乙酉文化史

《牧民心書》地下鐵文庫社

《東學紀行》어문각

《民族寶訣》靜友社

《朝鮮時代》(상하) 서문당

《韓國의 獨立運動》(상하) 서문당

《近代韓國》(상하) 東亞日報社

사진·도판

《寫眞で知る韓國獨立運動》(上下) 李圭憲(高柳俊男·池貞玉共譯), 圖書刊行會

《韓日倂合と獨立運動》辛基秀, 勞動經濟社

《獨立記念館》獨立記念館編

《安重根義士記念館》安重根義士紀念館

사진협조

全禮坤·安玲二·金石中 외 여러분

후기: 새로운 백 년을 향해

서울 올림픽이 열렸을 때 한국 선수들은 너나 할 것 없이 다른 나라에는 져도 좋지만 일본에는 절대로 져서는 안 된다고 말했습니다. 이 말의 깊은 뜻을 정확히 이해할 수 있었던 일본인은 많지 않았을 것입니다.

월드컵 아시아 예선이 열렸을 때도 한국 선수들은 일본만을 적수로 여겼습니다. 그리고 일본에게 이기자 한국 선수들은 너무 좋아 미친 듯이 껑충껑충 뛰었습니다. 한국 응원단도 마찬가지였습니다. 그들이 그토록 좋아하는 기쁨 뒤에 감춰진 깊은 뜻을 정확히 이해한 일본인도 그리 많지 않았을 것입니다.

한국의 여론조사에서 가장 싫어하는 외국인을 묻는 질문에 일본인이라는 대답이 나왔습니다. 왜 그럴까요? 한국인의 국민감정 저변에 깔려 있는 것이 무엇인지 아는 일본인도 결코 많다고 할 수 없겠지요.

나는 오래 전부터 한국과 일본에 관련된 역사를 5부작으로 쓴 적이 있습니다. 백촌강 싸움을 중심으로 한 고구려·백제·신라의 삼국 시대, 몽고의 습격으로 위협을 받았던 고려 시대, 조선 특유의 문화를 확립한 세종대왕의 조선 시대 초기, 임진왜란과 정유재란을 통한 도요토미 히데요시의 조선 침략을 축으로 한 조선 시대 중기, 그리고 선린우호의 증거이기도 한 조선통신사를 소재로 조선 시대 후기를 묘사했습니다. 이것으로 양국의 천이백 년에 걸친 역사적 관계를 단편적이지만 평이하게 말한 셈입니다. 사실 조선과 일본의 관계가 잘 이해된다는 호평을 받았습니다. 나는 그것으로 한국과 일본의 역사 관련 글을 그만 써야겠다고 생각했는지도 모릅니다.

왜냐하면 한국에서 조선 시대 말기, 일본에서 메이지 유신 이후의 양국 관계는 소위 근현대사로 분류되어 일본인이 그것을 언급하는 것 자체가 터부시되고 있었기 때문입니다. 어떤 의미에서는 전시 때는 물론, 패전 후 65년이 지난 지금도 그렇다고 할 수 있지요. 일본이라는 국가와 일본인이 한국 땅에서 대체 무슨 짓을 했는지 분명하게 밝혀져 있지 않기 때문입니다. 좀 부풀려서 말하면 국가가 입을 막고 있는 것을 내가 마음대로 까발리는 결과가 될지도 모르기 때문이었습니다.

그러나 이 분야를 분명하게 하지 않는 한, 첫머리에서 말한 것처럼, 한국인의 국민감정 밑바닥에 깔려 있는 것은 이해할 수 없다⋯⋯ 적어도 나는 그렇게 인식했고, 그 일로 마음이 무거웠습니다. 한일 관계사의 일부를 소개한 사람으로서 나는 피할 수 없는 일종의 책임감마저 느꼈습니다. 그것이 다시 근현대사에 매달리는 동기가 되었습니다. 따라서 조사를 할 때는 신중에 신중을 기했습니다.

역사를 공평하게 본다. 이것이 나의 지론입니다. 하지만 그것이 얼마나 어려운지도 잘 알고 있습니다. 그래서 이 책도 지금까지 내놓은

5부작과 마찬가지로 역사적 사실을 열거하면서 거기에 다소의 살을 붙이는 방식으로 일관했습니다. 그럼에도 방향이 틀렸다면 그것은 모두 부족한 내 탓이고 독자들에게 양해를 구해야겠지요.

여기서 이 책의 배경에 대해 언급해두고자 합니다. 처음에는 종합월간지 《지식》에 2년 8개월간 연재를 했습니다. 당시에는 생존해 계셨던 재일한국인 석학 신기수 선생이나 한국에 거주하는 친구 안령이 安玲二 씨, 한일저널리스트 다다 노리아키多田則明 씨로부터 많은 가르침을 받았습니다. 특히 안령이 씨는 한국 사료를 제공해주었고, 한글 지명이나 인명을 읽는 방법은 ジ(ji)보다 ヂ(ji)가 실제 발음에 가깝다고 가르쳐준 것도 이 친구입니다.

그 후 연재를 단행본으로 내자는 말이 나왔습니다. 다만 책 만들기의 특성으로 인해 분량을 대폭 줄여야 했습니다. 그 상황을 다 말할 수는 없지만 어쩔 수 없었습니다. 그것이 초판 《조선멸망》입니다.

그 책을 일한병합 백 년을 기해 신장판으로 만들었습니다. 분량은 거의 두 배 가까이 늘었습니다. 《조선멸망》과 《일한병합》으로 된 2부작입니다. 그래서 사이류사 대표 다케우치竹內淳夫 씨와 저널리스 아카바네赤羽高樹 씨, 디자이너 다나카田中等 씨의 각별한 도움을 받았습니다. 다시 한 번 감사의 말씀을 드립니다. 이 분들의 협조가 없었다면 이 책이 세상에 다시 나올 수 없었을 것입니다.

또한 책 제목에 대해서는 '일한병합'과 '한국병합' 두 가지 표현이 사진(《廣辭苑》)에 나와 있었습니다. 앞쪽 것은 일본의 식민지 지배를 명확하게 나타낸 문구인 데 비해 뒤쪽 것은 주어가 없어 본질을 은폐할 수 있다고 여겼고, 그래서 대일본제국이 대한제국을 강제적으로 병합했다는 의미를 넣어 '일한병합'을 채택했습니다.

두 작품을 끝맺은 뒤에 나는 한국 친구들과 함께 충청남도 천안시에 있는 '독립기념관'에 갔습니다. 그것은 넓은 터 위에 지어진 장대한 역사기념관입니다. 특히 일본의 식민지 시대 기록이 생생합니다. 여러 번 가봤지만 그곳은 갈 때마다 숨이 막힐 정도로 많은 말을 걸어옵니다. 그것은 나의 저작과는 도저히 비교가 되지 않습니다. 그래서 나는 일본인이라면 한 번쯤은 그곳의 분위기, 전시물을 직접 보고 역사를 재인식해야 하는 거 아니야, 라는 생각을 새삼 하게 되었습니다. 한국인의 마음이 그곳에 응축되어 있다고 느꼈고, 나아가 새로운 백 년을 향하는 미래 한일 관계의 원점이 그곳에 충만되어 있다고 절감했기 때문입니다.

2010년 6월
가타노 쓰기오

슬픈조선 2

초판 1쇄 인쇄 2020년 7월 29일
초판 1쇄 발행 2020년 8월 07일

지은이   가타노 쓰기오
옮긴이   정 암
펴낸이   변지숙
펴낸곳   도서출판 아우룸
주 소   서울특별시 마포구 동교로 156-13 동보빌딩
이메일   aurumbook@naver.com
전 화   02-383-9997
팩 스   02-383-9996

홈페이지   www.aurumbook.com
ISBN   979-11-90724-85-2

이 책은 저작권법에 의해 보호를 받는 저작물이므로 무단 전재와 복제를 금합니다.
잘못된 도서는 구입한 곳에서 교환해드립니다.

이 도서의 국립중앙도서관 출판예정도서목록(CIP)은 서지정보유통지원시스템 홈페이지
(http://seoji.nl.go.kr)와 국가자료종합목록시스템(http://www.nl.go.kr/kolisnet)에서 이용하
실 수 있습니다.
(CIP제어번호 : CIP2020028483)